business | 企业管理

大企业的战略选择

资本魔方与上市顶层设计

沈翎 | 薛飞 | 彭彭 著

资本魔方
企业集团
资本市场
顶层设计

中信出版集团 · CHINACITICPRESS · 北京

图书在版编目（CIP）数据

大企业的战略选择：资本魔方与上市顶层设计 / 沈翎，薛飞，彭彭著．—北京：中信出版社，2015.4
ISBN 978－7－5086－4951－1
Ⅰ．①大… Ⅱ．①沈… ②薛… ③彭… Ⅲ．①上市公司－研究－中国 Ⅳ．①F279.246
中国版本图书馆 CIP 数据核字（2014）第 268879 号

大企业的战略选择
——资本魔方与上市顶层设计

著　　者：沈　翎　薛　飞　彭　彭
策划推广：中信出版社（China CITIC Press）
出版发行：中信出版集团股份有限公司
（北京市朝阳区惠新东街甲 4 号富盛大厦 2 座　邮编　100029）
（CITIC Publishing Group）
承 印 者：中国电影出版社印刷厂

开　　本：787mm×1092mm　1/16　　字　　数：330 千字
印　　张：24　　印　　次：2015 年 4 月第 1 次印刷
版　　次：2015 年 4 月第 1 版　　广告经营许可证：京朝工商广字第 8087 号
书　　号：ISBN 978－7－5086－4951－1/F・3303
定　　价：66.00 元

目
录

第四章

顶层设计：对接市场的理性抉择

第五章

内部适应性选择

第六章

外部适应性选择

我们正处在一个变革的时代。这个时代，以移动互联为核心的技术创新正在深刻地影响着我们的生活以及生产组织方式。移动智能终端、社交网络和电子商务已经改变了全球的交流与交易方式。在此驱动下，以智能工厂、智能生产为主题的工业 4.0 时代也会即将到来。这个时代，以不久前结束的国际金融危机为标志，发达经济体无约束的金融衍生创新和新兴经济体拉动全球需求的二元增长模式已难以为继。后危机时代，各国的有效需求、产能组合、成本结构以及金融环境都已发生重大变化，发达国家与新兴经济体都在新常态下努力寻求新的增长动力。这个时代，中国已然进入全面深化改革的新阶段，让市场发挥决定性作用，必将为经济改革注入持续而强大的动力。

在这样一个变革时代，各国需要大企业作为支撑大国经济的中坚力量。就在 2014 年 11 月，作为科技创新的代表、早已富可敌国的美国苹果公司市值已突破7 000亿美元大关。中国的阿里巴巴集团也以超过250亿美元的全球IPO融资，刷新了全球资本市场的历史纪录。西门子、蒂森克虏伯等德国大企业在国家战略引导下，已悄然开始谋求工业4.0时代的先发优势。中信股份借壳中信泰富，实现中信集团整体对接香港资本市场，开启新一轮中国企业资本国际化的探索之路。中国南车、中国北车换股合并，未来致力于在高端装备制造业参与国际竞争。复星集团矢志于中国动力嫁接全球资源，在国际产业格局演变中主动参与全球竞争。IT巨头惠普已完成的分拆分立，也反映出企业成长需根据市场要求不断加以变化的现实……可见，在全球大国博弈的舞台上，兵无常势，但大企业始终扮演着无可替代的重要角色。中国既需要无数中小企业作为经济活力的坚实基础，也需要更多有实力的大企业在产业结构升级、参与国际竞争中发挥引领作用。

那么，如何造就有竞争力的中国大企业，这无疑是亟待深入思考的问题。尤其在后危机时代，中国企业普遍面临内外需求不足、产能过剩、要素成本攀升、技术进步加快、金融市场不稳等诸多外部压力。我们亟待通过全面深化改革释放改革红利，发挥市场的决定性作用，激发国有和民营等社会各类资本的积极性，通过混合所有制改革，进一步造就体制机制完善、更具活力与竞争力的微观市场主体。因为它们能通过资本的有效驱动和资本市场的孵化培育，不断成长为有国际竞争优势的大企业。

在这样的大趋势和背景下，对于企业成长、大企业培育、对接资本市场这些主题的研究，显然极具理论和实践价值。沈翎女士领头撰写的这本著作在这方面进行了开创性和系统性的探索。尽管这方面的研究也有不少，但已有的研究大多从产业组织、资源要素、企业家精神、企业发展史等角度展开，能够立足企业自身，把企业视为有机生命体，回归“资本驱动企业成长”的基本原理，将资本、资本市场与企业的互动机制作为研究对象的著作，目前还很少。

作为世界500强企业——中国五矿集团的高层管理者，沈翎女士长期处于中央企业财务、投融资与资本运营等管理前沿，有着丰富的实践经验。在繁忙工作之余，她能将多年实践进行理论总结，这既是对国企改革的积极参与，也是对全社会的有益分享。在本书中，作者围绕企业集团的资本驱动机制和对接资本市场的顶层设计两个主题，揭示这两个主题及其间的内在逻辑，为读者提供了理解大型企业集团的资本逻辑、理解其在资本市场的行为选择的独特视角。

本书作者视野开阔，案例解读详实，并没有局限在国有资本和国有企业自身，而是基于企业集团的本质属性和资本运作的基本规律加以研究，这也有助于在新一轮国有资产监管与国有企业改革中引发大家更深入的思考。作者通过逻辑性思维、结构化方法和定量分析技术等进行阐述，对若干主题的探讨，如资本杠杆放大机制、核心资本缺口测定、上市顶层设计适应性原则、顶层设计的底层依据等，都没有停留在一般性分析上，而是注重相关研究的理论穿透性和现实说服力。此外，作者还从重复博弈的稳态运行机制角度探讨了混合所有制改革与资本市场的关系，提出了颇有启发性和建设性的观点。总之，相信读者会从本书中受益匪浅。

我很高兴沈翎女士的著述能够出版，欣然提笔，是为序。

国务院国资委副主任 孟建民

2014年12月

这是一本以企业与资本的关系、企业在资本市场的行为选择为主要内容的书。本书的主角是大企业，尤其是在现实经济活动中普遍存在的、有着多级母子公司关系和多元资产组合形态的企业集团。

在展开两个主题探讨之前，本书开篇对企业做了相应的分析和界定。事实上，古典和现代企业理论对企业的性质已有非常深刻的揭示，企业集团是企业作为市场的替代、随着分工与协作的深化而出现的介于企业与市场之间的一种中间组织形式。作为若干企业的集合体，就产权关系形态而言，企业集团有垂直型、环形、网状等多种结构。现实中普遍存在、符合国际通用会计核算体系、容易为资本市场所理解的是伞形结构的企业集团，这也正是本书所研究的对象。对于这类企业集团基本属性的把握，是本书围绕两个主题展开研究的基础。

本书重点探讨的两个主题，一是企业的资本魔方，二是上市顶层设计。前者主要研究在驱动企业成长过程中的资本构成、杠杆原理与作用机制，并通过对企业经营和投资活动的归纳与抽象，搭建起既定约束条件下企业各类资本需求的量化关系，进而通过计量模型研究企业成长对于资本尤其是对于核心资本需求的缺口，最后研究企业核心资本的补充问题，从而导出企业选择进入资本市场的逻辑必然性。后者研究的是企业集团针对上市平台架构及其动态调整所进行的理性选择。为此，本书研究了企业在资本市场的平台架构、形态转换、时点时机等问题，提出上市顶层设计是企业基于适应性原则的相机抉择。同时，本书梳理了企业内外部诸多关键因素，逐一分析了这些因素与上市平台架构之间的适应性关系。更进一步，回到企业集团的基本属性——具备母子公司关系的中间型组织，本书研究了上市顶层设计——上市平台架构选择及其动态调整——应秉持的基本准则：从管理维度看，应遵循公司治理与集团管控综合成本的最小化原则；从财务维度看，应遵循母公司两种“困境”可承受前提下企业资本充实的最大化原则。

这两个主题的研究方法有很大不同。资本魔方主要是基于财务视角，从静态到动态，以定性和定量相结合的方法来研究企业成长与资本驱动的关系。上市顶层设计则主要基于管理视角，以系统性思维和结构化方法，围绕上市平台架构选择问题进行层次分解和因素分析。最后再从管理和财务的两大视角，对上述问题做进一步理论揭示，即上市顶层设计的本质要求是企业在约束条件下的资本市场行为的最优化选择。

尽管两个主题探讨的内容和方法不同，但内在联系十分紧密。如果我们把企业看作是一个生命体，资本视作滋养成长的营养，那么，资本魔方研究的是营养如何配置，如何滋养企业成长，营养缺口如何测量并补充等问题；上市顶层设计研究的是当生命体步入青壮年后，作为“成人礼”，如何以最有效的方式对接好资本市场这个最大“营养源”问题，包括如何适应内外部环境、调试方式，如何遵循自身生长规律、符合自身体质特点，从而保障营养吸收和新陈代谢的良性循环。

显然，资本魔方所揭示的企业永恒主题——不断充实核心资本，在全社会普遍需要“去杠杆化”的今天尤显重要。企业扩张发展如果缺乏足够的资本尤其是核心资本做支撑，一旦市场发生波动（大概率事件），其抗风险能力则非常脆弱。在后金融危机时代，企业不但要为盈利而战，更要为健康的资产负债结构而战。顺着资本魔方所揭示的资本杠杆传动机制，企业在各类经营与投融资活动中审时度势，把握限度，这样就能趋利避害，赢得长久发展的空间。

作为企业充实资本的主渠道、主战场，资本市场可以发挥决定性作用。这与我们当前混合所有制改革任务也息息相关。以作者在并购整合中与各类资本打交道的经验来看，混合所有制改革在本质上就是各种所有制资本围绕企业治理进行重复博弈的过程，这一重复博弈过程要以有利于企业“两权”分离和公司治理为前提。但要实现这样的预期效果，就需要一套合理的制度安排做保障，以使各种所有制资本在面对公允定价、公平准入、利益分配、僵局解决等重大方面快速达成稳态平衡，从而无损于企业本身的利益。如果缺乏这样一套制度保障，则“混改”效果很容易打折扣，或陷入为“混改”而混合的窘境。基于这样的视角，作者认为在现实条件下只有资本市场提供了这样一套既具有稳态平衡机制又能为各方接受和共同遵守的制度保障，从而使资本市场具备了“混改”主战场的基础条件。

通过研究我们发现，企业集团上市顶层设计——围绕单/分平台架构选择及其动态调整——主要是基于特定企业的内外适应性原则，其深层依据又在于企业成本最小化与效用最大化的经济学原理。这些研究也引发我们对以管资本为主加强国有资产监管、组建若干国有资本运营公司、有条件的国有企业改组为国有资本投资公司等相关话题的思考，尽管这些可能已超出企业自身的层面。可以说，如果大型国有企业在合理的上市顶层设计下，实现与资本市场的有效对接，这就为组建国有资本运营公司奠定了坚实基础，也为改组为国有资本投资公司创造了有利条件，以管资本为主加强国有资产监管的改革方向才更加有保障和可操作。

在撰写本书过程中，我们发现，对于企业和资本某些运行规律的研究，从来没有像今天这样会与国家崛起、与经济改革等宏大主题有如此深刻联系，这每每让我们有一种光荣的参与感和使命感。虽然理论与文字很容易陷入刻板与枯燥，但企业与市场却总是鲜活而生动。投身其中，实践会为我们提供不竭的思想源泉。

沈 翎

2014 年 12 月

资本魔方
● 静态解构
● 动态运转
模型化
永恒的主题
驱动成长
企业集团
资本市场
对接市场
● 大企业
● 企业集团
● 大企业与国家崛起
● 核心资本源头活水
● 资本市场介绍
● “混改”主战场
● 中国式“整体上市”
顶层设计
● 相机抉择
▪ 静态选择
▪ 动态调整
▪ 核心理念
▪ 分析框架
● 内外部适应性
1.内部因素：
业务/组织/管控
2.外部环境：
产业/资本市场/监管
● 底层依据再思考
▪ 母子公司关系
▪ 增量成本最小化
▪ 资本充实最大化

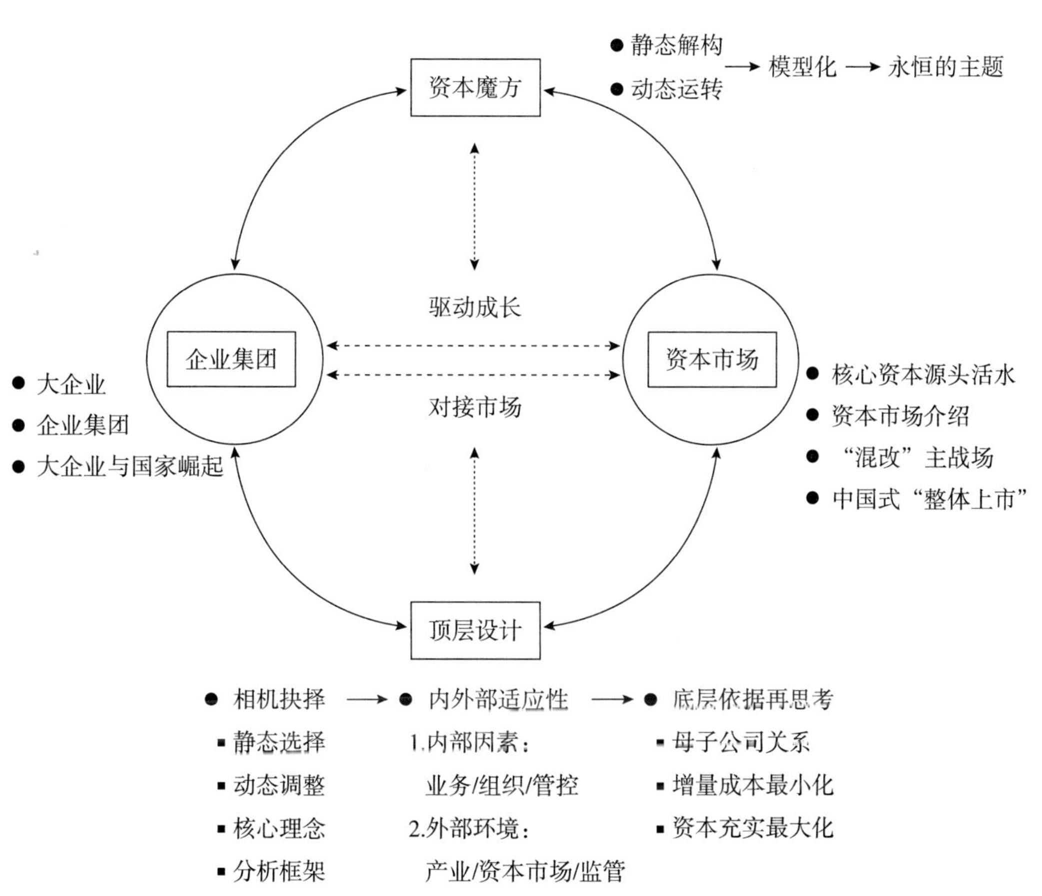

全书逻辑总图

第一章　大企业：大国崛起的中坚力量

企业，“唯有家庭可以相提并论的人类组织”；大企业，大国的柱石和脊梁；纵观历史变迁，国家崛起从来就离不开大企业的崛起，大企业强则国家强。今天的中国，比历史上任何时候都更加接近国家崛起和民族复兴，中国大企业使命艰巨，属于它们的时代正在到来。

一、航母 Style

碧波万顷的渤海湾，海风习习，在中国船舶重工集团公司大连造船厂的码头上，停靠着一个长 300 多米、宽 70 多米、十几层楼高的庞然大物。2012 年 9 月 25 日，这艘灰色涂装、舷号为“16”的巨舰迎来了一个大日子，中国第一艘航空母舰“辽宁舰”举行交接入列仪式，正式交付中国人民解放军海军。几代中国人追逐了百年的航母梦，一朝梦圆。11 月 23 日，在交接入列仅仅两个月后，“辽宁舰”放飞了它的雄鹰，中国自主研制的歼 – 15 舰载机完成了首次起降训练。在“飞鲨”跃出甲板的那一刻，人们彻底地沸腾了。舰载机指挥员的起飞手势“航母 Style”迅速风靡全国，成为人们竞相模仿的对象。“航母 Style”，一个简单的动作，承载的却是中国人长久以来对于国家强大的期盼。

巨变的时代、崛起的中国，入海的“辽宁舰”并不孤单。

2012 年 5 月 21 日，大连万达集团宣布与美国 AMC 影院公司达成并购协议，万达集团将出资 26 亿美元收购这家全球第二大院线集团 100% 的股权，加上承诺投入的 5 亿美元运营资金，万达集团为此次交易支付的对价达到 31 亿美元。这是当时中国民营企业在美国最大的一起企业并购案，也是中国文化产业最大的一次海外并购。

2012 年 7 月 23 日，中海油宣布以 151 亿美元的对价收购加拿大能源公司尼克森全部流通普通股，并承担其 43 亿美元债务，刷新了中国企业海外收购的新纪录。对此，英国《金融时报》评论道：“这一大胆步骤标志着中国能源集团在海外扩张方面越来越有信心。”而《华尔街日报》则报道称：“这仅仅是一个开始。”

2013 年 5 月 29 日，来自中国的食品企业双汇国际宣布以 71 亿美元的对价，收购全球规模最大的生猪生产商及猪肉供应商、美国最大的猪肉制品供应商全部股份。这是迄今为止最大的一宗中国公司收购美国企业的交易案。

2014 年 8 月 1 日，以五矿集团为首的中国财团以 70.05 亿美元的交易对价，完成对秘鲁邦巴斯（Las Bambas）铜矿项目 100% 股权的收购。这个预计 2015 年年底投产的项目，是世界最大的在建铜矿之一，达产后每年可供应大约 45 万吨铜。这也是 2008 年以来中国在海外进行的最大一笔矿业资产收购。

……

几年内，从国企到民企，从能源到矿产，从食品到文化，令人瞩目的跨国并购成为中国企业登上国际舞台的华丽背景。2014 年，在《财富》杂志公布的世界 500 强企业榜单中，中国（含中国香港、中国台湾）上榜企业数量达到创纪录的 100 家，上榜企业数量仅次于美国。其中，有 16 家中国企业进入前 100 强，中国石化、中国石油和国家电网更是稳居 10 强之列，排名最高的中国石化，营业收入达到 4 752 亿美元。事实上，早在 2012 年，在这份号称“企业奥斯卡”的大企业榜单中，中国企业就以 79 家入围的总数超越日本，位居世界第二。一个无可辩驳的事实摆在人们面前：伴随着中国经济发展的强劲步伐，中国的大企业正大踏步地走向世界，集体参与全球竞争；与蒸蒸日上的国力同步，中国的大企业也正如“航母出海”般宣示着大国的力量和尊严。

狄更斯在《双城记》中用他思辨的语言这样描绘英国的维多利亚时代，“这是最好的时代，这是最坏的时代；这是智慧的时代，这是愚蠢的时代；这是信仰的时期，这是怀疑的时期；这是光明的季节，这是黑暗的季节；这是希望之春，这是失望之冬；人们面前有着各样事物，人们面前一无所有；人们正在直登天堂，人们正在直下地狱。”在那个火热的时代，狄更斯是否看到了大英帝国在即将到来的世界新格局中登顶全球的前景，我们不得而知。但对于心怀梦想的中国企业来说，今天这个时代无疑是最好的时代。

二、从大企业到企业集团

（一）大企业的兴起

尽管作为现代经济活动中最基本的生产单位，企业被誉为“唯有家庭可以相提并论的人类组织”，但直到 20 世纪 30 年代，信仰自由主义、市场经济的新古典经济学家仍然认为，企业只是通过购买劳动进行生产的一种组织形式，而购买劳动和购买任何一种商品在本质上并没有任何不同，所以依然可以用分析市场行为的方式分析企业内部的行为。

1929 年，科斯在他经典的论文《企业的性质》中提出了一个简单而深刻的问题，为什么会存在企业？科斯敏锐地抓住了市场和企业作为两种不同的资源配置组织形式的不同，前者通过价格信号进行调节，而后者则通过一种“等级制度”对生产要素进行组合。他提出企业是一种与市场不一样的组织形式，这奠定了“企业理论”的基础。

科斯从经济学最基本的成本分析出发，指出市场机制本身并不是免费的，企业作为一种机制的存在，必定是相对市场机制在某些方面具有成本优势。科斯将这种市场机制中产生的费用（或者说成本）定义为“交易费用”，即“通过价格机制组织生产的，最明显的成本，就是所有发现相对价格的成本”，或者“市场上发生的每一笔交易的谈判和签约的费用”。[①] 从“交易费用”出发，科斯指出企业的产生是因为通过建立类似等级制度的组织形式，用指令代替了价格信号作为资源配置的手段，消除了交易，企业实现了交易费用的节约，使通过企业进行资源配置的成本低于市场中价格机制产生的成本。因此，企业的产生，是人类追求经济效率的自然结果。用更通俗的语言描述这一现象，假设企业生产的产品是汽车，生产汽车需要大大小小的部件，那么企业既可以选择自己生产汽车零部件，也可以从外部供应商采购。两种行为实际上就是企业和市场两种资源配置方式的不同。如果企业自行生产的成本低于外部采购的成本，那么企业就应该自己进行投资生产零部件，企业就这样诞生了。

科斯对上述的例子作进一步分析，如果外部采购的成本低于自己生产的成本会怎么样？答案自然是从外部采购，企业不必自行生产，这就决定了企业的边界。实际上，尽管企业能够节约交易费用，但随着企业规模的扩大，内部协调的成本也在增加，科斯将其定义为“组织成本”。也就是说，企业规模扩大尽管能消除交易成本，但是组织成本也在增加。与市场机制相同，企业作为一种机制，其运行本身也不是免费的，最极端的企业是计划经济，整个国家的全部行业与企

① 罗纳德·科斯，《企业、市场与法律》，格致出版社，2009 年，第 39 页。

业实际上组成了一个超级公司，组织成本巨大，导致效率的流失。交易费用和组织成本这种此消彼长的关系，决定了企业的边界。正如科斯所说，市场就像大海，而大大小小的企业就像大海中漂浮着的一座座岛屿，大海与岛屿之间形成了清晰的界限。在科斯以后，越来越多的经济学家将研究兴趣转向企业理论，进一步发展出“信息经济学”、“激励理论”、“契约理论”和“委托人—代理人理论”等，这些都为现代企业理论奠定了基础。

科斯开创企业理论的时代正是全球范围内大企业兴起的时代，其中最有代表性的地区是美国。南北战争之后，美国经济进入高速发展时期，到20世纪初，美国的主要行业均被一两个或者几个大型托拉斯集团垄断，依然闻名于世的福特汽车公司、通用电气公司、杜邦公司、美国电话电报公司（AT&T）等也都形成于这一时期。

19世纪末到20世纪初，世界范围内大企业的兴起有其特定的时代背景。第二次工业革命的兴起使世界从“蒸汽时代”进入“电力时代”，技术的改善带来了惊人的投资和消费需求。电力的推广，电报、电话的发明，火车、汽车、轮船的升级带来了大量的基础设施建设的需要，企业也面临越来越大的融资需求；交通通信的便利提高了货物、信息流通的速度，市场流通更为便捷，使大规模、远距离的交易成为可能，并逐渐在世界范围内形成统一的市场。在两次技术革命的推动下，资本主义国家经过100多年的发展出现了“产能过剩”。为解决产能过剩问题，西方国家特别是美国掀起了一轮轮企业间的并购重组。例如，J·P·摩根将卡内基创办的卡内基钢铁公司并入自己的钢铁公司，形成美国钢铁集团，几乎垄断了美国的钢铁供应。这些都直接推动了大企业的产生。

对于大企业蓬勃发展的原因，美国管理学家小阿尔弗雷德·钱德勒在其名著《看得见的手——美国企业的管理革命》中给出了进一步的解释。钱德勒认为，科学技术的进步带来了企业管理的进步。铁路的兴起以及电报和电话网的建立，为大规模生产和分配创造了必要的物质及技术条件。在销售方面，现代大宗交易商直接向种植者、制造者和加工者购买商品和货物，并直接出售给零售商和最终消费者，促进了大规模、长距离消费的实现；在物流方面，铁路具有庞大的规模和系统性，要求对车辆和货物进行及时调度，对企业的经营管理也提出了更高的要求；在生产方面，技术进步推动了把大规模生产、大规模运输和分销集中到单一企业里的需求，对管理技术提出了更高的要求，推动了现代工商企业的诞生。另一方面，钱德勒明确提出了“看得见的手”。如书中所说：“现代工商企业在协调经济活动和分配资源方面已取代了亚当·斯密的所谓市场力量的无形的手。”钱德勒认为，“市场依旧是对商品和服务的需求的创造者，但现代工商企业已接管了协调流经现有生产和分配过程的产品流量的功能，以及为未来的生产和分配分派资金和人员的功能。由于获得了原先为市场所执行的功能，现代工商企业已成为美国经济中最强大的机构，经理人员则已成为最有影响力的经济决策者团体。”在钱德勒看来，相对于市场协调这只“看不见的手”而言，管理协调这只“看得见的手”能够带来巨大的生产力和丰厚的利润，也提高了资本的竞争力，由此，管理的变革会引发生产和消费的显著提高。这就是钱德勒所谓的“企业的管理革命”，在这场革命中诞生的，以组织结构分部制、所有权与经营权分离、经理人阶层职业化为特征的现代工商企业，实际上就是当今大型企业的雏形。①

（二）大企业的升级版——企业集团

翻开中石油的年报②，可以看到一组令人吃惊的数字，这是一个由上百家成

① 小阿尔弗雷德·钱德勒，《大企业和国民财富》，北京大学出版社，2004 年。

② Wind 资讯，中国石油股份有限公司（601857. SH）2013 年年度报告。

员企业构成的企业帝国，原油年产量超过 1 亿吨，职工人数 54 万人，业务分布于五大洲 29 个国家，形成了非洲、中亚—俄罗斯、中东、美洲、亚太五大海外油气合作区。2013 年，中石油实现营业额 22 581 亿元人民币，归属于母公司股东的净利润为 1 296 亿元人民币。但这还不是全部，其实际控制人中国石油天然气集团公司，在 2014 年度《财富》世界 500 强的排名中名列第 4 位，营业收入为 4 320 亿美元。在国内省市中，2013 年度的 GDP 能够超过这一数字的也不到 10 个。

这是一个庞大的帝国，通过资本与股权，将每一个成员企业紧密地联结在一起。但中石油集团并不是唯一的，打开《财富》世界 500 强的榜单，人们熟悉的通用电气、三星电子也是这样的企业帝国。事实上，世界 500 强几乎所有的上榜企业都是这样的企业帝国，它们有一个共同的名字——企业集团。

企业集团是大企业的升级版，是企业组织在市场发展到一定阶段的必然选择。企业集团的出现并非偶然，而是经历了企业组织随市场变化进行自然演化的历史过程。随着技术的进步、生产力的提高以及社会专业化分工的不断发展，社会化大生产不断升级换代，市场经济高度发展，企业组织形态也随之不断演化升级。因此，从本质上讲，企业集团是企业组织在现代公司制度下，为了适应新的技术和经济环境、获得更高生产效率而发展出的一种创新的组织形式。关于企业集团产生的原因，经济学家从理论上给出了以下几种解释。

规模经济理论认为，企业集团是现代市场经济发展规模经济的必然结果。根据规模经济学的理论，生产规模与经济效益具有极高的相关性，产品的单位生产成本随着产量的增加而降低，设备的效能发挥随着产量的增加而增加。只有将同类产品集中起来进行批量生产，效益才能提高。在现代市场经济条件下，发展规模经济是进行社会化大生产的客观经济规律，不以人的意志为转移。在这一规律的支配和作用下，企业具有足够的动力进行联合或兼并、推动生产集中，实现规模经济。通过横向联合或兼并，企业可实现产品单一化生产，降低多种经营带来的不适应；通过纵向联合或兼并，企业可将各生产流程纳入同一企业，节省交易成本。因而，通过联合或兼并，企业能够在较短时间内增强实力，提高规模经济效益和市场竞争力。而当这种企业兼并和生产集中达到一定程度时，就会产生和建立企业集团。特别是随着社会生产力的发展和技术的进步，建立在现代交通和通信基础上的现代市场体系不仅比以往更加开放和一体化，市场结构也更加复杂，金融与产业相互渗透、科技与生产紧密相连。现代市场中的企业想要在竞争中立于不败之地，需要具备多种经济功能、经营多个产品系列，能够在不同的地区经营甚至跨国开展多元化经营。这些都使企业有更多的动力进行组织规模的横向扩张或按照生产流程进行纵向联合。

交易费用理论认为，企业集团是介于企业组织和市场组织之间的中间组织或“准一体化组织”。在科斯看来，企业采取不同的组织形式，其最终目的是节约交易费用。交易费用的存在，使企业有不断进行一体化的倾向，但当这种一体化超过合理的边界后便会产生规模不经济，而企业为了维持组织的完整性，不得不为此付出一定的组织成本。当这种企业内的组织成本超过市场的交易成本时，企业的规模扩张就难以持续进行下去。此时，企业开始尝试不把所有的相关企业都一体化，而是以自己为核心企业，把其他企业作为外部组织，通过资金、技术、人事等纽带与它们保持密切的关系，同时保持这些企业的独立法人身份。这样，企业在节约交易费用的同时，仍在一定程度上享有一体化组织的规模、范围和分散风险的功能，这样一种介于一体化企业和市场之间的中间组织形式，或者说是“准一体化组织”的新型企业组织形式，就是企业集团。企业集团的出现，使得企业能够以一种新的组织形式来代替完全的企业一体化，避免完全一体化带来的组织成本的过度上升。以企业集团内“看得见的手”代替市场这个“看不见的手”。也就是说，企业集团作为中间组织，兼具市场和企业两方面的优势，即在企业集团内部同时存在价格机制和权威机制来协调和安排经济活动。这样的安排使得企业集团既能够通过市场协调替代企业内部协调，降低企业的组织费用；又比纯粹的市场调节机制节约交易费用。由于企业集团具有这种企业组织与市场机制之间相互替代的高度灵活性，因而更加适应现代市场经济的要求。

其他经济理论也对企业集团产生的原因做出了解释，例如企业资源理论认为，企业是一个有形资产与无形资产组成的集合体，资源与能力是企业实现战略目标的基础，是企业利润的基本源泉，但企业不可能拥有实现目标的所有资源与能力，因而存在所谓的“战略缺口”。而企业集团的建立能够把不同企业之间的战略缺口进行协调，扩大了资源的使用边界，实现要素共享，保证了从投入到产出全过程的资源聚合，从而提高了资源使用效率。企业能力理论认为，企业是一个能力的集合体，积累、保持和运用能力开拓产品市场是企业长期竞争优势的决定因素，其中，核心能力是企业保持持续竞争优势的基础和源泉，但核心能力很难通过市场交易获取。通过建立企业集团、使用组织的内部机制，可以在成员单位之间更有效率地转移核心竞争力，优化资源配置的有效性，实现协同效应。价值链理论认为，企业的生产经营是由众多的价值活动组成，但并不是每一个环节企业都能拥有优势，为其创造价值。企业能够创造的价值，实际上来自企业价值链上的某些特定的价值活动，即企业价值链的“战略环节”。同样，企业在竞争中的优势来源于战略环节上的优势。要实现整个价值链上各个环节创造的价值最大化，就必须集中不同企业价值链上的战略环节，使得各个企业充分发挥比较优势，各尽所能。价值链理论强调通过内外联合实现这一目标，通过组建企业集团，使拥有互补性战略环节的企业进行合作，在各自优势环节上进行互补性联合，促使企业集团整体效率的提高。

（三）企业集团的发展

企业集团的雏形可以追溯到20世纪初资本主义的垄断组织，包括卡特尔、辛迪加、托拉斯和康采恩等。其中康采恩是以一家实力雄厚的垄断企业为核心，将分属不同经济部门的许多企业联合在一起的一种垄断组织，已经接近现代的企业集团。

美国的企业集团产生于几次大的并购浪潮之后。20世纪初，美国产业格局分散混乱，数以千计的钢厂、汽车厂等中小企业在低水平层面进行恶性竞争，市场秩序混乱，企业难以获利。J·P·摩根利用金融杠杆将近千家钢厂联合组成美国钢铁集团公司，杜兰特则将近200家汽车厂商整合成通用汽车公司。这样的产业整合在当时的美国有很多，通过这样的产业整合运动，在美国崛起了第一批大型现代工业企业，直接加速了美国的经济和社会进步，也催生了现代企业集团。随后，这些经过产业整合形成的大型企业又开始了对产业链上下游的整合，出现了垂直一体化的趋势。到1917年，美国最大的267家企业中，有225家都不同程度地进行了垂直一体化。如卡内基钢铁公司整合了铁矿石、炼焦煤、运输船队等大量上下游企业；福特公司经过垂直一体化整合，已经可以生产整车和全部汽车所需零配件。在垂直一体化运动后不久，美国的企业又开始了多元化并在此基础上产生了混合联合企业。到1966年，美国60%的企业已经成为混合联合型。例如，美国电话电报公司本是一家电信公司，但在当时它还同时经营汽车租赁、建筑工程、玻璃制造和保险等业务。在经过数量扩张、垂直一体化和多元化经营之后，美国企业形成了总部与事业部、母子公司的分权管理结构，现代企业制度下的企业集团已经形成。进入20世纪八九十年代，美国企业又通过组织结构和管控手段的改革来适应剧变的内外部环境。许多企业集团缩减了组织的层级、明确了母子公司定位、完善了母子公司权责体系，改善了上下沟通反馈的效率和市场反应速度，大大提高了企业集团的整体效率，使美国企业集团的总体发展状况和管理水平走到了世界前列。①

日本在19世纪末就出现了财阀家族控制的大型烟草、化工等近代工业企业。在财阀的推动下，日本产业资本开始了集中化的过程。到1928年，三井、三菱、住友等企业集团的资本总额已经占日本产业资本总额的16.5%。同一时期，日本的企业集团也开始了规模化扩张的步伐，其中，三井的成员企业达到97家，三菱65家，住友30家。在规模扩张完成后，日本企业也出现了垂直一体化和多元化的过程。日本战败后，盟军司令部开始对日本企业按照西方企业制度进行改造，清除财阀对日本企业的影响。到20世纪50年代，随着日本经济的恢复和发展，日本政府开始鼓励金融机构持股，日本公司的股权结构开始逐渐由个人股东向法人股东转移，并在此基础上，逐渐产生了六大企业集团，即三井、三菱、住友、富士、三和与第一劝业。日本企业集团的一个显著特点是法人互相持股非常普遍，并在各公司之间形成了一个相互持股的网络。2000年以后，六大集团走向瓦解，日本的企业集团开始了新一轮的重组过程。通过银行间的重组，日本在原有企业集团的基础上形成了新的三大集团，即三井住友集团、三菱东京HFJ金融集团、瑞穗集团。经过战后多年的变革，日本企业逐渐形成银行导向型的企业集团。②

我国企业集团的历史并不长，改革开放之前，我国国有企业都是按照地区、部门由各级政府直接管理，企业之间缺乏横向联系，没有催生企业集团的环境和土壤。随着经济体制改革的推进，企业经营自主权逐步扩大，推动了企业间的横向经济联合，企业集团开始出现。早期的企业集团大部分都是在横向

① 陈国庆等，《集团公司管控》，经济科学出版社，2011年，第53页。

② 同上，第59～61页。

经济联合的基础上，以经济技术的内在联系为纽带集结而成的。1986 年 3 月，国务院颁发《关于进一步推动横向经济联合若干问题的规定》，提出要“通过企业之间的横向经济联合，逐步形成新型的经济联合组织，发展一批企业群体和企业集团”。首次在政府文件中提出“企业集团”这一名称，标志着企业集团这一经济组织形式在我国的正式出现。1987 年 12 月，国家体改委、国家经委下发《关于组建和发展企业集团的几点意见》，这是以政府文件形式，对企业集团的含义、组建原则和条件等问题做出明确的规定，标志着企业集团作为一种新型的产业组织形式已经得到了肯定，此后，比较规范的企业集团开始在我国陆续出现，推动了 1988 ~ 1989 年全国组建企业集团的第一次高潮。据不完全统计，截至 1988 年年底，经地、市以上政府有关部门批准成立的企业集团有 1 600 多家，许多以横向经济联合为基础的企业联合体发展成为初具规模的企业集团。但从总体上看，这一时期建立的企业集团多数靠行政手段成立，没有建立起资产纽带关系。1991 年 12 月，国务院批准了国家计委等部门《关于选择一批大型企业集团进行试点的请示》文件，对组建企业集团的条件、要求、目的、原则以及试点政策予以明确，并确定了首批 57 家大型企业集团的试点名单。1993 年 12 月《公司法》的颁布和 1994 年十四届三中全会社会主义市场经济体制的确立，为我国企业集团的发展制定了规范、指明了方向。一系列政策法规的出台直接推动了我国企业集团发展的第二次高潮，到 1995 年年底，我国注册登记的企业集团已达两万多家。1997 年，国务院批转国家计委、国家经贸委、国家体改委《关于深化大型企业集团试点工作意见的通知》。明确规定要建立以资本为主要联结纽带的母子公司体制，并再次批准 63 家大型企业集团进入第二批国家试点企业集团。2001 年，国务院颁发《关于发展具有国际竞争力的大型企业集团的指导意见》，标志着我国发展一批具有国际竞争力的企业集团工作有了明确的政策依据。我国企业集团进入了相对理性、规范化的发展阶段。[①] 截至 2011 年，我国最大的 500 家企业集团的资产规模、总营业收入已经达到 42.54 万亿元，其中营业收入达到千亿元以上的有 99 家。[②]

（四）大企业和企业集团的区别

尽管大企业与企业集团有众多相似之处，如两者规模都很庞大，而且两者组织结构都很复杂。但二者之间的区别也很明显，这种区别首先体现在组织结构上。大企业的组织结构类型一般分为 U 型和 M 型：

1. U 型组织结构

U 型组织结构产生于现代企业发展的早期阶段，是最基本的组织结构，其典型特征是管理层级的集中控制。这种组织形式的代表是直线职能结构，直线职能结构是在各级行政主管之下，设置相应的职能部门从事专业管理，实行主管统一指挥与职能部门参谋统一指导相结合。直线部门直接参与生产运营，承担实现组织目标的任务；职能部门为直线部门提供服务，可以对下级进行业务指导，但没有命令权。下层机构既受上级部门的管理，又受同级管理部门的业务指导和监督。直线职能结构如图 1－1 所示。

2. M 型组织结构

M 型组织结构是大企业最常见的组织结构，也称为事业部制或多部门结构，它是直线职能制的一种分权形式。企业按照产品或地区分别成立若干个事业部，各事业部全面承担该产品或该地区的全部业务，各事业部实行独立经营，单独核

① 中国集团公司促进会，《母子公司关系研究》，中国财政经济出版社，2004 年，第 40～43 页。

② 张文魁等，《2011 中国大企业集团年度发展报告（紫皮书）》，中国发展出版社，2012 年，第 3 页。

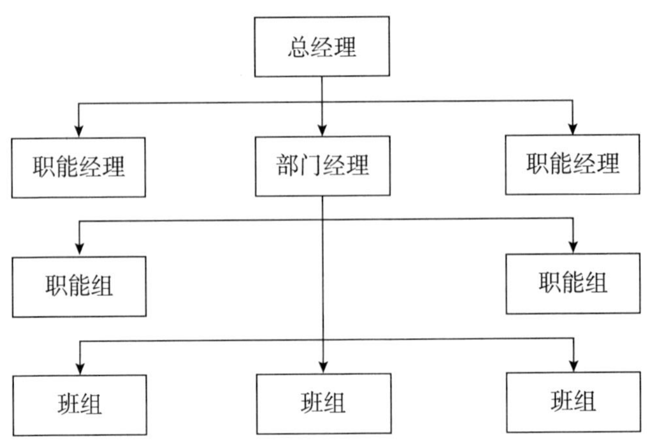

图 1－1　直线职能结构

算。企业高层只保留财务控制、人事决策及监督等方面的权力，集中精力制定公司的总体目标、方针和各项政策，利用经营指标对事业部进行控制。事业部制组织结构具有集中决策、分散经营的特点。企业最高管理层在资金分配、人事安排、企业发展战略等方面拥有最终决策权，事业部在日常经营活动中，具有足够的权力，能自主经营。

还有一种组织机构通常也被归入 M 型组织结构，即矩阵型组织结构，它是在直线职能型组织结构的纵向领导基础上，以项目组或工作小组为基础，把不同部门和专业背景的人结合在一起，增加横向联系维度，从而克服了直线职能型组织结构中部门间脱节的现象。事业部制的组织结构如图 1－2 所示。

企业集团的组织结构根据成员企业的股权联结方式，大致可以划分为三类，即垂直型组织结构、环形组织结构和复合型组织结构。

1. 垂直型组织结构

垂直型企业集团组织结构是核心企业通过全资、控股或参股成员企业，从而实现对成员企业进行垂直控制形成的。在这种组织结构下，集团母公司通过层层

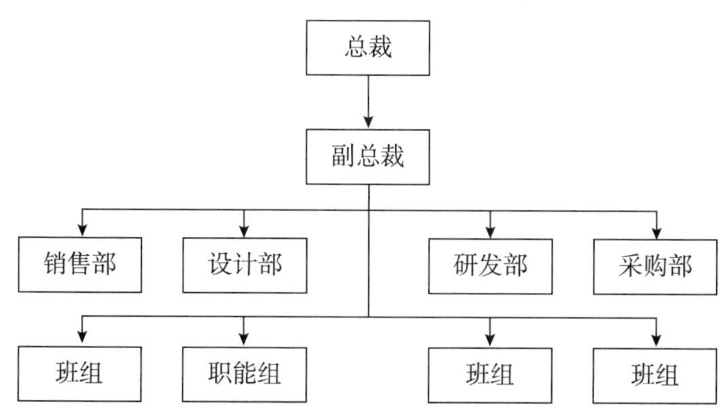

图 1－2　事业部制组织结构

控股分别产生了子公司、孙公司等，形成状如“金字塔”的企业集团，因此，垂直型组织结构也被称作金字塔型的组织结构。这类企业集团的显著特征有：一是具有明显的核心企业，并以此为起点以母子公司关系形式垂直扩展；二是成员企业之间相互持股，但都是射线式向下单向持股，横向或逆向不持股；三是核心企业与成员企业之间有明显的产权联系。垂直型企业集团组织结构如图 1－3 所示。

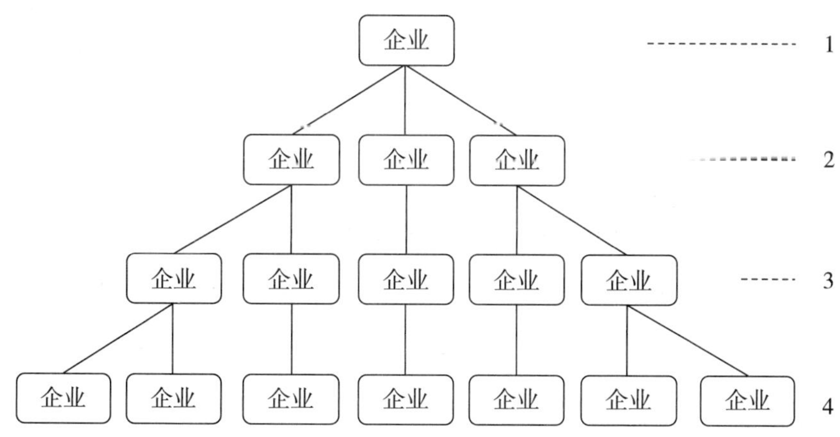

图 1－3　垂直型企业集团组织结构

注：1 层：核心层；2 层：紧密层；3 层：半紧密层；4 层：松散层。

资料来源：任浩等，《企业集团组织设计》，学林出版社，2006 年，104 页

垂直型企业集团也可以根据需要设计成U型、M型结构，其在管理层级的设置、权限安排、命令传达与信息反馈机制等方面与单个大企业的相关做法基本一致。但不同之处在于，企业集团的组织结构安排需要同时兼顾成员企业间的产权关系及公司治理要求等。以M型结构为例，对于单个大企业来说，事业部作为管理层级，没有法人实体与之对应，事业部的组建涉及的是企业内部资源的排列组合；而对于企业集团来说，可以将事业部作为纯粹的管理层级，也可以将事业部做实形成子集团，这种情况下事业部的组建则涉及企业间的产权交易，包括实体组建、产权转让、治理程序等问题。

2. 环状组织结构

环状组织结构不同于“金字塔”型组织结构下股权的垂直控制关系，是企业集团成员之间通过相互占有对方的股份，形成的一种“你中有我，我中有你”的结合关系，是成员企业间的横向结合状态，体现了横向协调的基本特征。

环状组织结构的代表是日本财团，在日本经济鼎盛时期的1989年，日本六大财团的相互持股率分别为：三井25.50%，三菱24.60%，住友26.52%，富士17.24%，三和18.61%，第一劝业14.84%。日本财团通常以大型金融机构和综合商社为核心，进行多元化经营。企业集团内成员众多，集合了各种产业和有代表性的大型企业；成员之间自主经营，平等交易，部分成员相互持股，作为资本联系纽带；根据持股关系，各成员企业之间互派管理人员或兼任董事。

3. 复合型组织结构

复合型组织结构有两种组织方式，即由垂直型组织和环状组织交叉形成的企业集团组织结构，以及由垂直型组织混合而成的企业集团组织结构。前者的代表

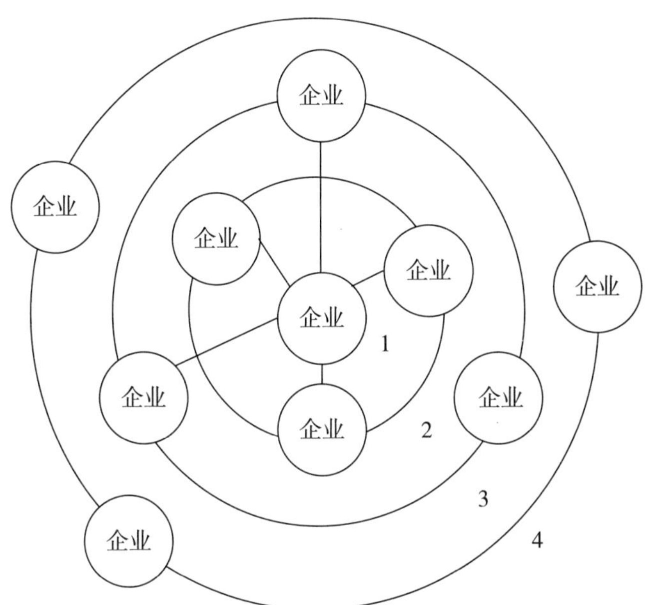

图1-4　环状企业集团组织结构

注：1环：核心层；2环：紧密层；3环：半紧密层；4环：松散层。

资料来源：任浩等，《企业集团组织设计》，学林出版社，2006年，108页

是日本财团与独立企业在发展中形成的交叉结构，即财团中的非核心企业，通过垂直控制子公司、孙公司等，本身又构成了一个“金字塔”型的企业集团。例如日立公司，本身是一个独立的企业集团，同时又分别是富士、三和、第一劝业财团的成员。后者的代表是美国的企业集团，在兼并联合的浪潮中，通过对“金字塔”型企业集团在更高层级进行资本渗透与联结形成的复合结构。

本书中的企业集团一般指的是垂直结构的企业集团，与单个大企业相比，这种企业集团的形成基础是核心企业对成员企业进行参股、控股形成的股权联结，需要同时理顺管理层级和产权层级两方面的关系。因此，在组织结构安排上，企业集团与单个大企业有一定的共通之处，但合理的组织结构安排对企业集团的作用更为重要。

大企业和企业集团的其他区别还体现在以下几个方面：首先，从法人资格看，企业集团无论规模大小，均是由多个具有法人资格的企业组成的。例如，2013年年末，五矿集团的全资和控股子公司多达600多家。构成企业集团的成员企业，无论规模大小，绝大多数都具有独立的法人资格。尽管通过股权关系，母公司可以对子公司进行一定的控制，但成员企业在法律上一律平等。而大企业无论规模多大，仅有一个法人资格。例如，中国农业银行虽有众多的分支机构，但加起来只是一个法人企业。其次，从责任关系看，企业集团内的各成员企业绝大多数都是独立法人，独立核算、自负盈亏，并独立承担民事责任。而大企业中的分支机构原则上都不能独立核算、自负盈亏，因此，公司总部要对其分支机构的债务承担无限责任。最后，从治理结构看，企业集团具有多个股东大会、多个董事会、多个总经理。而大企业只有一个股东大会、一个董事会、一个总经理。大企业的分支机构没有股东大会、没有董事会，只有“部门总经理”。在企业集团治理结构中，由于不同公司的股东大会和董事会在企业集团治理结构中的地位不同，容易出现利益冲突与协调问题，特别是在母子公司之间。而这种利益冲突往往不会出现在独立大企业中，因为企业总部与各分支机构之间的资源调整，最终仍体现为大企业的内部利益中，只要不涉及企业之外的股东或债权人的利益，则不会存在根本的利益冲突。

（五）企业集团的基本特征

通过与大企业的对比，我们对企业集团有了一个更清楚的认识，正如我国《企业集团登记管理暂行规定》中所定义的那样，“企业集团是以资本为主要联结纽带的母子公司为主体，以集团章程为共同行为规范的母公司、子公司、参股公司即其他成员企业或机构共同组成的具有一定规模的企业法人联合体。”

从上述定义中，我们可以总结出企业集团的几个显著特征。

第一，企业集团是通过资本纽带联结的法人联合体。企业集团本身不是法人，而是由多个法人组成的企业联合体，企业集团内各成员企业都有各自独立的利益，但在共同利益的基础上联合在一起。而联系各成员企业的主要是通过控股、参股所产生的资本纽带。尽管还有产品、技术、人员、契约等其他方面的联系方式，但通过资本纽带形成的产权关系是企业集团中各成员企业间最基本的关系，对于企业集团来说，资本联结是其区别于一般企业的最本质的特点。

第二，企业集团是多层次的企业联合体。多数企业集团在组织方式上呈现出垂直控制的分层次结构。企业集团内的成员企业按照资本关联程度的不同形成多层次的企业组织结构，第一层为核心层，是指处于核心地位的一家或少数几家骨干企业，作为企业集团的母公司；第二层为紧密层，是母公司能控制的子公司，一般是母公司控股50%以上的子公司；第三层为半紧密层，是由一些参股的关联公司组成，母公司持有这些公司一定比例股份，但没有完全控制，只能在一定程度上影响对方的经营活动；第四层为松散层，是由一些与母公司没有股权关系、以契约形式长期与企业集团进行协作配套的企业组成。企业集团的层次关系如图1－5所示。

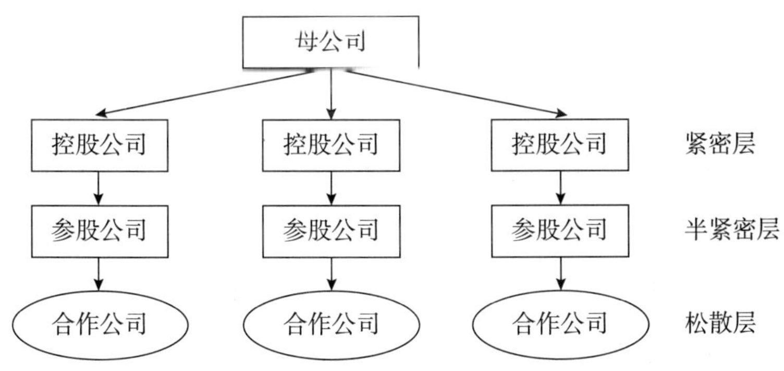

图1－5　企业集团的层次关系

资料来源：汪建康，《企业集团子公司主导行为与公司治理评价》，经济科学出版社，2010年，第59页

第三，企业集团是具有共同利益目标的企业联合体。企业集团内的成员企业都是独立的法人，独自承担一切法律上的责任和义务，在生产经营上也具有相应的独立性。尽管成员企业来自“五湖四海”，但都是“为了一个共同的目标走到一起”。通过发挥协同效应，企业集团能够实现这些单体法人独自难以完成的一些任务和目标。为了实现共同的目标，企业集团必须通过一定的制度安排和管控措施，使得各成员企业能够在生产经营活动中协同运作，形成集团优势，实现企业集团的聚集效应。因此，在企业集团的成员企业之间，特别是在母子公司之间，往往会存在控制与被控制的关系。

第四，企业集团兼具行政和市场两种体制的特点。作为介于企业与市场之间的一种中间组织形态，企业集团的出现具有其内在的经济动力。在企业集团内部起协调作用的，既不完全是企业内部的行政管理力量，也不完全是市场机制，而是成员企业之间在平等互利的基础上，通过股权参与、长期协作形成的一种特殊的组织协调机制。只有在这种组织协调机制良好运行的情况下，企业集团才能长久地维持下去。企业集团通过合理的组织安排，能够使内部各方面的力量进行有效配合而不是相互牵制，确保以集团化形式进行群体运作的组织协调成本低于单个企业独立运作而发生的市场交易费用，从而使企业集团有限的资源得到最有效的配置，提高经济要素的使用效率，使企业集团的生命周期不断延续。

第五，企业集团的经济成果以合并财务报表的形式体现。合并财务报表由企业集团的母公司编制，把企业集团视为一个会计主体，综合反映了企业集团的整体财务状况、经营成果和现金流量。企业集团是在国际通行的会计准则下以合并报表的形式反映其经营成果，并在控制与并表的前提下追求集团整体的最大化成长。

三、大企业与大国崛起

（一）国家崛起与大企业产生

美国布鲁金斯学会曾预言，“中国的崛起及其对世界的影响是21世纪最重要的地缘政治事件”。如今，中国崛起已不再只是学者们的预言，而是每天都在发生并影响着世界的现实。今天，大国之间的竞争主要体现为经济实力的竞争，而经济实力的竞争又集中体现为各国大企业间的市场竞争。因此，中国的国家崛起和民族复兴需要立足于培养一批具有产业带动力、市场影响力和国际竞争力的大企业。

1. 美国：大企业在国家崛起中产生

“时势造英雄。”纵观近200年来的世界经济发展史，大企业的产生无不伴随着国家崛起的脚步。以美国为例，美国历史上曾出现过的两次大企业“井喷”，都是产生于技术变革不断加速、国家实力不断提升的时期。

美国大企业第一次集中出现的时期是19世纪末20世纪初，“电力时代”的到来、现代化交通通信工具的出现，大大提高了货物、信息的流通速度，特别是铁路的大发展，大大降低了长距离和大量运输的成本和时间。19世纪70年代，货物从费城到芝加哥的运输时间从原来的3周缩短至3天。技术的改善带来了惊人的投资和消费需求，美国广袤的国土、巨大的人口规模所蕴含的消费潜力被彻底激活了。现代大型零售商打通了物流和销售环节；新发明、新产品进入普通消费者家庭；制造企业面对几乎是无尽的市场，唯一要做的就是创新产品、降低成本，通过扩大企业规模实现规模效应。消费潜力的释放和工业生产能力的释放，再加上美国发达的融资系统，给了美国大型企业得天独厚的发展土壤。19世纪末，美国企业掀起了一轮轮并购重组的浪潮，到20世纪初，美国的主要行业均被大型托拉斯集团垄断，形成了各种各样的“大王”，如“钢铁大王”卡内基，“石油大王”洛克菲勒，“汽车大王”福特等。与之相对应，到第一次世界大战前夕的1913年，美国制造业已超越了昔日的世界霸主英国，跃居世界第一位。

两次世界大战后，美国成为唯一的赢家，摆脱了经济“大萧条”和战时经济限制的美国，凭借其实物资本和无形资本的积累，推动了以信息技术、生物技术为特征的第三次科技和工业革命，迎来了又一个大企业集中产生的时期。在这一时期，一大批美国企业借助经济全球化的趋势迅速成长为大型跨国企业，至今仍在各自领域占据着最为重要的地位，成为美国国家实力的坚实依托。

在汽车制造领域，美国的三大汽车厂商福特、通用汽车、克莱斯勒依然在全球市场中拥有巨大的市场份额；在军用和民用航空领域，洛克希德·马丁以及波音公司占据了统治地位；在能源领域，世界四大石油公司中的雪佛龙和埃克森美孚均为美国所拥有；在零售领域，沃尔玛的连锁店开到全球各国；在快餐领域，并不以餐饮业闻名于世的美国却诞生了麦当劳、肯德基两家连锁快餐巨头，由于几乎在任何国家都能买到麦当劳的“巨无霸”汉堡，经济学家们甚至以这种汉堡的价格来衡量一国的实际汇率；在金融领域，美国的高盛、摩根士丹利、摩根集团、花旗集团、美国银行、美国国际集团（AIG）、巴菲特的伯克希尔-哈撒韦公司是美国作为全球金融中心的基石；在农产品领域，全球四大粮商中的三个阿丹米（ADM）、嘉吉和邦吉位于美国，孟山都公司更是垄断了种子行业的供应；在消费品领域，可口可乐、百事可乐、宝洁创造了营销的神话，也让全球商界认识到“品牌”等无形资产的价值；在化工和医药领域，美国拥有强生、辉瑞、默沙东、杜邦、陶氏化学等国际巨头；在传媒领域，美国拥有默多克旗下的新闻集团，好莱坞文化伴随着迪士尼、时代华纳等公司的电影传播至全球每个角落；在高科技领域，美国诞生了苹果、谷歌、IBM、微软、思科、甲骨文、惠普、亚马逊、Facebook、eBay 等一大批信息高科技企业与互联网公司，深刻地改变了人类的生活。

2. 中国：国家命运与企业发展休戚与共

近代以来，中国企业的发展轨迹则从另一个侧面勾勒出国家命运与企业发展休戚与共的关系。鸦片战争后，在“自强”“求富”的洋务运动中，诞生了中国第一批近代企业。1865 年在李鸿章主持下成立的江南制造总局，这是近代中国第一家新式工厂，也是清朝末年最大的军工厂。江南制造总局以生产枪炮开始，后来逐渐生产钢铁、造船以及一系列配套机械设备，是中国机械制造产业的开端。江南制造总局后来更名为“江南造船厂”，一直是中国重要的船舶制造基地。1872 年成立的另一家著名企业招商局，这是晚清首家官督商办的企业，在中国近现代历史上发挥了重要作用。招商局曾组建了中国近代第一支商船队，开办了中国第一家保险公司、第一家电报局、修建了中国第一条铁路。这一时期还出现了一批投身于现代工业的新兴企业家群体，例如“红顶商人”盛宣怀、胡雪岩，状元实业家张謇，荣氏家族的荣宗敬、荣德生兄弟等。但随着甲午战争的失败，洋务运动以及在此时期产生的近代企业最终并未能挽救清王朝的命运。清王朝覆灭后，中国陷入了军阀混战。尽管如此，中国的民族企业依然在战争、动乱的缝隙中顽强生长。第一次世界大战期间，欧洲列强的无暇东顾使中国企业面临的竞争压力缓和，战争期间，中国生产的面粉、纱布等轻工业品畅销海外。1928 年至 1937 年间，随着国民政府完成了形式上的全国统一，中国经济也进入了“黄金十年”，工业经济平均增长率达到 9% 左右，荣氏集团、大生集团、永安集团等民族企业也获得了扩张和发展的机遇。但好景不长，随后的日本侵华直接中断了中国的工业化进程，在外国资本和官僚资本的倾轧下，民族资本的大企业之梦也随之破灭。可见，无论是“洋务运动”还是“黄金十年”，无论是“官督商办”还是“民族资本”，没有民族独立和国家强盛，就不可能有大企业的生长环境。正如经典话剧《茶馆》中那个心怀实业理想的秦二爷，从意气风发到黯然自尽，在积贫积弱的国度，通过办企业、搞实业报国救国只能是如水月镜花般的美丽梦想。

（二）大企业成长与国家竞争力

1995 年，当中国企业首次出现在《财富》杂志世界 500 强的榜单上，只有 5 家上榜企业；那一年，中国的 GDP 为 7 006 亿美元，排名世界第 7 位。而当 2014 年中国 GDP 超过 10 万亿美元时，中国的世界 500 强企业也超过了 100 家。今天，中国石油、中国工商银行已经成为世界级的巨无霸企业；华为超越爱立信成为全球第一大电信设备供应商、联想超越惠普成为全球电脑市场的最大供应商；腾讯、百度也已经成为具有国际影响力的互联网公司。国际竞争力越来越强的中国大企业群体，正在成为中国崛起、中国经济崛起的“国家脊梁”。

事实上，大企业竞争力与国家崛起从来都是互为因果的关系，国家崛起为大企业的产生提供了良好的时代机遇和外部环境，而大企业集群的形成则为国家崛起提供了最坚强的支撑，从根本上讲，大企业的崛起本身就是国家崛起的重要组成部分。

从世界 500 强企业榜单的演变中也可以看出，一国大企业的数量与该国在世界经济中的地位是一致的。战后初期，美国在世界经济中的地位达到了前所未有的高度，1962 年世界 500 强企业中美国企业的数量为 301 家，超过其他国家世界 500 强企业数量之和。20 世纪六七十年代以后，随着日本等东亚国家经济的高速增长，其大企业数量也显著增加，日本的世界 500 强企业数量由 1962 年的 31 家增加到 1996 年高峰时的 141 家，韩国也由 1976 年的 1 家增加到 1996 年的 13 家；

同期，由于在世界经济中的地位逐渐下降，美国的世界500强企业数量也随之减少，到1996年减为153家。此后，随着日本进入“失去的二十年”，中国的迅速崛起，日本在世界经济中的地位开始下滑，其世界500强企业数量到2014年减少为57家；同期，美国世界500强企业数量则缓慢减少至128家，基本与其在世界经济的地位变化相一致。正如迈克尔·波特所指出：“在国家层面上，竞争力的唯一意义就是‘生产力’。国家的基本目标是为其人民提供高水准的生活，实践这一目标的能力则取决于运用劳动与资本等国家资源所得到的生产力。”从这个意义上讲，国家之间的竞争首先就是经济竞争，而国家间的经济竞争实质上是企业间的市场竞争，大国之间的国际竞争突出表现为其大企业在全球市场的角力。中国这样一个大国，需要有一批具有超强国际竞争力的大企业，才能在激烈的国力竞争中立于不败之地。

大企业是“走出去”的排头兵。破解资源约束、提升资源保障需要大企业。目前，我国在原油、铁矿石和有色金属等战略资源上高度依赖进口，如原油的对外依存度达到近60%，而铜精矿和铁矿石等的自给率则不足20%。这种对外部资源和能源的高度依赖，不仅抬高了我国持续发展的成本，对国家的战略安全也形成了潜在威胁。而在国内缺乏资源禀赋的情况下，国家将通过“走出去”来获得更多资源保障，在高资本投入的资源能源行业，将依靠具有资金、技术和经验优势的大企业到国际市场配置资源。例如前述中海油对加拿大能源公司尼克森的收购，获取了大量优质的油气资源；再如，2014年以五矿集团为首的中国财团完成的对世界最大的在建铜矿秘鲁邦巴斯（Las Bambas）铜矿项目的收购，该项目建成达产后将每年产出45万吨铜精矿，增加了国家矿产供应保障等，都是这方面的成功范例。

大企业是产业的整合者。化解产能过剩、实现产业升级需要大企业。在我国以往的高速发展过程中，在众多领域形成了大量低附加值的过剩产能，这也需要由大企业主导进行重组整合，通过提升产业集中度，淘汰落后产能、优化资源配置来提升产品附加值、实现产业升级。例如在高度分散、过分竞争的水泥行业，中国建材集团通过近10年的并购整合，跨所有制、跨区域、跨行业重组上千家企业，实现了集团收入从20亿元到2 500亿元，利润从1亿多元到120亿元，超过100倍的高速增长。截至2013年底，中国建材集团所属的水泥产能超过4亿吨，稳居全球第一。这对于在本世纪初由数千家企业相互竞争，行业内依赖国外力量来整合行业的中国水泥产业来说，实在是一个奇迹。

大企业是创新的“发动机”。加大研发投入、推动自主创新需要大企业。华为技术有限公司是世界上最大的电信设备供应商，成立20多年以来，华为由一家初始资本只有2.1万元的民营企业，成长为业务横跨全球170多个国家和地区、年销售规模近2 400亿元的大型企业。在其发展历程中，华为始终坚持聚焦战略、持续进行研发投入。目前作为全球领先的信息与通信解决方案供应商，华为对电信基础网络、云数据中心和智能终端等领域每年投入研发的费用达到销售收入的10%以上，近15万员工中从事创新、研究与开发的员工超过45%。华为在170多个标准组织和开源组织中担任核心职位，已累计获得专利授权36 511件。2014年11月，华为首次提出4.5G概念并提出最早到2016年实现4.5G的商用。这意味着从模拟时代开始，2G、3G到4G，一直苦苦接受和追赶国际通信标准的中国企业，已经开始参与到下一代的通信标准的制定之中。

大企业是国际标准的制定者。应对竞争格局变化、参与国际竞争也需要大企业。金融危机后，一方面，传统行业开始重新洗牌，少数具有先发优势、成本优势、规模优势的国际行业巨头掌握了价值链的关键环节，操控着全球资源供应体系的话语权，竞争优势更加明显；另一方面，以移动互联为代表的新技术，正快速地变革着传统的生产方式和商业模式，成为全球技术和商业创新的源泉。2013年，德国政府率先提出工业4.0的概念，描绘了未来高度灵活的个性化和数字化的智能生产模式。可以说，未来的国际竞争是包含技术之争、模式之争、标准之争、地位之争、规模之争在内的全方位立体竞争。在这样的竞争环境下，也只有大企业才有资格参与高端市场的角逐。

总之，大企业是国家经济发展的支柱和脊梁，是国家综合国力的重要载体，大企业富则国家富；大企业代表着一个国家的经济实力，更代表着一个国家的竞争力，大企业强则国家强；大企业是进行技术研发、创新升级的主力，大企业智则国家智；大企业是带动中小企业、推动整个行业上下游产业链的主力，大企业进步则国家进步；大企业是走出国门、参与国际竞争的先锋，大企业雄于全球则国家雄于全球。

（三）企业发展中两个不容回避的问题

与百年前的苦苦上下求索不同，今天，中国崛起的大环境为更多中国大企业的产生和成长提供了历史性的机遇，而中国的国家崛起和民族复兴也需要更多的大企业来带动和支撑。从历史经验看现实选择，有两个现实问题在这一过程中是不容回避的。

第一个问题是政府在大企业成长过程中的作用。迈克尔·波特在其关于国家竞争力的“钻石模型”中，将政府作为一个重要的影响变量。目前对于国家竞争力的各种研究中，也都是既重视市场因素，也重视政府因素。即使是在市场经济最为发达、对市场干预最少的美国，也在金融危机后对破产保护的通用汽车进行了救助和重组。而对于后发国家来说，面对强手如云的国际市场，如果仅靠企业自己发展，很难形成竞争优势。企业的成长一方面有赖于政府创造良好环境，另一方面需要政府多方面的支持。这一点在韩国大企业的成长经历中有突出的体现。作为一个典型的后发国家，韩国大企业的发展是在政府主导的大企业战略指导下和政府的全力扶持下成长起来的。20 世纪 60 年代，为发展出口产业，韩国政府对承担出口任务的大企业给予低息融资、税收减免等政策支持，同时采取限制外国直接投资的政策，保护本国企业集团免于国外竞争，使相对弱小的韩国企业集团有宽松的发展空间。在20世纪70年代韩国的“三五”、“四五”时期，他们将重化工业作为本国的重点产业，对重化工业实行政策倾斜，并通过行政指令将这一发展任务落实到大企业身上。由于重化工业本身是出口导向产业，承担任务的大企业同时享受着政府对于出口产业和重化工业的双重政策优惠，使韩国的重化工业企业迅速发展，并走向大型化、国际化。1975年，政府指令大宇、现代、三星等13家公司为韩国的综合商社，并相应为综合商社提供贸易行政、财政金融、情报支援等支持，使韩国的大企业逐渐成为集商、工、贸于一体的综合企业集团。① 在对大企业进行倾斜性资源配置的同时，政府还有计划地指导企业合并、重组，以减少国内恶性竞争，形成规模经济。例如，为解决汽车工业发展初期存在的散、弱、小的问题，韩国政府强制国内十几家汽车制造企业合并成一家，后又只允许现代、大宇和起亚3家生产汽车并经营，使其不断壮大、成为汽车工业的骨干。在信贷政策上，政府给予大企业倾斜的政策性支持。为满足大企业成长对资金的需要，韩国政府没有实行通常的以发行股票的方式来让大企业筹措资金，而是实行倾斜的信贷支持政策。当企业资金困难时，有关当局提供低息紧急贷款援助，或者给予财政方面的支援。对大企业的巨额信贷支持，使企业规模迅速扩张，一些大企业很快在国际市场上显示其优势，与强大的跨国公司展开竞争，有的进入世界500强行列。② 如在世界500强企业中排名较前的三星集团（2014年排名第13位），不仅在纤维、食品、电子、建筑、贸易、金融、保险、机械、飞机制造、造纸、流通等行业均有涉足，还拥有规模庞大的百货商

① 王国华，“国际竞争力’解放’中国企业”，《中国经济快讯周刊》，2002年第29期，第23页；刘富钊，《中外经济发展中的企业转型战略》，西南师范大学出版社，2005年5月，第136～140页。

② 同上。

店、游乐园、高尔夫球场、医院、果园农场、海水浴场、旅馆等服务设施。以致韩国人自己戏称："韩国人一辈子不能避免的两件事就是死亡和三星。"

中国行业和企业的发展同样离不开政府的政策指导和各方面支持。如今已成为中国外交名片、被人们称为"中国奇迹"的中国高铁，也是在政府引导下实现技术创新、产业升级和企业发展的典型例子。从2004年《中长期铁路网规划》确立"四纵四横"的客运专线网起，至2014年底的10年间，中国高铁建设从零起步，建成并运营高铁里程达到1.6万公里，超过全世界高铁总运营里程的一半。这其中，既有中国第一条具有完全自主知识产权的京津城际高速铁路，也有全长1 318公里的世界上一次建成里程最长的京沪高速铁路；既有世界上第一条穿越高寒地区的高速铁路哈大高铁，也有全长2 298公里的世界上干线最长的高速铁路京广高速铁路。从平原水乡到戈壁沙漠，从高原冻土到热带雨林，今天的中国高铁已连接28个省份，年运输人次超过8亿。不仅如此，中国高铁将吸收消化与自主创新相结合，掌握了设计施工、装备制造、车辆控制、系统集成、运营管理等成套技术，拥有完全自主知识产权。

高速动车组是各种尖端技术的高度集成，共涉及9大关键技术及10项配套技术，有5万多个零部件。只有各项技术、各个部件的协同运行，才能保障列车跑出高速。2004~2005年，中国北车、中国南车等企业，先后从加拿大庞巴迪、日本川崎重工、法国阿尔斯通和德国西门子引进技术，联合设计生产高速动车组；此后，中国高铁在引进国际先进技术的基础上进行消化吸收和再创新，大面积实现了"去日本化"、"去阿尔斯通化"乃至"去西门子化"。2014年11月25日，装载"中国创造"牵引电传动系统和网络控制系统的中国北车CRH5A型动车组进入"5 000公里正线试验"的最后阶段。牵引电传动系统是'高铁之心'，列车的动力之源；网络控制系统则是'高铁之脑'，指挥着列车的一举一动。两大系统实现百分之百的国产化标志着高铁列车最核心的部件已经实现了百分之百的“中国创造”。

在中国高铁的成功经验中，政府的主导起到了至关重要的作用，这一方面体现在通过统一的全国市场，低成本引进技术；另一方面体现在通过打破部门、行业、院校、企业的体制壁垒，整合全国的科技资源，实现以铁道部为主导、机车车辆制造企业为主体，产学研紧密结合的战略性产业的公共创新平台。

第二个问题是国有企业的深化改革。实际上，在世界500强企业的榜单中，上榜的中国企业绝大多数都是国有企业。例如，在2014年上榜的91家中国大陆企业中，有84家是国有企业，占比达到9成以上。谈论中国大企业，不能回避国有企业。国有企业能否成功实现改革发展，将直接关系到中国能否顺利实现转型崛起；国有企业的改革问题也必须从作为后发国家的中国如何实现国家崛起的层面来认识。

1978～1984年，国有企业改革经历了扩大企业自主权、实行经济责任制和利改税改革等阶段，使国有企业的活力大大增强。1984～1992年，按照有计划的商品经济理论，国有企业进行了以所有权和经营权分离为特征的改革，其中最主要的就是对国有大中型工业企业实行承包责任制。但承包经营责任制并没有实现政企分开，企业并没有成为自主经营、自负盈亏的市场主体，计划经济思维依然深刻影响着市场的供需结构。中共十四届三中全会提出了建立“产权清晰、权责分明、政企分开、管理科学”的现代企业制度，国有企业改革进入新阶段。1997年，十五大提出了多种所有制经济共同发展、公有制实现形式多样化、对国有经济进行战略性调整和改组等重要方针政策，促进了国有企业改革的不断深化。[①] 2003年4月，国务院国资委成立，代表国家行使对189家中央企业的出资人管理权，成为掌握7万亿元国有资产的“超级老板”。国资委推动国有企业聚

① 王忠禹，《国企改革攻坚纪实》，企业管理出版社，2010年，第2～8页。

焦主业，在一定程度上解决了国有经济布局过宽过散的问题；支持国企的股份制改造和上市工作，有力地推动了现代企业制度的建立；积极促进国有企业之间的兼并重组，打造具有国际竞争力和市场影响力的大型企业。国资委成立的10年间，国有企业得到迅猛的发展。2013年，113家中央企业累计实现营业收入24.2万亿元，上交税费总额2万亿元，累计实现利润总额1.3万亿元，对关系国计民生的重点行业拥有绝对的控制权，牢牢地把握着国家经济的命脉。从根本上说，中国的国企改革是由中国社会经济发展的目标所决定、并逐步调整的。国有企业改革从一开始的放权让利等初级形态一直到承包制、租赁制、公司制乃至于产权改革，都是着眼于国家与社会的平稳转型、长久发展和全民族的整体利益，依据不同时期的形势需要和发展要求所展开的企业制度改革的不同形式。

2013年11月，中共十八届三中全会提出了“完善国有资产管理体制，以管资本为主加强国有资产监管”的新思路，国有企业改革又翻开了新的篇章。在进一步探索国企改革方向的过程中，应该清醒地认识到，改革和发展模式并非一成不变，曾在过去带来过成功的“中国模式”是一个过程，而不是最终解决方案；企业不存在一个放之四海而皆准的改革方案。改革始终是一个不断认识、不断调整、不断提出新目标的过程。只有坚持实事求是、解放思想，根据现实情况的变化解决不断出现的新问题，从多数人的需要出发找准“共同利益”，把潜藏在不同群体中的改革需求转化为推动改革的持续动力。在“管资本”的改革理念下，国有企业的改革也必然伴随着政府职能的转变。在新一轮的国企改革进程中，要坚持让市场在资源配置中起决定作用，政府要在资本的流动性、收益性和安全性的要求下，为市场运行、为各类资本的自由流动创造良好的制度环境。要充分贯彻法治理念，坚持依法治企，按照公司治理的要求重塑国有企业，使之真正建立现代企业制度；政府要充分尊重企业的独立性和自主性，以法律和契约形式规范企业行为，而不是直接进行干预。国有企业要真正成为市场竞争的主体，改革那些与新形势、新要求不相适应的体制机制，推动混合所有制、建立符合市场规则的激励约束机制，充分激发自身的积极性和创造性。

库兹涅茨认为，“一个国家的经济增长，可以定义为给居民提供种类日益繁多的经济产品的能力长期上升，这种不断增长的能力是建立在先进技术以及所需要的制度和思想意识之相应调整的基础之上的。”中国的国企改革就是这样一种“所需要的制度和思想意识之相应调整”，它不但为中国的未来发展提供生产力基础和经济腾飞的平台，也为国家的成功转型提供体制与观念的深层保障，成为推动中国崛起的真正动力。中国国有企业改革所承载的历史使命，其分量绝不仅仅是一个停留在经济学层面的概念和实践层面的制度安排，中国国企改革与中国崛起的伟大使命是分不开的。①

总之，纵观经济强国的崛起历程，大企业是始终伴随国家崛起的中坚力量；回顾中国企业的百年变迁，国家的独立富强也始终呼唤大企业的出现和成长；而展望中国崛起的未来之路，摆在中国企业面前的将是更加广阔的空间和机遇，一个属于中国大企业的时代已经到来。

① 徐传谌，孟繁颖，“30 年国企改革与中国崛起”，《长白学刊》，2009 年第 2 期，第 96 页。

第二章 资本魔方：企业成长的驱动之轮

“罗马不是一天建成的”，大企业也不是一天形成的，从一粒创业种子到变成参天大树，企业的成长既是机遇的眷顾，也充满了艰辛的努力。企业与资本，谁成就了谁？谁在掌控资本的力量？谁又能玩转资本的魔方？企业成长的秘密就隐藏在这里。

一、资本与企业成长

（一）“伟大的集市”

11 月 11 日，一个在中国创立的非主流节日“光棍节”，却因为一家企业的存在，变成了不折不扣的全国性购物狂欢节。2013 年 11 月 11 日，中国互联网巨头阿里巴巴旗下的淘宝和天猫联手实现销售额 350 亿元。而根据商务部的统计，2013 年 9 月份中国消费品零售额日均 688 亿元，而淘宝和天猫在 11 月 11 日一天所创造的网络销售额 350 亿元已达到这一数字的一半多。如果兑换成百元大钞，那么 350 亿元叠加起来的高度将超过 3 座珠穆朗玛峰。而在 2014 年的 11 月 11 日，这一数字则进一步刷新到 571 亿元。对此，连李克强总理都不禁赞许道：“你们创造了一个消费时点。”

尽管后金融危机时代的中国经济面临重重压力，但作为新经济代表的互联网企业却大放异彩，阿里巴巴是其中的佼佼者。阿里巴巴的业务横跨 B2B 贸易、网上零售、购物搜索引擎、第三方支付和云计算服务，目前已经是全球最大的网上交易市场。2013 年，在阿里巴巴发生的交易总额达到 2 480 亿美元，是 eBay 的三倍，亚马逊的两倍多。英国的《经济学人》杂志称其为“世界上最伟大的集市”。而谁能想到，阿里巴巴在 1999 年创办时其办公地点只是杭州的一处公寓，甚至没有一个正式的办公场所；谁又能想到，就是从这间公寓开始，在短短 15 年的时间里，却孕育出了一个“伟大的集市”。

合抱之木，生于毫末；九层之台，起于垒土。从本质上说，企业的成长就是企业通过对经济资源从量和质两方面的不断积累与整合，实现企业规模的不断增加和企业效益的不断提升。但从一粒创业种子，到长成参天大树，企业的成长与大企业的产生绝非朝夕之功、易为之举。是什么推动了企业的成长？这是个历久弥新的话题，经济学家们也从未间断过对它的研究。

古典经济学认为企业的成长来自分工带来的规模经济利益。亚当·斯密认为，在分工的基础上，许多人在同一生产过程中或在相互联系的生产过程中有计划地一起协作劳动，能够极大地提高劳动的效率和生产能力。《国富论》[①] 第一章写道：“劳动生产力上最大的增进，以及运用劳动时所表现的更大的熟练、技巧和判断力，似乎都是分工的结果。”斯密认为，分工能够增加工人的技术熟练程度，避免工人在工作转换中遭受的时间损失，还能够促进机器的发明、简化和节省劳动力。尽管斯密的分工理论针对的是工厂，但企业作为一种分工组织，同样追求规模经济的利益，分工能够获得更高的产量和更低的成本，因此，企业的成长也从分工中获益。更多的古典及新古典经济学家用规模经济理论来解释企业

① 亚当·斯密著，莫里译，《国富论》，中国华侨出版社，2013 年，第 1 页。

成长，规模经济是指企业的平均成本随着产出的增加而下降的状态，此时企业增加提供一单位产出的边际成本小于平均成本。作为一个理性的经济组织，只要平均成本还在下降，企业就会考虑增加产出的规模，直到产出增加遇到生产过程中的“瓶颈”问题，带来单位变动成本的提高，使得总平均成本也开始出现递增。

熊彼特认为，经济增长最重要的动力和最根本的源泉在于创新。在《经济发展理论》一书中，熊彼特提出了著名的创新理论①，指出创新在经济发展过程中具有重大的作用。熊彼特将创新定义为一种生产函数的转移，即通过生产要素与生产条件的重新组合获取潜在的超额利润，并把创新概括为：生产新的产品；引入新的生产方法、新的工艺过程；开辟新的市场；开拓并利用新的原材料；采用新的组织方法等。实际上，熊彼特认为的创新涵盖了技术创新、市场创新和管理创新。在熊彼特创新理论的视角下，企业成长是企业持续创新的结果，获得潜在的超额利润是企业家推动创新的根本动力。随着竞争环境的不断变化，企业必须不断通过创新改善竞争能力，例如通过推动技术成果的产业化和商业化，或运用先进的管理理念、管理手段和管理方法等，实现企业的持续成长。

新制度经济学认为企业成长就是企业边界扩大的过程，企业成长的因素就是决定企业边界的因素。随着经营规模的扩大，企业把一些以前通过市场进行的交易活动纳入企业内部进行，即进行所谓的一体化。而企业是否进行一体化，即企业边界是否进行扩张，取决于完成一笔交易的企业内部交易费用与市场交易费用的比较。当企业内部交易费用低于市场交易费用时，企业倾向于进行扩张；当企业内部交易费用等于市场交易费用时，企业将停止扩张；当企业内部交易费用高于市场交易费用时，企业非但不扩张，还倾向于收缩。因此，在科斯看来，企业一体化的抉择过程实际上是企业权衡利用市场进行交易的成本与企业内部组织交

① 熊彼特著，邹建平译，《经济发展理论》，中国画报出版社，2012 年，第 68 ~ 73 页。

易的成本谁更合算的过程，而企业成长的动力也在于能够通过扩张企业边界进一步节约市场交易成本。

彭罗斯的资源决定论在企业成长经济学中融入了现代经营学的理论，从企业资源有效利用的角度提出企业如何实现快速增长和提高增长质量，奠定了现代企业成长理论的基础。彭罗斯把企业视为一种有意识的利用各种资源获利的组织，她认为企业可以利用的资源不仅包括物质、人力等生产性资源，还包括对这些生产性资源的利用能力，即生产性服务，而这种独特的利用和服务能力对企业来说最为重要。在彭罗斯看来，企业成长的动力在于企业存在着剩余生产性资源、服务和特别的知识。当企业扩张能够比当前的资源使用方式带来更高的利润时，企业就有了扩张的动力；而当企业内部缺乏扩张所需的生产性服务，特别是缺乏规划和实施一个新项目所需的管理能力与技术时，企业的扩张就受到了限制。因此，在企业的经营中，只要有任何资源没有实现充分的利用，就存在着一种激发更充分利用它的动力，即企业成长的动力。

目前的一些流行理论也都从某些方面对企业成长的关键要素进行了解释。例如，波特的竞争战略理论认为，企业应通过对产业竞争环境的研究，采取集中化战略、成本领先战略或差异化战略，获得竞争优势并得以成长；普拉哈拉德和哈默尔的企业核心竞争力理论认为，经过长时期形成的、蕴含于企业内质中的、企业所独有的核心产品、核心技术和核心能力，即核心竞争力，是支撑企业在过去、现在和未来的竞争中保持优势的关键，也是企业能够在长时间的竞争环境中取得主动、成长壮大的关键；学习型组织理论认为，通过培养组织的学习气氛、充分发挥组织成员的创造性思维能力，能够增强企业的发展后劲，使企业成长获得质的转变。

企业成长是一个漫长复杂的过程，对于企业成长的核心因素，不同的经济学家站在不同的时代背景下，从社会分工、规模经济、技术创新、竞争战略、企业家能力等各种角度进行了分析，看到了事物的不同方面。应该看到，成功的大企业也具有一些共同特质，如独到的行业选择、卓越的领导人、坚强的骨干团队、先进的经营理念、精明的商业模式、不懈的创新精神、清晰的治理结构等。从大航海时代独步全球的跨国贸易企业，到工业时代引领风气之先的福特汽车、通用电气等大型制造企业；从信息时代行走浪潮之巅的微软、IBM 等信息技术企业，到如今在互联网时代叱咤风云的谷歌、腾讯、阿里巴巴。这些特质从未改变！大企业的成长，是顺应时代发展潮流、汇聚天时地利人和的结果。

（二）阿里的资本之路

阿里巴巴（以下简称阿里）在 1999 年 3 月成立时只有启动资金 50 万元，当年 10 月，高盛向阿里投资 500 万美元，阿里便完成了首轮融资。在第一轮融资完成后不久，软银开始与阿里接触，并在 2000 年的第二轮融资中，向阿里投入 2 500 万美元。尽管阿里并未披露投资者在这两轮融资中获得的股权比例，但可以肯定的是，阿里在不到两年的时间里，企业价值得到了大幅的增长。

此后，阿里的业务得到了快速的发展。2002 年，阿里 B2B 公司开始盈利；2003 年，阿里创建淘宝网；2003 年 10 月，阿里推出支付宝。2004 年 2 月，阿里完成了第三轮融资，从软银等风险投资手中募集资金 8 200 万美元。本轮融资完成后，马云及其创业团队占阿里 47% 的股份，为第一大股东；第二大股东软银约占 20%，在其之后，富达约占 18%，其他几家股东合计约占 15%。

时至 2005 年 8 月，阿里收购雅虎中国全部资产，杨致远出资 10 亿美元获得阿里 40% 的股权，以此推算，阿里巴巴集团的估值已经达到 25 亿美元。此后阿里没有再披露融资计划，直到2012年9月，阿里提出以76亿美元回购雅虎所持的20%股份，此时阿里的估值已经达到380亿美元。2014年5月，阿里向美国证交会（SEC）递交首次公开募股（IPO）申请，资本市场此时对阿里的估值就达到1 500亿美元。

伴随着一轮又一轮的融资，阿里从一个默默无闻的网上市场成长为屹立云端的电商帝国。那么，这些在阿里成长过程中不时闪现、与阿里成长有着千丝万缕的资本，在其成长过程中扮演了什么角色呢？资本对于企业成长推动作用的机理又何在？企业又是如何通过资本联合形成企业集团的呢？

我们对于资本的最初认识，来自马克思的一段话："如果有20%的利润，资本就会蠢蠢欲动；如果有50%的利润，资本就会冒险；如果有100%的利润，资本就敢于冒绞首的危险；如果有300%的利润，资本就敢于践踏人间一切的法律。"一生研究资本的马克思无疑对资本有着最为透彻的理解。在马克思的体系中，资本是一种在运动中不断地谋求自身增殖的价值。产业资本在运动中经过购买、生产和销售三个阶段，顺序地采取货币资本、生产资本、商品资本三种形态，完成资本增殖。相对于单项资本的积累，资本之间还可以通过相互兼并和联合，从而快速实现资本规模的扩大。

在《资本的秘密》一书中，秘鲁经济学家索托阐述了自己对于资本的理解，索托认为，资本其实是蕴藏在资产中、能够开展新的生产的潜能。货币只是资本的表现形式，真正的资本实际上是藏在资产当中的。"就像爱因斯坦所指的砖头里的潜在核能量一样，没有提取并确定砖头里的潜能这一过程，爆炸就不会发生；砖头毕竟只是一块砖头……资本也需要一个转化的过程。""位于高山的湖泊，它的作用只限于划船和捕鱼，但若将湖泊开发，让向下奔流的湖水作为动能带动涡轮旋转，湖水的能量就转化为电能，从而创造出巨大的经济价值。湖水需要水电站才能将它的潜在能量释放出来，同样资产要转换为资本也需要一个适当的转换过程。”①

企业是从事生产经营的经济组织，拥有土地、资金、技术、人员等各类生产所需的资产，因而从资本的角度看，企业也是进行资本经营、转化资本能量的载体；企业经营活动的过程，也是资本通过企业进行循环运动的过程；企业经营的具体形式千差万别，资本运动的规律却并无不同。在企业中，资本不断地在货币、资产、商品等不同身份之间进行转换、循环周转，实现不断的增殖。在依靠资本纽带联结而成的企业集团中，资本更是串联各成员企业的核心元素。企业集团中的核心企业或母公司股东投入的原始资本，不断通过借贷、控股、参股等手段进行扩张，放大对外部资本的控制能力。而企业集团多层级的组织特点，进一步增强了资本的这种扩张能力，使原始投入的资本依托这种层层控制，实现控制边界的不断扩大，控制资本规模的不断增加，从而实现企业集团经营规模的不断增加和效益的不断提升。不仅如此，动态地看，通过自身利润的积累和母公司股东的追加投入，企业集团能够进一步调动和控制更多的外部资本，扩大经营规模、获取更大收益。这种资本的自身积累和层层控制下的扩张，构成了资本视角下的企业集团成长的基本逻辑。但这一切具体是如何运行的呢？

（三）从资产负债表说起

财务报表是我们了解一家企业的入口，基本的财务报表包括资产负债表、利润表、现金流量表和所有者权益变动表等。其中，资产负债表是反映企业在某一特定时点（如月末、季末、年末）全部资产、负债和所有者权益情况的会计报表。它是一张揭示企业在一定时点财务状况的静态报表，表明企业在某一特定时点所拥有或控制的经济资源、所承担的现有义务以及所有者对净资产的要求权。

① 赫尔南多·德·索托，《资本的秘密》，华夏出版社，2012 年，第 30、32 页。

表2－1是一张简化的资产负债表，表的左侧是资产项，右侧是负债和所有者权益项。资产负债表的构建是依据会计恒等式，即“资产＝负债＋所有者权益”。具体来说，资产是企业在某一特定时点所拥有或控制的经济资源，包括财产、债权和其他权利；负债是企业在某一特定时点承担的预期会导致经济利益流出企业的现时义务；所有者权益是在某一特定时点企业所有者享有的企业资产扣除负债后的剩余权益的总额。企业资产负债表的结构或者说会计恒等式，揭示了企业经营活动中的一个基本关系。企业运营所需要的物质基础，即资产负债表左侧的资产项，都有其特定的来源。这种来源有且仅有两处，一是企业所有者的投入，二是企业借贷而来。也就是说，企业的资产不是通过所有者投入而形成，就是通过负债而形成。这两项分别构成了资产负债表右侧的所有者权益和负债项，并且两项相加等于左侧的资产项。事物有因才有果，从企业资产形成的过程来看，负债和所有者权益是因，资产是果；资产负债表的右侧是因，左侧是果。

表2－1　简化的资产负债表

<table>
<tr><th>资产</th><th>负债</th></tr>
<tr><td rowspan="4">流动资产</td><td>流动负债</td></tr>
<tr><td>非流动负债</td></tr>
<tr><td>所有者权益</td></tr>
<tr><td>实收资本</td></tr>
<tr><td rowspan="3">非流动资产</td><td>资本公积</td></tr>
<tr><td>盈余公积</td></tr>
<tr><td>未分配利润</td></tr>
</table>

在资产负债表的左侧，资产按照其变现能力即流动性进行排列，大致分为流动资产和非流动资产两大类别。流动资产主要是现金、票据、证券等现金等价物和一年内到期或变现的债券、存货等。具体科目通常包括：货币资金、交易性金

融资产、应收票据、应收账款、预付款项、应收利息、应收股利、其他应收款、存货和一年内到期的非流动资产等。非流动资产通常包括：长期股权投资、固定资产、在建工程、工程物资、固定资产清理、无形资产、开发支出、长期待摊费用以及其他非流动资产等。

在资产负债表的右侧上部，负债也同样按照流动性进行排列，流动负债是指一年内予以清偿的债务，通常包括：短期借款、应付票据、应付账款、预收款项、应付职工薪酬、应交税费、应付利息、应付股利、其他应付款、一年内到期的非流动负债等。非流动负债通常包括：长期借款、应付债券和其他非流动负债等。

在资产负债表的右侧下部，所有者权益按经济内容划分可分为四种：实收资本、资本公积、盈余公积和未分配利润。其中，实收资本是企业所有者按照企业章程或合同、协议的约定，投入企业的形成法定资本的价值。在股份有限公司，实收资本表现为股本，即实际发行股票的面值。在其他企业，实收资本表现为企业所有者在注册资本范围内的实际出资额，即实收资本；资本公积是企业收到的超出企业注册资本份额的投资以及直接记入所有者权益的利得和损失等，包括因股本溢价、接受捐赠以及资产重估增值等形成的公积金；盈余公积是企业按照规定从净利润中提取的积累资金，一般分为法定公积金和任意公积金。其中，在我国，法定公积金是按税后利润的 10% 提取，累计额上限为注册资本的 50%。任意公积金按股东大会等类似权利机构的决议提取，法律不做强制规定，一般用于企业的扩大再生产；未分配利润是企业净利润中归所有者享有的尚未指定用途的利润，企业可以将这部分利润留待以后年度分配。在数量上，未分配利润等于期末未分配利润加上本期实现的净利润，再减去提取的各种盈余公积和分出利润后的余额。

（四）合并资产负债表

企业集团的财务状况与经营成果，是通过企业集团合并财务报表表来反映的。企业集团合并财务报表是在各成员企业单独财务报表的基础上，通过抵消内部往来项编制而成的。合并财务报表由母公司编制，把企业集团视为一个会计主体，综合反映了企业集团的整体财务状况、经营成果和现金流量。包括合并资产负债表、合并利润表、合并现金流量表、合并所有者权益变动表等。[①]

对于企业集团在编制合并财务报表时应纳入合并范围的子公司，我国会计准则是基于“控制”这一概念进行认定的。根据《企业会计准则》，母公司是指“通过对其他企业投资、对被投资企业拥有控制权的投资企业”，子公司是指“被母公司控制的企业，同时，被母公司控制的企业被投资单位（如信托基金等）也视同子公司”。具体认定标准为：第一类，母公司直接或间接拥有该企业半数以上权益的被投资企业。第二类，母公司不持有该企业半数以上权益，但能满足以下条件之一的：通过与其他投资者的协议，拥有该企业半数以上表决权；根据章程或协议，有权任免该企业董事会半数以上成员；在该企业董事会或同等权力机构拥有半数以上表决权的；根据章程或协议，有权控制该企业财务和经营政策。可见，只要母公司能够决定一个企业的财务和经营政策，并能够借此从该企业的经营活动中获益时，就可以认定对该企业的控制权，并应将其纳入合并范围。

合并资产负债表是反映以母公司为核心的企业集团在某一特定时点全部资产、负债和所有者权益情况的会计报表。在编制企业合并资产负债表时，需要将成员企业间的内部往来项目予以抵消。例如，母公司对子公司股权投资项目与子

① 张新民，《财务报表分析》，对外经济贸易大学出版社，2002 年，第 178 ~ 186 页。

公司所有者权益项目的抵消；母公司与子公司或子公司之间发生的内部债权债务项目的抵消等。

与单个企业的资产负债表相比，企业集团合并资产负债表将所有者权益分解为“归属母公司所有者权益”和“少数股东权益”。顾名思义，这两个项目是指企业集团的净资产中分别归属于实际控制者即母公司和除母公司之外的其他股东的份额。由于合并资产负债表的编制是以“控制”为标准判断纳入合并的企业范围，因此，纳入合并报表的子公司并不全是母公司的全资子公司。当母公司拥有子公司股权不足100%，即只拥有子公司净资产的部分所有权时，子公司所有者权益的一部分归属于母公司，其余的部分归除母公司以外的其他股东所有，“少数股东权益”即反映了除母公司以外的其他股东享有的子公司权益份额。在合并报表中区分“归属母公司所有者权益”和“少数股东权益”，是为了保护小股东对自身权益的知情权，使投资者能够充分了解企业集团所有者权益的数量变化和比例关系，它也给我们从资本视角观察企业集团成长和扩张提供了一把钥匙。

二、资本魔方的静态解构

（一）“三大资本”

先看一个简单的例子，有A、B两家公司，净资产均为100元且无负债。A公司用100元购买设备、招聘员工，自己进行经营。一年后，净资产收益率为10%，则A公司资产负债表上总资产与净资产规模均为110元。B公司将100元分为两等份，每份50元，并分别与其他股东合资成立了两家净资产为100元的子公司，且B公司获得了两家子公司的控制权。经营一年后，净资产收益率同样为 10%，尽管从收益的角度看，A、B 两家获利都是 10 元，但在由 B 公司与两家子公司组成的企业集团中，其合并资产负债表上的总资产与净资产规模均已经变为 220 元，即 B 公司能够控制的资产规模比 A 公司大了 1 倍。同时，合并资产负债表上的归属母公司权益为 110 元，其中 100 元来自 B 公司股东的初始投入，10 元来自归属母公司的收益留存。

如果 B 公司在经营中使用负债，还可以进一步扩大所控制资产的规模。例如，B 公司负债 100 元，并将公司总资产 200 元分成四等份，每份 50 元。B 公司以这每份 50 元的出资，分别与其他股东合资成立四家净资产为 100 元的子公司，且 B 公司获得了这四家子公司的控制权，这四家合资公司又分别负债 100 元。经营一年后，净资产收益率仍为 10%，假设负债无利息，则由 B 公司与这四家子公司组成的企业集团，其合并负债表上总资产为 830 元，净资产为 330 元，归属母公司权益仍为 110 元，其中 100 元来自公司股东的初始投入，10 元来自归属母公司的收益留存。可以看出，B 公司通过在母子公司层面的负债，大幅增加了所控制资产的规模。

通过以上几个简单的例子，我们至少可以看到两个现象：第一，企业集团的分层组织形式，使母公司能够通过借贷、控股等方式，以较小的资本投入控制较大规模的经济资源。第二，企业集团母公司对经济资源进行控制的基础是母公司股东初始投入的资本。在上面的例子中，这部分投入就是 A、B 公司最初 100 元的净资产。这 100 元净资产是整个企业集团起家的“本钱”，它既是进行负债的基础，也是进行合资获取子公司权益及控制权的基础，还是获取 10 元钱收益分配的基础，我们把这种初始投入称为企业集团的“核心资本”。在一个持续经营的企业集团中，“核心资本”不仅来自母公司股东初始投入的资本，还来自母公司股东追加投入的资本，以及企业集团经营利润留存中归属于母公司股东的部分。因此，在企业集团的合并资产负债表上，“核心资本”体现为“归属母公司权益”。

与之相对应，企业集团的合并资产负债表上的“少数股东权益”，并非企业集团母公司股东的投入，而是企业集团母公司通过控股、参股和协议等方式，在实现对子公司控制的基础上对子公司外部股东投入资本的控制。由于企业集团母公司能够决定子公司的财务和经营政策，实际上掌握了这部分外部股东投入资本的处置权。外部股东尽管可以通过公司治理框架参与子公司财务和经营事项的决策，但对这部分投入资本并不具有主导权。因此，这部分投入资本事实上成为企业集团母公司所控制的经济资源。我们把这种非企业集团母公司所有但由企业集团母公司控制并主导的资本称为“控制资本”，在企业集团的合并资产负债表上，“控制资本”体现为“少数股东权益”。

此外，在企业集团的合并资产负债表右侧的上部，负债项体现了企业集团各成员对外部债权人承担的总体偿付义务。各类负债从法律意义上讲属于债权人，不享有企业集团各成员企业权益，也不参与收益分配，只收取利息。尽管企业集团并不具有各项债务的所有权，但拥有对各项债务所代表的经济资源进行使用的权力。因此，企业集团实际上是通过负债扩大了控制经济资源的规模。我们把非企业集团自身所有但由企业集团主导运作的债务性资本称为“债权资本”，体现为各类长短期负债。

“核心资本”、“控制资本”和“债权资本”构成了资本魔方的三大资本（见图 2－1）。以前述“负债的 B 公司”为例，一年以后，在以 B 公司为母公司的企业集团中，“核心资本”为 110 元，“控制资本”为 220 元，“债权资本”为 500 元。再以通用电气集团为例，2013 年实现营业收入 8 715 亿美元，在 2014 年世界 500 强榜单中排列第 28 位。在该企业集团合并资产负债表上，归属母公司权益仅为 1 306 亿美元，少数股东权益为 62 亿美元，债务总额为 5 198亿美元。即通用电气集团以 1 306 亿美元的“核心资本”，控制了 62 亿美元的控制资本和5 198亿美元的债权资本，形成了超过4万亿美元的总资产规模。

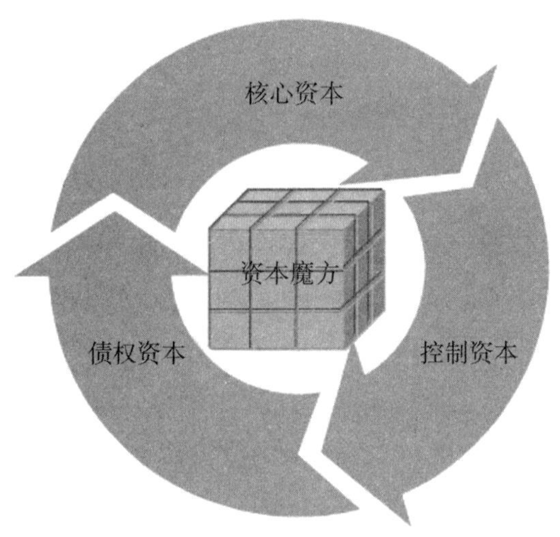

图2-1 “资本魔方”三大资本

（二）资本结构的制约

在“负债的B公司”的例子中，有两个问题值得进一步思考，一是B公司能够控制的最大经济资源规模是多少？二是B公司通过负债投入子公司作为权益会不会产生问题？

对于第一个问题，一个极端的状态是，如果没有任何限制，B公司在企业集团多层级组织结构下，通过借贷、控股等方式能够控制的经济资源规模理论上是无穷大的。但现实情况当然不是这样，企业集团无法对经济资源实现无限控制的原因主要是：企业集团层级数量，对于“控制”子公司的股比要求以及集团整体的负债率水平。首先，企业集团的层级过长带来的管理问题决定企业集团层级数量不可能无限多；其次，多数情况下，会计准则对于“控制”的认定对子公司股比有最低要求；最后，企业集团对于整体财务风险的控制，使得负债不可能无限扩张。

对于第二个问题，静态地看，B 公司的做法使得企业资产负债的期限错配，即存在“短贷长投”的问题，容易出现流动性风险。但动态地看，只要 B 公司能通过收益分红、再融资等手段对所负债务按时还本付息，保证资金链不断裂，则这样的做法也行得通。但这样做有一定的前提，即企业收益能够保证支付债务本息，或企业还保有再融资的能力和空间。

因此，这两个问题本质上都是企业的资本结构问题。资本结构是指企业各种资本的价值构成及其比例，即企业资产负债表右侧各类资本来源之间的构成比例关系，或者说企业自有资本、股权资本和债务资本之间的比率。通过合理安排企业的资本结构，保持企业自有资本、股权资本和债务资本的合理配比，有助于保持企业健康的财务状况，实现企业价值最大化。资本魔方是对企业集团资本结构的一个观察视角，同时资本结构也是企业集团利用资本魔方的约束条件。企业集团母公司通过借贷、控股等方式对经济资源控制规模的扩张并不是随心所欲、没有上限的，必须在保证企业资本结构合理、企业财务状况健康的前提下，通过优化“核心资本”、“控制资本”和“债权资本”三大资本之间的配比关系，实现企业集团整体价值最大化。

（三）杠杆，还是杠杆

企业集团利用资本魔方的主要目的并不是单纯为了扩大控制经济资源的规模，而是在合理使用“三大资本”的基础上，获得更好的经营效果，提升企业集团价值。这一点，在资本魔方中是通过“四大杠杆”体现的。资本魔方通过“四大杠杆”的紧密联结，实现“核心资本”的放大效应。“四大杠杆”具体指的是股比杠杆、权益杠杆、周转杠杆和市值杠杆（见图 2－2）。

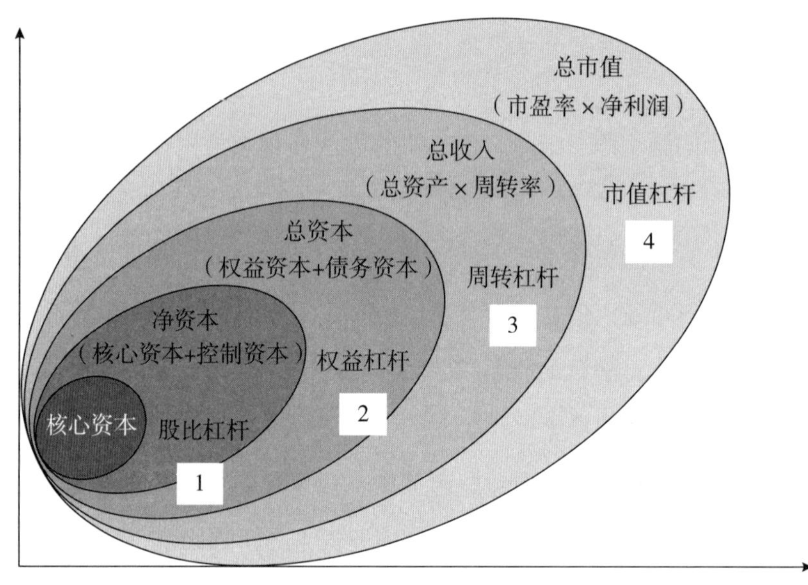

图 2-2　四大杠杆的示意图

1. 股比杠杆

企业集团母公司在与其他股东合资时，通过控制性股比安排，以核心资本撬动由其他股东贡献出的控制资本。杠杆系数用公式表示为：（核心资本 + 控制资本）/核心资本。股比杠杆是四大杠杆的第一步，即核心资本联合了控制资本。例如，假设企业集团股东新增投入 1 元钱，控股比例为 51%，便可以撬动 0.96 元的少数股东权益，进而支配 1.96 元的权益资本。这一杠杆就是股比杠杆，杠杆系数为 1.96 倍。

2. 权益杠杆

企业集团以权益资本（核心资本 + 控制资本）来撬动银行或外部的债务资本。杠杆系数用公式表示为：总资本/（核心资本 + 控制资本）。权益杠杆是四大杠杆的第二步，实现了权益资本对债务资本的撬动。例如，假设企业集团在1.96元权益资本的基础上，以40%的资本金比率负债，便可以撬动2.94元的债务资本，进而支配共4.9元的总资本。这一杠杆就是权益杠杆，杠杆系数为2.5倍。

3. 周转杠杆

企业集团通过形成的总资产在经营中运转，以行业合理或预期的周转率来撬动营业收入的实现，也就是通常所说周转率。杠杆系数用公式表示为：营业收入/总资本。周转杠杆是四大杠杆的第三步，总资本的周转创造出营业收入，进而实现经营利润。例如，企业集团以1元钱的核心资本，支配了0.96元的控制资本和2.94元的债务资本，共计4.9元的总资本。假设所投资行业的预期周转率为2倍，就可以创造出9.8元的合并营业收入。这一杠杆就是周转杠杆，杠杆系数为2倍。

4. 市值杠杆

企业集团通过营业收入实现经营利润，在资本市场中以行业合理的市盈率倍数，体现其市场价值。杠杆系数用公式表示为：总市值/归属于母公司净利润。市值杠杆是四大杠杆的第四步，实际上是将实体经济中的企业集团置于资本市场，进一步联系了企业成长与资本市场市值成长的关系。例如，假设企业集团能够实现10%的归属母公司股东净利润/营业收入比例，9.8元的营业收入将为企业集团股东赚取高达0.98元净利润，若行业市盈率为10倍（市值杠杆），企业市值增长9.8元。

图2－2对四大杠杆的关系进行了示意，展示了四大杠杆所组成的资本放大链条。从股比杠杆、权益杠杆、周转杠杆到市值杠杆，四大杠杆环环相扣，其中

任何一个杠杆失效，都可能导致紧扣的链条断裂。在企业价值放大过程中，这四大杠杆是由内而外、逐层扩展的，共同决定了核心资本的使用效率，只有四者有效衔接并充分发挥作用，才能最大限度地放大核心资本在企业价值放大中的作用。

这里需要说明的是，在四大杠杆中，市值杠杆使用了“总市值/归属于母公司净利润”，即传统意义上的市盈率这一指标，并没有使用与前三个杠杆构成连续关系的“总市值/总收入”指标。原因在于，尽管在对上市公司的估值中也会用到“总市值/总收入”即市销率指标，但这一指标多用于对暂时未产生盈利的初创期企业、高科技企业或利润率较稳定行业内的企业进行估值；而市盈率指标的应用更为广泛，也更容易理解。因此，要形成资本魔方中完整意义的连续杠杆，还应在周转杠杆之后加入利润率，再由净利润×市盈率得出市值。这样，资本魔方从核心资本出发进行连续放大的关系才能得以完整地说明，也能体现经营能力对于企业市场价值提升的重要作用。但考虑到资本魔方的提出主要是为了说明核心资本通过联合、周转、放大等过程，从而对企业价值产生推动作用，是一种宏观关系的表达，并不突出个体企业的经营能力。另外，尽管利润指标反映了企业经营的水平，是企业价值增值的基础，但对于大企业的研究来说，收入指标同样甚至更为重要。收入指标反映了大企业的规模和市场地位，体现了大企业的影响力和市场控制力。例如，《财富》杂志对世界500强企业的排名就是以收入指标作为其排序的依据。同样，规模不同带来的差异在资本市场中也会得到体现。例如，国内两家起点大致相当的知名电商当当网和京东商城，在经营上采取了不同的思路：当当经营相对保守，追求短期盈利，很少采取激进的竞争手段，也很少进行扩张；而京东在经营策略上考虑得更为长远，牺牲短期盈利，通过烧钱打价格战，占领市场、扩大影响力，投入巨资自建物流，提高服务质量、提升市场口碑。经过几年的积累，经营策略上的差异使两家电商出现了明显的分化，

2013 年，京东实现营业收入近 700 亿元，而当当的营业收入仅为 63 亿元，两者在市场地位上已不可同日而语。在赢家通吃的电商行业，这样的差异在两家公司的市值上得到了更为明显的体现，更早上市的当当目前 11 亿美元的市值，已不足京东 435 亿美元市值的零头。基于以上的权衡，资本魔方在四大杠杆的选取上采用了上述安排。

（四）“资本魔方”案例

在表 2－2、表 2－3 中，我们选取了 5 家知名企业集团，分析其利用资本魔方的“三大资本”和“四大杠杆”的相关情况。这 5 家企业集团分别为：通用电气（GE. N）、中国平安（601318. SH）、中国交建（601800. SH）、复星国际（0656. HK）和嘉能可国际（0805. HK），这 5 家企业集团业务上涵盖了多种类型，地区上涵盖了中国内地、中国香港和美国三地的上市公司，数据使用 5 家企业集团 2013 年年度报告。5 家企业集团归属于母公司股东权益的均值为 2 835. 6 亿元，归属于少数股东权益的均值为 292 亿元，负债总额均值为 14 889. 2 亿元，市值均值为 5 146. 2 亿元。换言之，这些企业平均以 2 835. 6 亿元的核心资本，联合 292 亿元的控制资本，撬动了 14 889. 2 亿元的债务资本，进而获得了 5 146. 2 亿元的企业价值放大效应。平均的股比杠杆系数为 1. 1，权益杠杆系数为 5. 8，周转杠杆系数为 0. 3，市值杠杆系数为 32。这 5 家企业集团的四大杠杆系数分别如图 2－3 所示。

表 2－2 可比公司财务数据

金额（亿元）	归属母公司股东权益	少数股东权益	负债总额	营业收入	归属母公司股东净利润	市值
通用电气	7 960. 5	379. 0	31 690. 3	8 714. 7	796. 1	16 032. 9
中国平安	1 827. 1	570. 0	31 206. 1	3 626. 3	281. 5	3 358. 0

（续表）

金额（亿元）	归属母公司股东权益	少数股东权益	负债总额	营业收入	归属母公司股东净利润	市值
中国交建	948.6	99.8	4 126.0	3 324.9	121.4	653.5
复星国际	396.3	216.7	1 218.2	513.2	55.2	513.1
嘉能可国际	3 045.8	194.6	6 205.6	14 191.9	（451.3）	4 910.3

资料来源：Wind 资讯，数据截至 2014 年 8 月 27 日收盘

表 2－3　可比公司四大杠杆系数

杠杆系数（倍）	股比杠杆	权益杠杆	周转杠杆	市值杠杆	总杠杆（市净率）
通用电气	1.05	4.80	0.22	20.1	2.0
中国平安	1.31	14.02	0.11	11.9	1.8
中国交建	1.11	4.94	0.64	5.4	0.7
复星国际	1.55	2.99	0.28	9.3	1.3
嘉能可国际	1.06	2.92	1.50	—	1.6

注：嘉能可国际 2013 年净利润为负值，因此市值杠杆无法计算。

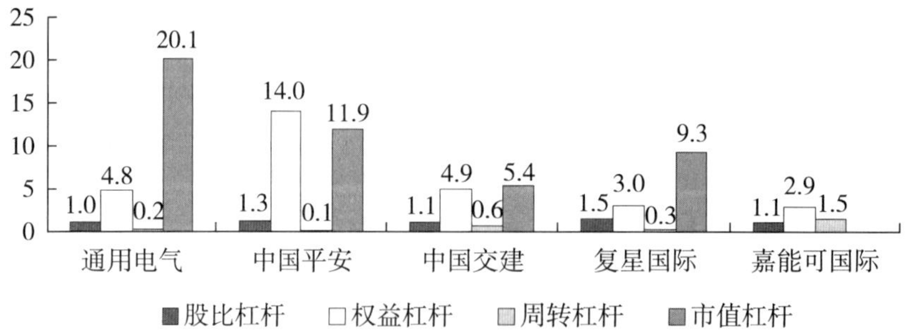

图 2－3　可比公司四大杠杆系数

以下逐一分析四大杠杆在 5 家企业集团中的使用情况：

在股比杠杆的使用中，复星国际为 1.5，在 5 家公司中最高，说明复星国际

单位核心资本撬动的控制性资本最多。究其原因，复星国际是一家投资控股公司，在控股投资核心业务与资产的同时，还参股了诸多初期项目，通过私募股权投资获得高额利润。复星国际非常重视对核心资本的运用效率，在长期项目投资时寻找合作伙伴联合投资，还积极主导以发起基金的形式进行股权投资，这些资本运作方式都帮助复星取得了最大的股比杠杆系数。对于股比杠杆的高效率使用是此类投资控股公司的一大特点，例如，A 股上市公司中航资本（600705. HK）2013 年年末归属母公司净资产为 49. 9 亿元，少数股东权益为 56. 4 亿元，股比杠杆达到 2. 13。

在权益杠杆的使用中，中国平安为 14. 0，在 5 家公司中最高，说明中国平安单位净资本撬动的债务资本最多。中国平安是一家金融企业，无论是保险业务还是银行业务，均是以获取资产负债两端的利息差为核心盈利模式，附加提供资本中介服务，对自有资金的需求比较低，通常具有高资产负债率的特点。根据 Wind 统计，A 股已上市的 4 家保险公司 2013 年年末平均资产负债率达到 90. 19%，17 家银行 2013 年年末平均资产负债率更是高达 93. 82%，换算为权益杠杆分别为 10. 19 和 16. 21。

在周转杠杆的使用中，嘉能可国际为 1. 5，在 5 家公司中最高，说明嘉能可国际的总资产周转速度最快。嘉能可是全球最大的大宗商品交易商，主要经营能源、金属矿产、农产品的生产与贸易业务，其中贸易业务资产流动性强，具有快速周转的特点。通过提高库存周转、缩短应收账款期限，能够有效改善流动资金使用效率，提升经营效益。同样，作为国内黑色金属流通领域最大的综合服务商，五矿发展（600058. SH）也表现出较高的周转速度，其周转杠杆达到 4. 4。

最后来看市值杠杆，通用电气为 20. 1，在 5 家公司中最高，通用电气的单位盈利获得了市场最高的估值，属于“市场明星”。通用电气是全球最出色的多元化跨国公司之一，在每一业务领域都做到了“数一数二”，其管控模式、财务资金运作方式、战略性产业选择等都成为经久不衰的研究对象。

由上述5家企业集团的案例可以看出，资本魔方的四大杠杆展现了企业集团由核心资本到资本市场市值的实现过程。但也应该看到，对于某一特定的企业集团，并非每一级杠杆都能起到放大作用，例如周转杠杆，许多重资产企业的周转速度很慢，因此周转杠杆远远低于1。同时，也并非所有的杠杆都是越大越好，合适的杠杆水平与企业所在产业、企业选择的商业模式以及风险承受能力等因素有关。但总的来说，从资本魔方的视角观察，大多数企业集团都利用核心资本、借助“四大杠杆”效应的层层累加效应，使企业集团价值获得了放大，从而突破了母公司资本积累的局限性，扩充了企业集团的资金实力和投资能力，夯实了企业集团的发展基础。

基于资本魔方的静态解构，我们在选取的5家典型公司案例中，将资本魔方的“三大资本”、“四大杠杆”进行了量化测量，并描述出不同公司的杠杆特点，以便读者理解。为提供更加直观的数量结果，我们又将资本魔方理论适用于A股行业和上市公司，提取出有关行业的20家典型公司进行了四大杠杆数据的计算供读者参考，见表2－4。

表2－4　20家A股典型公司的四大杠杆数据

股票代码	公司名称	股比杠杆	权益杠杆	周转杠杆	市值杠杆
600036. SH	招商银行	1.0	15.1	0.0	7.5
601398. SH	工商银行	1.0	14.8	0.0	6.5
000996. SZ	中国中期	1.0	1.1	0.2	357.6
600030. SH	中信证券	1.0	3.0	0.1	67.6
600705. SH	中航资本	2.1	8.0	0.0	71.9
601601. SH	中国太保	1.0	7.2	0.3	30.2
601628. SH	中国人寿	1.0	8.9	0.2	38.9

（续表）

股票代码	公司名称	股比杠杆	权益杠杆	周转杠杆	市值杠杆
000002. SZ	万科 A	1.4	4.5	0.3	9.5
000024. SZ	招商地产	1.5	3.4	0.2	14.7
600019. SH	宝钢股份	1.1	1.9	0.8	17.9
002711. SZ	欧浦钢网	1.0	1.6	0.6	55.7
601919. SH	中国远洋	1.7	3.8	0.4	300.7
603128. SH	华贸物流	1.0	2.3	2.9	71.3
002024. SZ	苏宁云商	1.0	2.9	1.3	181.1
600058. SH	五矿发展	1.3	4.3	4.4	61.7
600785. SH	新华百货	1.1	2.3	1.7	16.5
600150. SH	中国船舶	1.1	2.6	0.4	1 239.6
600435. SH	北方导航	1.2	1.5	0.3	757.2
600893. SH	航空动力	1.0	2.0	0.9	186.9
601989. SH	中国重工	1.1	3.4	0.3	54.2

三、资本魔方的动态运转

（一）关注“一个核心”

资本魔方是从资本视角对企业集团的价值构成和价值放大过程进行的一种解读。在资本魔方体系下，“核心资本”在企业集团的价值放大过程中起到了最为基础和最关键的作用，围绕“核心资本”，“三大资本”和“四大杠杆”才得以构建。首先，“三大资本”是以“核心资本”为基础，“核心资本”是通过控股、参股和协议撬动“控制资本”的基础，也是通过借贷获取“债权资本”的基础。一句话，没有“核心资本”，也就谈不上“控制资本”和“债权资本”。其次，

“四大杠杆”是“核心资本”发挥放大作用的机制和手段。没有“核心资本”，“四大杠杆”只能空转，无法发挥撬动和倍增作用；当然，没有“四大杠杆”的合理使用，“核心资本”的放大过程也无法开启，“四大杠杆”运用的水平是“核心资本”使用效率的体现。因此可以说，正是“核心资本”的数量和“核心资本”的使用效率决定了企业价值的放大过程和放大程度。

但应该看到，资本魔方描述的是一种静止的状态，而企业集团成长是一个动态的过程。如图2－4所示，从资产规模的角度看，企业集团成长的结果直接体现为资产规模的增加，而对应到合并资产负债表的右侧，则是“三大资本”按照一定的结构关系同步增加。这背后仍然是资本魔方原理，不过是资本魔方原理的动态应用，无论企业集团是通过何种方式增长，在每一个具体经营和投资事项中都会多少用到“三大资本”和“四大杠杆”，最终的效果就是实现了企业集团资产规模的增加即企业集团的成长。因此，与静态观察角度下企业价值的放大过程类似，在资本魔方体系下，企业集团的成长是企业集团母公司不断利用“核心

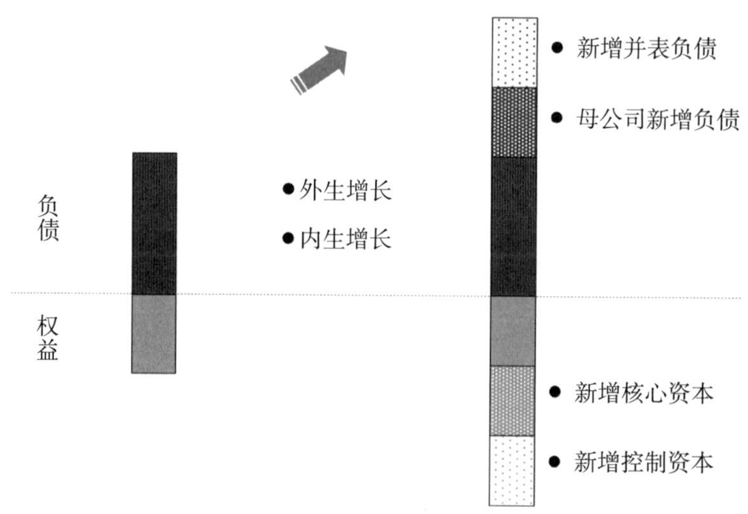

图2－4　企业集团的成长

资本”扩大可控制的经济资源规模，并将这一过程不断循环往复积累而成的结果。同样，“核心资本”在企业集团的成长过程中也是最为基础和关键的因素，起着火车头和发动机的作用。

（二）核心资本与企业成长的三种行为

企业成长是企业增长的累积结果，企业增长的方式有很多种，最常见的是按照是否追加投资，把企业增长分为内涵式增长和外延式增长。① 内涵式增长或内生增长是指不依靠追加投资，通过提高资源利用效率、提高劳动生产率，实现产出的增长；外延式增长或外生增长是指通过追加投资，扩大生产规模，实现企业收入和利润的增长。为便于分析，我们将企业的内外生增长简化为三种行为的结果，即股权投资行为、新建投资行为和业务经营行为。

1. 核心资本与股权投资行为

对外进行股权收购并获得被并企业控制权是企业集团扩大控制经济资源规模的有效手段。一次典型的对外控股性股权收购过程可以抽象概括为：主并企业以一定的溢价或折价水平收购被并企业一定比例的权益，取得被并企业的控制权后，主并企业将被并企业全部资产和负债合并报表，进而实现合并报表资产规模的增长。股权投资行为的过程如图 2－5 所示。

主并企业通过向被并企业股东支付对价，获得被并企业一定比例的权益以获得被并企业的控制权，这一比例可以是 51% 以上的绝对控股水平，也可以是 50% 以下的某一相对控股水平，或者是能够通过协议获得控制权的某一水平。假定主并企业不使用自有资金，那么，主并企业向被并企业股东支付对价来源有两

① 王世宏，“企业增长模式判断方法及运用”，《财会通讯》，2008 年第 2 期，第 46～47 页。

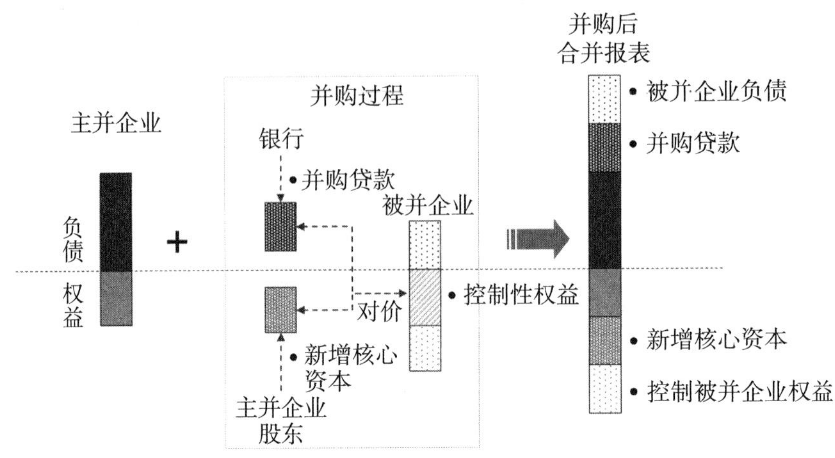

图 2－5　核心资本与股权投资

个，一是来自主并企业股东的增资，即新增核心资本；另一个是来自债务，例如银行的并购贷款。在图 2－5 中，经过中间框图内的并购过程，由主并企业和被并企业组成的企业集团合并资产负债表实现了资产规模的增长。从新增资产的来源看，权益项增加两项：一是新增核心资本，即主并企业股东为本次股权投资行为追加投入的资本金；二是少数股东权益，即因主并企业对被并企业的控制而纳入合并报表的被并企业其他股东持有的权益。负债项增加了两项：一是新增并购贷款，即主并企业为筹集股权支付对价而进行的负债；二是被并企业负债，即被并企业在生产经营过程中的借款。在资本魔方的体系下，上述过程就是主并企业利用新增核心资本，通过各类杠杆实现对被并企业的控制、扩大可控制的经济资源规模的过程。

企业通过股权投资实现资产规模的增长是一种持续的行为，因此，图 2－5 所示的股权投资行为过程，既可以理解为是一次单独的股权投资行为，也可以理解为一系列股权投资行为加总而成的综合效果。此时，我们只需在被并企业各自独立的前提下，将多次股权投资行为的累积效果抽象为对某种加总集合资产进行的一次一揽子收购。在这里，股权投资行为中涉及的控股比例、折溢价水平及被并企业的资产负债规模等都应理解为某种加权平均的概念。

2. 核心资本与新建投资行为

新建投资是主投资企业联合其他股东共同出资新建一家企业从事某种经济活动的行为，主投资企业在这一过程中通过出资获得新建企业一定份额的权益并获取新建企业的控制权，实际上是主投资企业以自身出资份额控制其他股东权益的行为，在本质上与股权投资并无不同，不同点在于新建投资过程中不存在股权收购中涉及的收购折溢价问题。新建投资行为的过程如图 2－6 所示。

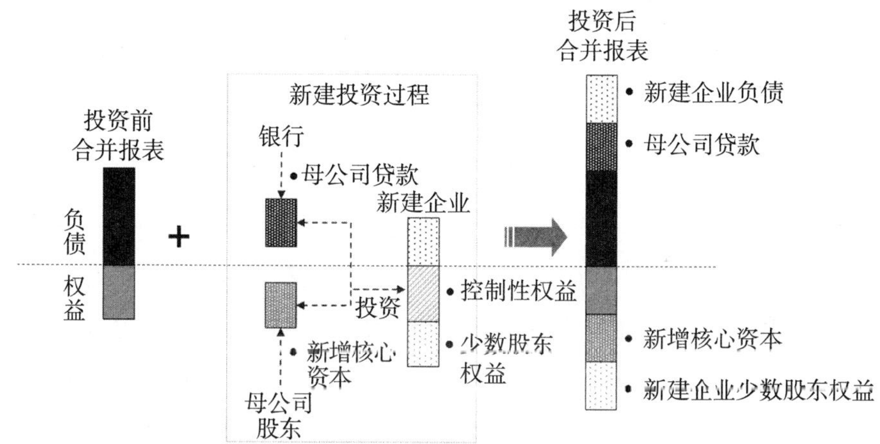

图 2－6　核心资本与新建投资

与股权投资类似，仍然假定主投资企业不使用自有资金，那么，主投资企业投资资金的来源有两个，一是来自主投资企业股东的新增核心资本；另一个是来自债务，如银行借款。新建投资对合并报表资产扩张的作用原理与股权投资类似而过程更为简单。在图 2－6 中，经过中间框图内的新建投资过程，加入新建企业后的企业集团合并资产负债表实现了资产规模的增长。从新增资产的来源看，权益项增加两项：一是新增核心资本，即主投资企业股东为本次新建投资行为投入的资本金；二是少数股东权益，即新建企业其他股东投入的资本金。负债项增加了两项：一是主投资企业负债，即主投资企业为筹集新建企业资本金而进行的负债；第二是新建企业负债，即新建企业在生产经营过程中的借款。

从合并资产负债表的结果看，两种行为并无实质不同。实际上，无论股权投资行为还是新建投资行为，都是投资主体企业通过投入一定的权益资金，获得被投资企业控制权，从而控制其他股东的权益及被投资企业全部资产的过程。而投资主体企业所投入的权益资金，除自有资金外，有两个来源，一是投资主体企业股东新增的股本性投入即新增核心资本；二是投资企业的负债。这两部分连同被投资企业其他股东的权益以及被投资企业负债一起进入企业集团的合并资产负债表。由于新建投资与对外并购在对企业集团合并资产负债表的影响原理上基本一致，我们实际上可以将新建投资看作是一种无折溢价的股权投资行为。

在以上对股权投资行为和新建投资行为的分析中，有两个问题值得拿出来单独进行探讨：第一，投资主体企业以自有资金进行投资的情形。第二，投资主体企业为企业集团子公司的情形。在第一种情形下，投资主体企业的自有资金实际上来源于两个方面：一是投资主体企业股东的原始投入及其在后续经营中的留存积累；二是投资主体企业的负债。由于在投资过程中，投资主体企业没有获得来自股东的注资，也没有借入新的负债，因此，在投资行为完成后形成的企业集团增加的资产规模仅来自被投资企业的少数股东权益和被投资企业的负债。在第二种情形下，投资主体企业进行投资行为的资金来源仍是两个，即投资主体企业股东新增的资本金和投资主体企业的负债，但企业集团子公司的股东除企业集团母公司还有其他股东。在不失去子公司控制权的前提下，其他股东为投资行为新增投入的资本金在企业集团的合并资产负债表中体现为少数股东权益。在投资行为完成后形成的企业集团增加的资产规模中，来自投资主体企业的新增权益不仅有

“核心资本”，还有“控制资本”。

3. 核心资本与业务经营行为

这里的业务经营行为特指不依靠追加投资，而是将利润留存用于对既有扩大业务经营规模的行为。在企业集团中，主要的业务经营行为一般都集中在子公司，体现为子公司依靠利润积累或母公司注资，并利用债务融资扩大生产经营规模，获得业务经营和资产规模的增长。需要指出的是，这里的母公司注资是指企业集团母公司对下属子公司的注资，注资的资金来自其他子公司的通过分红等形式进行的利润上缴，而非来自母公司股东的新增资本金或母公司的新增负债。也就是说，企业集团母公司将从其他子公司处获得的分红用于对某一家子公司增资。对企业集团而言，这样的做法并没有增加核心资本，因此，在企业集团增长后的合并资产负债表中，母公司对子公司注资并不体现在新增的权益项下。业务经营行为的过程如图 2－7 所示。

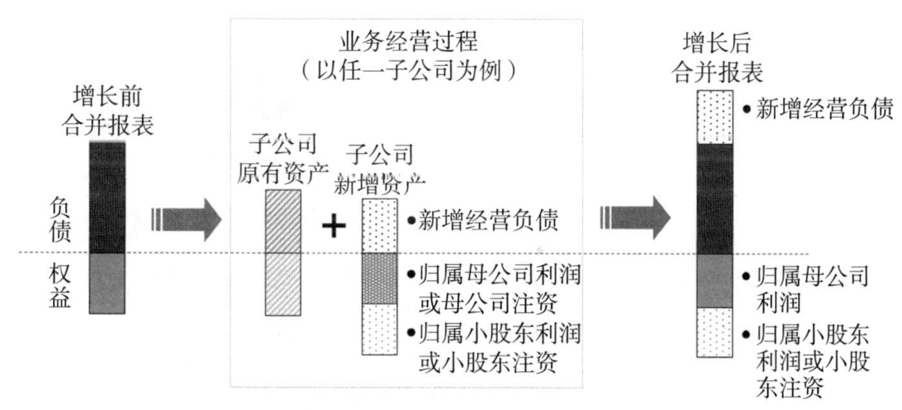

图 2－7　核心资本与业务经营行为

在业务经营行为过程中，企业集团母公司将利润积累用于下属子公司业务规模的扩大，在一个经营周期完成后，通过与经营和资产规模增长后的子公司进行合并，企业集团的合并资产负债表实现了资产规模的增长。如图2－7所示，对比增长前后的企业集团合并资产负债表，新增资产的来源为：权益增加了两项，一是归属母公司的利润，即一个经营周期完成后子公司所获利润按权益比例属于母公司的部分；二是归属小股东利润或小股东注资。在经营过程中，由子公司其他股东新增投入的资本金在企业集团的合并资产负债表中体现为少数股东权益。负债增加了一项，即子公司新增的经营负债。业务经营行为带来的企业集团增长，实际上是企业集团是将可供分配的归属于母公司净利润继续用于子公司业务发展，在现有股比杠杆下，继续撬动控制性资本，同时在权益杠杆作用下，使用经营负债扩大债务资本。在一个经营周期完成后，这两项内容体现在企业集团的合并资产负债表中，形成增长后的合并资产负债表。

如果换个角度来观察，在子公司控股结构和资本结构不变的前提下，业务经营行为就相当于利用核心资本对一个与原有子公司结构完全相同的资产进行了一次并购，并且被并资产的股比杠杆和权益杠杆水平都与之前子公司相同。不同之处在于，业务经营行为下新增的核心资本是新增的归属母公司的利润积累，而不是母公司股东在母公司层面新增的资本金。因此，在资产规模扩张的原理上，业务经营行为与新建投资行为基本一致，都可以看作是对某种资产的无折溢价的并购。这一原理不仅适用于一次经营行为或一个经营周期，也适用于多次经营行为或多个经营周期累加形成的综合效果。因此，企业持续的经营行为也可以抽象为对某种加总集合资产进行的一次一揽子并购。同样，由于企业集团的下属子公司数量众多，母公司对下属子公司的持股比例也不一样，下属子公司在盈利能力、资本结构等方面的情况也各不相同。这种虚拟并购活动中涉及的控股比例、被并企业资产负债规模等也应理解为某种加权平均的概念。

四、资本魔方的模型化

（一）抽象的“综合资产”

抛开增长形式上的具体不同，企业集团通过股权投资行为、新增投资行为和业务经营行为实现增长的过程，实际上就是企业集团利用核心资本，通过各类杠杆不断放大可控制的经济资源规模的过程。因此，我们可以进一步将三种增长行为进行统一，把企业集团的增长看作是通过某种资产并购而实现合并资产规模扩大的过程。由于企业集团的成长是企业集团所辖的经济资源规模不断增长的累积结果，因此，从最终呈现的结果上看，企业集团的成长也可以抽象为通过对一笔“综合资产”的并购而实现的合并资产规模的扩张。

对“综合资产”的理解应分为两个层次，一是对三种增长行为的综合，由于新建投资行为可以理解为一种无折溢价的股权投资行为，业务经营行为也可以理解为对一个与原有子公司结构完全相同的资产进行的并购行为，因此，三种增长行为可以统一地理解为对某种“综合资产”的并购行为；二是对多次增长行为总体效果的综合，企业集团的成长是三种增长行为持续进行而产生的结果，在此过程中，三种增长行为都会多次进行，“综合资产”就是从宏观视角对所有增长行为产生效果的加总。与对单个资产的并购过程类似，“综合资产”及对其的并购过程可以通过综合资产负债率、综合控股比例、综合溢价水平以及三个变量完全界定。这里的“综合”是对多次增长行为进行加权平均的概念。

通过对“综合资产”的定义，我们就可以进一步借助对并购过程的量化分析，在企业财务报表合并原理的基础上，揭示企业成长与核心资本的数量关系，即解答在企业集团的背景下，为实现目标资产规模和资本结构需要新增多少核心资本的问题？

（二）核心资本与企业成长的数量关系

如图2－8所示，方框左边的柱图表示成长前企业集团的资产规模与负债权益结构，方框右边的柱图表示成长后企业集团的资产规模与负债权益结构。方框中是企业集团对“综合资产”的并购过程，原理仍是主并企业依靠股东的资本金投入和负债取得对“综合资产”的控制权，从而实现对被并企业少数股东权益和负债的合并报表。根据企业集团报表合并的相关处理原则，方框中“综合资产”的资产负债是经公允价值调整后的数字。

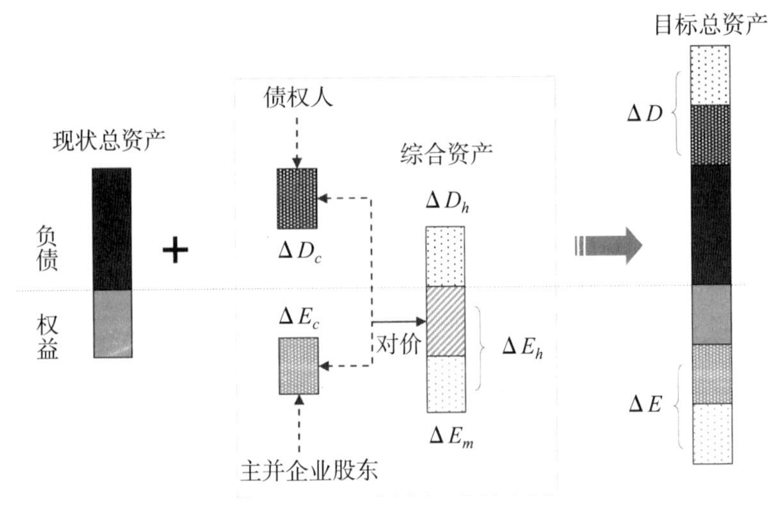

图2－8　核心资本与企业成长

上述过程中存在的数量关系可表示为以下方程组：

$$
\begin{cases}
\Delta D = \Delta D_h + \Delta D_c & (1) \\
\Delta E = \Delta E_c + \Delta E_m & (2) \\
\Delta D_c + \Delta E_c = (1 + p) \times \varepsilon \times E_h & (3) \\
\Delta E_m = (1 - \varepsilon) \times E_h & (4) \\
r = D_h / (D_h + E_h) & (5)
\end{cases}
$$

以下对方程组变量进行说明：

目标变量：ΔD、ΔE，分别代表与当前负债和权益规模相比，达到目标资产规模和负债率后新增的负债规模和权益规模。

自变量：ΔE_c 为新增核心资本，即母公司股东新增的资本金投入；ΔD_c 为母公司新增负债，即母公司为支付并购对价进行的负债；ΔE_m 为新增控制资本，即通过并购纳入企业集团合并资产负债表的少数股东权益；ΔE_h 为被并综合资产的权益总额；ΔD_h 为被并综合资产的负债总额。

经验变量：用来描述被并综合资产及对其并购过程的特征的外生变量，需根据行业特点、并购目标特点等经验判断预先确定。ε 为综合控股比例，P 为综合溢价水平，r 为被并综合资产的负债率。

方程组的含义为：

方程（1）：$\Delta D = \Delta D_h + \Delta D_c$，表示达到目标资产规模和负债率后，企业集团合并资产负债表新增的负债规模等于并购贷款规模和被并综合资产负债规模之和。

方程（2）：$\Delta E = \Delta E_c + \Delta E_m$，表示达到目标资产规模和负债率后，企业集团合并资产负债表新增的权益规模等于母公司股东新增的资本金（核心资本）投入与通过并购纳入企业集团合并资产负债表的少数股东权益之和。

方程（3）：$\Delta D_c + \Delta E_c = (1 + p) \times \varepsilon \times E_h$，表示以母公司股东新增的资本

金（核心资本）投入与并购贷款作为对价，企业集团以一定折溢价水平并购“综合资产”一定比例的权益并获得控制权。

方程（4）：$\Delta E_m =（1-\varepsilon）\times E_h$，表示少数股东在综合资产中所占的权益份额。

方程（5）：$r = D_h /（D_h + E_h）$，被并综合资产负债率计算公式。

计算结果：新增核心资本 $\Delta E_c =（A\times \Delta E - \Delta D）/（1+A）$

其中 $A = [（1+p）\times \varepsilon /（1-\varepsilon）+ r（1+\varepsilon）\times（1-r）]$，是计算过程中为了简化计算结果设置的中间变量，取值完全由三个经验变量决定。

（三）模型假设与说明

1. 模型假设

假设1：在对“综合资产”进行并购前，企业集团没有自有资金进行并购，必须新增核心资本和债务融资才能完成并购。

假设2：企业新增的核心资本和债务融资全部用于对“综合资产”的并购，并购完成后没有资金留存。

这样的假设避免对“综合资产”进行并购前后，留存资金对并购过程数量关系的干扰，保证对“综合资产”进行并购所需的交易对价全部来源于企业集团新增核心资本和债务融资。否则，在存在留存资金的情况下，无法以相同的口径对企业集团新增核心资本和债务融资进行量化处理。使得方程（3）（$\Delta D_c + \Delta E_c =（1+p）\times \varepsilon \times E_h$）所代表的母公司股东新投入的资本金与并购贷款之和与并购目标“综合资产”一定份额权益的对价不再相等。例如，如果企业集团全部使用自有资金支付并购对价，完成目标“综合资产”一定份额权益的收购并获得控制权实施财务报表合并后，方程（3）左边为0，而右边不为0，显然等式不再成立。

2. 经验变量的取值

ε 为综合控股比例，p 为综合溢价水平，r 为被并综合资产的负债率。

（1）综合控股比例 ε。对于“综合资产”的并购行为综合了股权投资、新建投资和业务经营三种行为，因此，企业集团核心资本的使用要在这三种行为之间进行分配。对于股权投资和新建投资行为，控股比例上限为 100%，即收购被并“综合资产”100% 的权益，下限为能进行报表合并的最低要求，通常是 30%。对于业务经营行为来说，假定子公司其他股东也同步跟进，则企业集团对已有资产的控股比例将保持不变，即用于内涵式增长的核心资本所占股比为原来的各项业务加权平均股比水平，这个数字企业集团可根据自身情况判定。综合以上考虑，我们认为企业集团对新增资产的综合控股比例在 45% ~70% 的范围内较为合理，暂且选择 51% 作为基本情形。

（2）综合溢价水平 p。就股权投资行为而言，目前市场并购的平均溢价水平在 30% 左右，而新建投资和业务经营不存在溢价问题。因此就将综合溢价水平界定在 10% ~30% 的范围内，基本情形取 20%。在部分并购案例中会看到折价收购的情形，此时溢价水平 p 的取值为负数，模型中的数量关系仍然可以得到满足。但在模型中对“综合资产”进行的 揽了并购来说，应在总体上呈现出溢价的状态。

（3）“综合资产”的综合负债率 r。就业务经营行为而言，新增综合资产的负债率与企业集团自身负债率相同；就股权投资和新建投资行为而言，由于企业集团自身及并购目标所在行业、经营特点等不同，r 的取值也不同，在此，我们根据常规状态将 r 的取值选定在 40% ~60% 之间，基本情形将取 50%。

此外，在计算得出模型中 5 个自变量的结果后，我们还可以得到并购杠杆的取值，即并购贷款与并购对价的比例 $D_c/(D_c+E_c)$，作为计算结果合理性的判别依据。对于股权投资行为来说，母公司可利用并购杠杆的比例，上限一般设为70%，新建投资行为与股权投资行为类似，并购杠杆上限也为70%；而业务经营行为并购杠杆为0。因此，母公司核心资本利用并购杠杆的比例在40%~60%之间较为合理。这一区间将作为计算结果是否具有可行性的检验标准，如果在某一组解下计算出来的并购杠杆比例在上述区间之外，则将被视为无效解。

（四）基础情形测算分析

以某虚拟企业集团A为例。

现状合并资产负债：总资产规模1 000亿元，净资产规模500亿元，负债规模500亿元，资产负债率50%。

目标合并资产负债：总资产规模2 000亿元，资产负债率50%。

经验变量取值：综合控股比例 ε 为51%，综合溢价水平 p 为20%，被并综合资产的综合负债率 r 为50%。

计算结果如表2-5所示：

表2-5 企业集团A成长过程与核心缺口计算表（1）

输入变量		输出变量	
目标变量		计算结果	
目前总资产规模	1 000	核心资本缺口	267
目前负债率	50%	纳入合并报表的少数股东权益	233
目标总资产规模	2 000	综合资产自身负债	476
目标负债率	50%	母公司新增负债	24
三个经验变量		检验变量	
综合资产负债率	50%	融资杠杆（自有资金占比）	8.33%
控股比例	51%		
溢价比例	20%		

计算结果：新增核心资本（ΔE_c）为 267 亿元；母公司新增负债（ΔD_c）为 24 亿元；新增控制资本（ΔE_m）233 亿元。即企业集团 A 为实现目标合并资产负债规模，需要在一定时期内补充 267 亿元核心资本，联合 24 亿元并购贷款，以 20% 的溢价对一笔“综合资产”51% 的绝对控股股权进行收购，同时控制“综合资产”的其他股东权益 233 亿元，合并“综合资产”负债 476 亿元。该情形下企业集团 A 的成长过程如图 2－9 所示。

不过，在此种情形下，检验变量即并购杠杆的取值为 8. 33%，即在并购过程中，并购贷款占应支付对价的比例为 8. 33%。应该说，这是一个较为保守的增长计划，企业集团 A 为控制目标资产负债率，选择了控制并购贷款的规模。

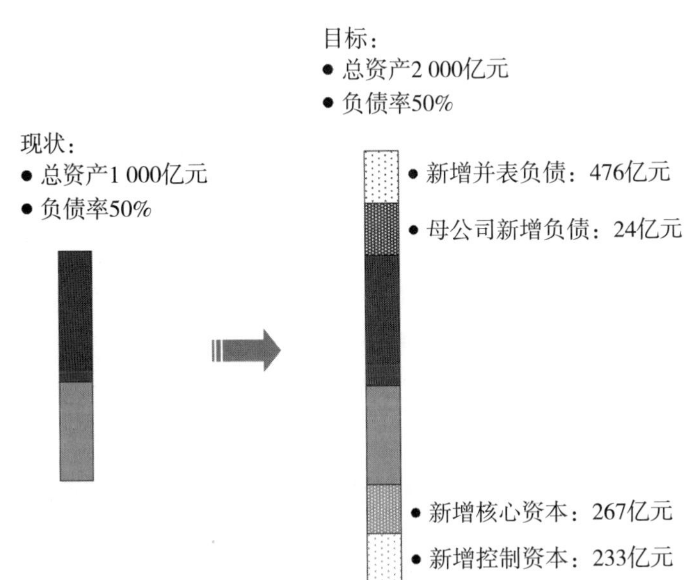

图 2－9　企业集团 A 的成长过程

如果企业集团 A 对目标资产结构的选择激进一些的话，如将目标资产负债率定为 55%，其他假设条件不变，计算过程如表 2－6 所示。计算结果为：新增核心资本（ΔE_c）167 亿元；母公司新增负债（ΔD_c）124 亿元；新增控制资本

（ΔE_m）233亿元。核心资本缺口大幅下降。此时，检验变量即并购杠杆的取值为42.68%，并购贷款占应支付对价的比例为42.68%，处在合理的检验区间内。

表2-6　企业集团A成长过程与核心缺口计算表（2）

输入变量		输出变量	
目标变量		计算结果	
目前总资产规模	1 000	核心资本缺口	167
目前负债率	50%	纳入合并报表的少数股东权益	233
目标总资产规模	2 000	综合资产自身负债	476
目标负债率	55%	母公司新增负债	124
三个经验变量		检验变量	
综合资产负债率	50%	融资杠杆（自有资金占比）	42.68%
控股比例	51%		
溢价比例	20%		

（五）单一变量敏感性分析

1. 综合控股比例ε敏感性分析

其他假设条件不变，选取基准情形下综合溢价水平p为20%、被并“综合资产”的综合负债率r为50%，对综合控股比例ε的敏感性分析如表2-7所示：

表2-7　综合控股比例敏感性分析

综合控股比例	20%	30%	40%	50%	60%	70%
核心资本缺口（亿元）	108	160	212	262	311	360
融资杠杆	8.3%	8.3%	8.3%	8.3%	8.3%	8.3%

综合控股比例与核心资本缺口是正相关关系，在其他条件不变的情况下，对

“综合资产”收购的权益份额越高，核心资本缺口越大。如果能够以较低的股比实现对“综合资产”的控制和并表，所需的核心资本就较少。

2. 综合溢价水平 p 敏感性分析

其他假设条件不变，选取基准情形下被并“综合资产”的综合负债率 r 为 50%，综合控股比例 ε 为 51%，对综合溢价水平 p 的敏感性分析如表 2－8 所示：

表 2－8　综合溢价水平敏感性分析

综合溢价水平	0%	10%	20%	30%	40%	50%
核心资本缺口（亿元）	255	261	267	272	278	283
融资杠杆	0%	4.6%	8.3%	11.5%	14.3%	16.7%

综合溢价水平与核心资本缺口也是正相关关系，在其他条件不变的情况下，对“综合资产”收购的溢价越高，核心资本缺口越大。如果能够以较低的对价实现对“综合资产”的控制和并表，需要的核心资本和并购贷款都会较少。

3. “综合资产”的综合负债率 r 敏感性分析

其他假设条件不变，选取基准情形下综合控股比例 ε 为 51%，综合溢价水平 p 为 20%，对“综合资产”的综合负债率 r 的敏感性分析如表 2－9 所示：

表 2－9　“综合资产”的综合负债率敏感性分析

综合资产负债率	30%	40%	50%	60%	70%	80%
核心资本缺口（亿元）	180	223	267	312	357	404
融资杠杆	55.0%	35.6%	8.3%	－32.5%	－100.6%	－236.8%

“综合资产”的综合负债率与核心资本缺口也是正相关关系，在其他条件不变的情况下，“综合资产”的综合负债率越高，核心资本缺口越大。目标“综合资产”的负债率越低，对于目标资产负债率的压力就越小，母公司借助并购贷款的负债空间就越大，所需要的核心资本就越少。

从以上分析可以看出，三个经验变量其对核心资本缺口的影响程度不一，核心资本缺口对综合控股比例最为敏感，其次是“综合资产”的综合负债率，而对于综合溢价水平的敏感性则比较低。例如，基于基本情形，在相同的综合控股比例和综合溢价水平下，“综合资产”的综合负债率每变动 10%，核心资本缺口变动额在 40 亿 ~50 亿元之间；在相同的综合控股比例和“综合资产”的综合负债率下，综合溢价水平每变动 10%，核心资本变动额在 5 亿 ~6 亿元之间；在相同的“综合资产”的综合负债率和综合溢价水平下，综合控股比例每变动 10%，核心资本缺口变动 45 亿 ~55 亿元之间。

（六）多变量综合情景分析

在单因素敏感性分析的基础上，还可以对综合控股比例、综合溢价水平、被并综合资产的综合负债率三个经验变量的不同组合进行情景分析。表 2 - 10 是三个经验变量不同组合下，核心资本缺口的数值，阴影部分是检验变量取值在合理区域内的情景组合。

表 2 - 10　综合情景分析表

综合控股比例	综合溢价水平	被并“综合资产”的综合负债率					
		30%	40%	45%	50%	55%	60%
20%	10%	-52	26	65	104	143	183
	20%	-45	31	69	108	146	185
	30%	-37	37	74	112	149	188

（续表）

综合控股比例	综合溢价水平	被并“综合资产”的综合负债率					
		30%	40%	45%	50%	55%	60%
30%	10%	20	87	121	155	189	223
	20%	30	95	127	160	193	227
	30%	39	102	133	165	197	230
51%	10%	169	215	238	261	284	308
	20%	180	223	245	267	289	312
	30%	190	231	251	272	294	315
60%	10%	231	268	287	306	325	344
	20%	242	276	294	311	329	347
	30%	251	283	300	317	333	351

通过对三个经验变量进行不同组合的情景分析，一方面，可以通过对可行情景的确定找到核心资本缺口的大致区间；另一方面，也说明企业集团为实现同一发展目标而采取不同的发展方向和发展策略，会带来不同的核心资本需求。综合控股比例、综合溢价水平、被并综合资产的综合负债率是对抽象的“综合资产”特征的描述指标；同时，三个经验变量的不同取值也代表着企业集团发展方向和策略的不同。例如，采取较高的综合控股比例说明企业集团倾向于对下属子公司进行绝对控制，在并购中往往采用全资控股或绝对控股的方式，而较低的综合控股比例说明企业集团不追求股权份额上的优势，而是倾向于通过协议、联合等方式进行实际控制，扩大可控制经济资源的规模。再如，如果企业集团扩张方向上的行业普遍负债率较高，或者企业集团本身所在行业负债率较高，则企业集团在目标资产负债率限制下的压力就越大，核心资本的需求也就越大。由企业集团不同发展方向和策略构成的不同情景组合，对实现同一目标所需的核心资本可能存在很大的差异。如表 2 -9 所示，在综合控股比例为 20%、综合溢价水平为

10%、被并综合资产的综合负债率为45%的情况下，核心资本缺口为65亿元；在综合控股比例为60%、综合溢价水平为30%、被并综合资产的综合负债率为30%的情况下，核心资本缺口为251亿元；两者差别几乎达三倍。因此，企业集团核心资本缺口的大小，不仅取决于发展目标，合理的发展方向和发展策略也能够充分发挥核心资本的作用，缓解企业集团发展对于核心资本的需求。

如果换一个角度看待这个问题，当企业集团无法及时充分地补充发展所需的核心资本时将面临两个选择，要么放弃既定目标；要么降低对业务资产的控制力，引入其他股东的控制资本。

在资本高度密集的金融行业，这种现象十分突出。以商业银行为例，由于银行本身就是以“资本”作为经营对象，无论是非系统风险还是系统风险都比较高，其业务和服务规模的扩大直接有赖于核心资本规模，政府对于商业银行核心资本的杠杆运用有非常严格的要求，《巴塞尔协议》的资本充足率、存款准备金率、存贷比等指标都是在这方面做文章。仅以A股上市银行为例，2010年以来A股上市银行已经掀起三轮融资巨潮，涉及首发融资额902亿元，定向增发1 800亿元，配股1 804亿元，合计融资达到4 506亿元。招商、民生、浦发、华夏等国内股份制银行的第一大股东持股比例均在30%以下，其中浦发银行还在2010年引入中国移动作为战略投资者。这些现象都在一定程度上反映了银行业在核心资本方面面临的紧张运行状态，进而希望引入更多的控制资本，提高权益杠杆效率。

（七）奇异值说明

1. 核心资本缺口为负值的情况

核心资本缺口为负值说明企业不仅不需要补充核心资本，还需削减一部分权益。对此情况可能的解释如下：由于以较低股比获得了非常优质的目标“综合资产”，此时企业完全利用债务资本对合适的资产目标进行收购，就可以达到既定企业目标，而无须补充核心资本，甚至可以将债务融资支付对价后的剩余部分回购一些股东权益，仍然可以确保资产规模和负债结构在目标范围内。

2. 并购杠杆为负值的情况

并购杠杆为负值说明核心资本非但没有结合并购贷款一起使用，反而有一部分用于偿还母公司负债。这种情况是可能存在的，就是企业集团自身负债率已经达到一个较高的水平，即使在存在理想的目标“综合资产”的情况下，企业集团也无法通过对“综合资产”的并购行为降低自己的负债水平，必须将母公司所获得权益资本的一部分用于偿还负债，再将其余部分作为支付对价，才能保证既定目标的实现。

当然，上述两种情况都是极端状况，只要企业集团基于自身实际情况设定合理的经验变量取值，就能够得出正常的结果。

五、永恒的主题

尽管核心资本缺口的测算模型在具体数字上的精确性有所欠缺，但该模型通过一系列的抽象和假设，对企业集团核心资本缺口与成长目标之间宏观数量关系进行了探讨，对于实际工作仍具有一定的指导意义。首先，该模型并不纠缠于企业成长的具体方式和细节，而是将成长目标落实到企业集团合并财务报表的指标上，将企业集团各种内外生增长方式在总体上统一抽象为对于一笔“综合资产”的一揽子并购行为。这对于企业集团摆脱具体细节干扰，从宏观上对整体资本运营活动进行规划和安排具有一定的指导意义。其次，模型将企业集团的发展目标和融资约束从数量上进行了结合，有助于提高目标制定的合理性。尽管在模型中，对于成长目标描述使用的是总资产规模和负债率，但收入、利润甚至市值等指标也可以在经验数据的基础上，通过周转率杠杆和市值杠杆进行换算，纳入到模型的目标体系中来。此外，通过加权汇总的方式，过滤掉异常行为对企业集团总体目标实现的影响，有助于透过现象看本质，找到制约企业集团成长的瓶颈所在，并据此安排相应的措施。

核心资本缺口测算模型的更大意义是从数量关系的推导中突出了核心资本在企业集团成长中的重要作用。核心资本是各类杠杆发挥放大作用的起点，是企业集团控制外部资源、壮大资产规模的基础，是企业集团起家的本钱。企业集团是一棵参天大树，核心资本是种子，没有种子，再多的阳光和雨露也不能使石头发芽生长。核心资本是企业集团构建和联结的基石，通过层层渗透，核心资本如血脉般进入各级成员企业，使成员企业之间相互认同、母子公司关系得以确认，从而支撑整个庞大家族的运转体系。核心资本也是保证母公司控制力的基础，缺少核心资本，就会像招商局集团主动放弃对招商银行的绝对控股权一样，改变母公司对下属公司的控制格局。在企业集团高速成长的过程中，面对子公司源源不断的增资需求，只有具备补充核心资本的渠道和能力，母公司才能维持自己持有的股权比例不被稀释和摊薄，保证对下属子公司的控制力。

回到企业成长的基本原理，也可以看出核心资本对于企业和企业成长的重要意义。企业成长是内涵式增长和外延式增长共同作用和积累的结果，两种增长方式就像两条腿，只有两条腿都强健有力，企业才能在市场竞争中走得稳、走得好。

内涵式增长是企业依靠利润积累发展壮大的增长模式，通常表现为单位投资收益的提高。内涵式增长对于企业降本挖潜、提质增效，改善现有业务的生产效率、提升自有资本的使用效率等无疑具有至关重要的作用。但同时应该看到，内涵式增长是一个相对缓慢的过程，需要经历较长时期的积累才能显现出效果。在激烈的市场竞争下，竞争对手不会停下来等待任何一个企业，这时候还完全依赖“脚踏实地、一步一个脚印”的内涵式增长，就可能导致错失发展的机遇，甚至在生死之战中败阵出局，成为其他强势企业整合的对象。此时，企业需要通过外延式增长，依靠资源投入快速扩大规模，实现跨越式增长，获得竞争优势。

外延式增长是企业利用外部动力和资源进行扩张的增长模式，通常表现为数量增长、产能扩张、规模扩大、空间拓展等。外延式增长在企业成长中的意义主要有以下几点：第一，外延式增长能够扩大企业生产经营规模，降低成本费用。通过外延式增长，企业规模得到扩大，能够形成有效的规模效应，能够促进现有资源的充分利用，或者对现有资源进行充分整合。企业规模扩大能够大大增强企业对原料价格的谈判能力，从而为企业获得廉价的生产资料。同时，高效的管理、人力资源的充分利用和企业的知名度都有助于企业降低劳动力成本，从而提高企业的整体竞争力。第二，外延式增长能够提高企业市场份额，提升行业战略地位。伴随生产力的提高，销售网络的完善，规模大的企业其市场份额将会有较大的提高，从而提升企业在行业中的领导地位。市场占有率决定企业产品或服务的定价能力，以及市场号召力和影响力。同时，大企业能够实施品牌经营战略，提高企业的知名度，以获取超额利润。第三，企业能够通过外延式增长获得先进的生产技术，管理经验，经营网络，专业人才等各类资源。在并购活动中，企业收购的不仅是被并企业的资产，还获得了被收购企业的人力资源、管理资源、技术资源和销售资源等。这些都有助于企业整体竞争力的提高，对公司发展战略的实现有很大帮助。第四，外延式增长能够使企业布局新的行业，实施多元化战略，分散投资风险。随着行业竞争的加剧，企业通过对其他行业的投资，不仅能有效扩充企业的经营范围，获取更广泛的市场和利润，而且能够分散因本行业竞争带来的风险。

因此，企业成长需要兼顾两种增长模式的特长，做到“内外兼修”，实现两种增长的有机互动，利用内涵式增长提升企业素质和竞争能力，利用外延式增长突破发展瓶颈、推动企业转型。但在企业快速发展时期，需要快速扩大生产规模、获得行业竞争优势的时候，外延式增长的作用就更为关键。这时就需要更多的资源投入，也意味着更多的核心资本需求。总之，核心资本缺口测算模型以量化的形式解释了核心资本在企业集团发展过程中的根本作用，企业必须具备补充核心资本的渠道和能力，才能支撑持续不断的增长要求。只要企业在发展、在成长，补充核心资本就是企业集团经营中一个永恒的主题。

第三章 充实资本：发挥市场的决定作用

资本市场，资本的博弈场；上市，企业的“成人礼”。资本市场不仅为企业集团补充核心资本提供了渠道，更在资源配置、价值发现、完善治理以及推动“混改”方面发挥了决定作用。当大企业遇见资本市场，故事注定不平凡。

一、核心资本的源头活水

（一）核心资本的来源

“问渠哪得清如许，为有源头活水来”，灌溉企业集团成长的活水是持续不断的核心资本投入。在企业集团的合并资产负债表上，核心资本体现为归属母公司的权益，因此，核心资本的来源只有两个：一是企业集团利润中归属母公司的部分；二是企业集团股东的资本投入。简单地说，企业集团核心资本这泓活水的来源，要么是自己挣的，要么是股东给的。

了解了这一点，也就明白补充企业集团的核心资本，只能在这两个源头上做文章。一方面，要尽可能提高生产经营水平、降低成本，提高企业集团整体的利润回报，从而增加整体的利润积累水平；另一方面，要拓宽融资渠道，获得母公司股东资本金的支持。这里的股东也分为老股东和新股东，如果老股东有实力和意愿，可以向老股东增资扩股，国有企业也可以争取国有资本金的注入；如果老股东没有实力和意愿，可以吸纳新股东加入，通过引入战略投资者、私募股权投资，或进行公开市场发行来融资。核心资本缺口与补充渠道见表 3 - 1。

表 3 - 1　核心资本缺口与补充渠道

补充方式	补充方式	特点及要点说明
利润积累		在合并报表中体现为归属于母公司的收益 有赖于公司较强的盈利能力
老股东增资	老股东增资	有赖于老股东的财务实力和意愿
	国有资本金注入	往往需要匹配特定项目，不确定性强
吸纳新股东	引入战略投资	选择合适战略投资，多层次合作的空间
	私募融资	在收益保底及退出期限方面要求高
	公开市场融资	需满足公开市场挂牌上市及运行要求

从国有企业 30 多年的改革历程看，怎么解决核心资本来源一直是宏观、微观领域头疼的问题。20 世纪 80 年代初期的计划经济时期，没有资本金概念；80 年代中期，国家为解决国有企业没有资本性积累的问题，实施利改税，企业可以留存利润的 45%，初步有资本金概念。为减轻企业负担，80 年代末改成 33%；90 年代走进市场经济，企业资本金来源不足，依靠银行借款，但市场化的银行已不再是政府的钱口袋，企业债务越来越重，负债比率达到 80% ~90%，导致出现了一些企业破产。此后，通过破产关闭的国有资产达 1 万多亿元，债转股的 1 万多亿元，上市的 1 万多亿元，国有企业获得了 3 万多亿元资本金后开始壮大。目前，对于国有企业来说，权益融资比债务融资重要得多；而原则上，政府的行政性资本输入只应针对公益类企业，竞争类企业的资本金应更多依靠市场解决，

政府不应再输入资本。因此，只有建立市场化的国企资本补充机制，才能维持企业正常的资产负债率，企业的成长才是健康可持续的。①

（二）私募“双刃剑”

私募融资就是指不采用公开方式，而通过私下与特定的投资人或债务人商谈，以招标等方式筹集资金。这里的私募融资指私募股权融资，指通过私募形式对特定投资者发行股份进行的权益性融资行为。

近年来，私募股权投资机构成为我国资本市场的活跃力量。根据 CVSource 统计，2010 年国内共披露私募股权投资案例 496 起，投资总额 249.3 亿美元，达到近年来可统计数据的最高值。2011～2013 年，整体规模有所下滑，但仍然保持了较高水平。2013 年全年国内共披露私募股权投资案例 325 起，投资总额 215.9 亿美元。2013 年，私募基金也获得了国内法律的认可，6 月 1 日新修订的《证券投资基金法》实施，首次将私募基金纳入监管，弥补了监管法律的空白，证监会相关机构也表示正在研究起草统一的私募证券基金管理法规。私募的合法性得到确立，为行业的进一步发展打开了空间。

整体来看，私募股权投资的行业主要分布在制造业、IT、交通运输、互联网等传统行业，医疗健康、文化传媒等领域的投资近年来有较快增长。2013 年，能源及矿业行业与文化传媒行业发生两起大型交易：6 月 13 日，中国石油天然气股份有限公司（601857.SH）与泰康资产、国联基金共同设立中石油管道联合有限公司，中国石油以西部管道资产作为出资，泰康资产、国联基金分别以现金出资 360 亿元、240 亿元，期限为 20 年；5 月 25 日，分众传媒控股有限公司董事长江南春联合光大控股、方源资本、凯雷集团、中信资本、鼎晖投资五家投资

① 黄奇帆，“国企改革的核心是市场化资本补充机制”，《国企》，2013 年第 10 期，第 58 页。

机构以约37亿美元的交易价格完成对分众传媒的私有化收购。

私募资本通常具有几个特点：第一，在资金募集上，主要通过非公开方式面向特定的、少数机构投资者或个人募集；第二，在投资方式上，是以私募形式进行，较小涉及公开市场宣传、招股或披露交易细节；第三，一般投资于私有公司即非上市企业，很少投资已上市公司；第四，投资期限较长，一般可达3~5年或更长，相较于投资公众公司的机构投资就属于中长期投资；第五，通常附加对赌条款。投资人会设置较强的业绩增长要求，并在业绩不达标时强制退出投资。第六，缺乏流动性。没有活跃市场供非上市公司股权转让，通常只能通过回购、兼并收购或IPO退出，对退出通道的要求较高。因此，对融资企业来说，私募资本具有两面性，其扮演的角色有可能是珠联璧合、雪中送炭的“喜羊羊”，也有可能是火上浇油、趁火打劫的“灰太狼”。

一方面，私募资本是企业补充核心资本的一个渠道，尤其是对于发展初期的中小型企业，通过银行信贷或公开市场融资相对困难，私募融资往往是他们获得资金支持的重要渠道。除了资金的支持，私募资本还能为企业提供管理上的支持。通过介入公司的管理，私募资本能够帮助企业改善股东结构，建立规范的治理结构、管控体系和财务制度，促进企业科学决策。私募投资人的市场视野、产业运作经验和战略资源也可以帮助企业更快地成长，对于在短时间内改善企业的收入和成本结构，提高企业的核心竞争力能够产生较好的效果。此外，私募投资者熟悉资本市场，能够为企业在进一步融资或上市方面提供较强的支持。

另一方面，私募资本具有资本的逐利性和贪婪性。海普瑞上市时，高盛三年赚得90倍的账面收益；盛大上市，软银14个月赚了14倍的收益。私募资本在与企业管理层签署对赌协议时所要求的年复合增长率大多在30%以上，有些甚至要达到50%。这使许多企业不得不在短期内透支未来的增长潜力，以便为私募资本在高点退出创造条件。一旦企业上市遭遇障碍，私募资本会快速退出，甚至把企业转手卖给其他竞争对手。

2002 年，牛根生一手创办的蒙牛乳业吸引了摩根士丹利、英联和鼎晖三家国际知名投资机构的眼球。三家机构于 2002 年 6 月和 2003 年 10 月向蒙牛做出两轮共 6 120 万美元的投资。摩根士丹利等几家投资机构与蒙牛管理层签署对赌协议，赌局分成前后两场，规则很简单，但要求很严苛。首先是上市前赌局，2002 年 9 月开赌，蒙牛必须在赌局开始之后的一年，实现超过 100% 的业绩增长；否则，蒙牛控制权被外资没收。幸运的是，到了 2003 年 8 月，牛根生提前完成任务。蒙牛股份的财务数据显示，销售收入从 2002 年年底的 16.7 亿元增至 2003 年年底的 40.7 亿元，增长 144%，税后利润从 7 786 万元增至 2.3 亿元，增长 194%。2004 年 6 月 10 日，蒙牛在香港完成上市。财务投资者分三次抛售股票套现总金额高达 26 亿港元，相对于 4.77 亿港元的原始投资，摩根士丹利等几家国际投资机构的投入产出比约为 550%。

如果故事到此结束，那将是一个非常完美的结局，但是事情并没有想象的那么美妙。第二场赌局，就是上市后从 2004 年到 2007 年，蒙牛每年必须保持业绩增长率达到 50%，2007 年年底蒙牛的销售额必须超过 120 亿元，否则，蒙牛控制权将被外资没收。这次，蒙牛没有完成任务。中国乳业在这些年经历了前所未有的产能扩张，众多乳业品牌崛起并拉响了价格战。最终牛根生在 2008 年跟摩根士丹利撕破脸皮，而投奔中粮集团。但是此后，三鹿、蒙牛、伊利都陷入了中国乳业史上最大的三聚氰胺丑闻。因此，有人说私募资本才是三聚氰胺的罪魁祸首。①

无独有偶，乳制品行业还有一个典型的案例，那就是太子奶。2006 年，身披“央视广告标王”金环的太子奶集团如日中天，此时又从摩根士丹利、英联

---

① 崔凯，《与资本共舞》，中国机械工业出版社，2012 年，第 14～16 页。

投资、高盛集团成功募集到了7 300万美元的资金。双方的协议同样加上了“对赌条款”：如果太子奶前三年的业绩完不成30%的增长，就会失去控股权。“万事俱备、只欠东风”的太子奶开始发力扩张，成都、昆山等“规模庞大”的生产基地相继动工。2007年，太子奶实现销售额16亿元，是最为辉煌的一年。然而，由于整个行业的盲目扩张，乳品行业已经进入“价格战”阶段，利润空间急剧缩小。“高速扩张、低利润率”的经营模式使太子奶一步步走入了恶性循环的怪圈。“屋漏偏逢连夜雨”，从2006年冬到2008年夏，国内银行信贷收紧，再加上此间“三聚氰胺”事件的爆发，推倒了乳业的多米诺骨牌。在这种情况下，太子奶的命运发生了转折，先后发生断货、欠薪、停产、逼债等一连串问题，曾经的全国乳酸菌大王李途纯最终因资金链断裂而轰然倒地，最终锒铛入狱。

（三）企业的“成人礼”

2014年1月30日，农历大年三十。正当大多数中国人沉浸在“抢红包”、“看春晚”的团圆氛围中时，近年来发展迅猛的国内电子商务平台京东商城悄然向美国SEC递交了招股说明书，计划在美上市融资15亿美元左右。京东的这个除夕注定是一个忙碌的除夕，在随后披露的招股说明书中，人们揭开了这家神秘公司的面纱，京东2011年实现营业收入211.3亿元、净利润 -12.8亿元；2012年实现营业收入413.8亿元、净利润 -17.3亿元；2013年前三季度实现营业收入492.2亿元，同比上涨70%，实现净利润6 000万元，为公司成立以来首次盈利。并不显赫的盈利数字不能掩盖京东强劲的竞争力和发展势头，截至2013年9月30日，京东一共有3 580万活跃用户，快递员数量达到1.8万，在34个城市设有仓储中心，在460个城市有1 453个快递站，订单总量达2.12亿。

很快，资本市场便对这家深具潜力的中国公司给出了热烈的回应。5月22日，随着上市钟声的敲响，京东正式登陆美国纳斯达克交易所，以每股19美元的价格发行9 370万股美国存托凭证，筹集资金18亿美元。京东上市当日开盘价21.75美元，较发行价上涨14.47%，市值达到297亿美元，成为当时仅次于腾讯、百度的中国第三大互联网上市公司。

京东商城的神奇成长见证了资本市场强大的推动力，通过公开资本市场进行股本融资也是企业从外部获得核心资本的一大途径，与通过自身利润积累和私募融资的途径相比，公开资本市场融资的优势十分明显：首先，资本市场具有融资的便利性。资本市场是资金融通的场所，企业融资与投资者投资的核心市场。对于上市挂牌的企业，通过不断充分的信息披露、公共关系维护与沟通，有利于获得有效的价值认定，获得投资者的关注和认知，便于企业非常及时地利用资本市场这个融资平台进行再融资活动，相比于缓慢的利润积累和成本高昂的私募融资具有更大的便利性。其次，资本市场具有信息的公开性。资本市场特别是股票市场，是一个公开的市场，凡是符合要求的投资者都可以参与投资，由于资本市场的这种公开性，资本市场的资金供给十分充足，能够满足企业的各种融资需求。再次，资本市场具有工具的标准化。股票是标准化的财产权利凭证，上市企业也需要按照监管部门、交易所的要求规范运行，依法合规进行信息披露、完善公司治理。这种规范化、标准化的监管要求避免了公开市场投资者像私募资本一样提出个性化的甚至是超出企业承受能力的过高要求，没有业绩增长承诺、没有对赌压力，企业家可以更多地将精力放在维护股东的长远利益上。最后，资本市场具有充足的流动性。公开资本市场的另一优势是充分的市场流动性，新的投资者可以非常方便地在二级市场购买公司股份，老的投资者也不必担忧所持有的公司股份无法退出，而强求设置苛刻的退出通道。企业已经发行在外的存量股份在市场上的活跃交易非但不会影响企业已经获得的股本融资，而且还会为企业进一步的融资活动开展创造更好的条件。不仅如此，企业在改制、上市、获得公开资本市场股本融资的过程中，还能够发现企业价值、完善法人治理、获得股权支付和激励的工具等。

正因资本市场具有这种便利性和公开性，在公开资本市场上市成为企业在发展到一定阶段后的必然追求，甚至被视为企业的“成人礼”。因此，通过对接资本市场，使市场在资本的筹集和分配中发挥决定作用，企业集团才能获得补充核心资本的可靠渠道。

二、走进资本市场

（一）市场的力量

1792 年的某一天，在美国纽约曼哈顿南部的一棵梧桐树下，24 位股票经纪人达成了一个协定，约定在出售每一手证券的时候，收取的佣金不能低于证券面值的0. 25%，在这个价格垄断协议基础上，这些股票经纪人建立一个全新的股票交易市场，这就是今天耸立在华尔街上、在全球资本市场上叱咤风云的纽约证券交易所。经过 200 多年的发展，美国资本市场已经成为世界上最成功的资本市场。根据 Capital IQ 的数据统计，截至 2014 年上半年，美国股市规模已达 26. 7 万亿美元，是 2013 年美国 GDP 的 150% 有余。

今天的美国资本市场形成了以纽约证券交易所、纳斯达克市场等全国性证券交易市场为中心，区域性市场和场外市场等作为补充的多层次资本市场。其中，第一层次为全国性资本市场，主要包括纽约证券交易所和纳斯达克市场，其中纽约证券交易所主要为融资需求高、企业规模大的公司提供融资平台；纳斯达克市场适合处于高速增长阶段的高技术公司上市融资。第二层次为区域性资本市场，主要包括费城证券交易所、太平洋证券交易所、中西证券交易所等，它们是全国性证券交易所的重要补充，主要面向地方区域内的中小企业，为打造有区域竞争力的高成长企业提供融资平台。第三层次为场外交易市场，主要包括场外公告牌行情交易系统（OTCBB）、店头证券市场（NCB）等，OTCBB 为 3 400 多只场外交易股票提供实时报价、最后一笔成交价和成交量信息；NQB 主要提供粉单市场和黄单市场的报价，其中粉单市场为 2 400 余家公司提供交易信息服务。第四层次为其他交易市场，是指除纽约证券交易市场、纳斯达克市场、场外交易市场以外的证券交易市场的总称，主要是各家券商之间约定的不定期交易市场。美国的各证券市场之间集中与分散相统一、全国与区域相协调、场内与场外相补充，构成一个完整的证券市场体系，为具有不同投资、融资需求的投资者和公司提供了广阔的选择空间。

美国的资本市场从诞生起，就与经济社会的发展密不可分。从运河与铁路股票上市促进经济一体化和农牧业规模化生产，到国债发行支持战争债务重组，再到支持产业并购整合、推动新兴产业发展，资本市场都扮演了重要角色。

在 19 世纪初期，美国地域广阔、交通不便，因此，在美国经济发展过程中要解决的第一个问题就是运河和铁路的修建。而在当时，美国一般的家庭收入只有 1 000 美元，但修建 1 英里运河需要耗费两万美元，修建 1 英里铁路需要 3.6 万美元。[①] 如何去集合大量的资本，把铁路和运河修成是一项非常艰巨的任务。但这个任务通过资本市场很好地完成了，马克思曾经评论资本市场对于美国铁路和运河发展所起的作用，“假如依靠单个资本积累到能够修建铁路的程度，估计直到今天世界上还没有铁路。通过股份公司集中资金，转瞬间就把这件事完成了。”1835 年，美国运营铁路运营里程为 1 000 英里，15 年之后的 1850 年就达到了 1 万英里，在南北战争时的 1865 年，美国已经有了 3 万英里的铁路。与此同

① 戈登，《伟大的博弈：华尔街金融帝国的崛起》，中信出版社，2011 年，第 73 页。

时，1865 年华尔街 1/3 的股票都是铁路股票。[①] 可以说，是资本市场提供的源源不断的资金，支持了美国运河和铁路的建设，将美国迅速地整合成一个统一的经济体，为美国的经济崛起奠定了基础。

在 1861 ~ 1865 年的南北战争中，战争融资能力成为决定胜负的关键因素之一。在战争爆发之前，南北双方已经面临极度困难的财政状况；战争打响之后双方更是面临更大的资金需求，财政已是入不敷出、捉襟见肘。在无法继续提高税收之后，双方都采用了加印钞票的手段来融资。由于南方政府拥有的融资手段更少，不得不发行更多的钞票，结果导致战争结束时南方各州的通胀率达到了战争爆发前的 90 倍。但北方依托资本市场发行战争债券，一举动员了全国的金融资源和民众力量，资本市场强大的造血功能源源不断地支援前方将士，成为北方军队获胜的重要因素。到战争末期，美国政府发行国债的速度已经超过了政府开支的速度。在南北战争前后，即 1861 ~ 1865 年，美国的国债规模增长了 42 倍，华尔街也一跃成为仅次于伦敦的世界第二大资本市场。[②]

19 世纪末期，美国的钢铁、化工、橡胶、石油、汽车等产业依托于资本市场的融资和并购活动迅速崛起，使美国一举完成重工业化并超越欧洲列强，诞生了通用电器、通用汽车、美孚石油、杜邦等世界级企业。1901 年，美国钢铁大王卡内基的产量已经超过了“日不落帝国”的英国，华尔街的投资银行家摩根组织了财团，将其与美国其他几家最大的钢铁公司买下并整合在一起，组建了美国钢铁集团，资本金高达联邦政府预算的 2. 75 倍，一度处于全球的绝对垄断地位。在支持美国重工业化的过程中，华尔街也迅速成长为一个庞大的市场，美国资本市场的主力也变成制造业股票。

---

① 戈登，《伟大的博弈：华尔街金融帝国的崛起》，中信出版社，2011 年，第 78、80 页。

② 同上，第 103 ~ 106 页。

20 世纪的最后 30 年，美国的高科技产业依托华尔街在全球范围内占领了各制高点。风险投资、私募股权基金和资本市场共同推动了个人电脑、通信、互联网和生物制药等四大新兴产业的出现，帮助美国经济成功走出 20 世纪 70 年代的“经济滞胀”困局，实现转型。1971 年，纳斯达克市场成立，为大量中小型企业和科技型企业上市提供了一条便捷的通道。不久之后，1975 年比尔·盖茨创建了微软公司，1976 年苹果公司成立。1986 年，微软公司在纳斯达克上市，不久之后推出了 Windows 操作系统，比尔盖茨成为世界首富。1990 年思科上市、1996 年朗讯上市，奠定了美国在通信产业世界领先的地位；随后，1996 年雅虎、1997 年亚马逊、2004 年谷歌、2012 年 Facebook 相继上市，它们的上市，使得美国领互联网时代风气之先。高科技产业的迅速崛起，帮助美国企业实现了经济转型和产业升级。而美国高科技产业崛起的背后是强大的资本市场，资本和科技结合的“硅谷模式”，成为美国经济转型和产业升级的重要推手。

在不到两百年的时间内，美国迅速超越欧洲列强，在包括高科技产业在内的诸多领域雄踞世界首位，这是资本市场的虚拟经济和美国的实体经济协同发展的结果。正如《伟大的博弈》作者戈登的评论，“华尔街已经独立于美国，成为了另一个世界强国。”①

（二）二十年再出发

1990 年 12 月 19 日，随着一声洪亮庄重的铜锣声，新中国成立后大陆第一家证券交易所——上海证券交易所在上海浦江饭店正式开业，中国资本市场开启了新的纪元。此后二十多年，我国的资本市场从无到有、从小到大、从区域到全国、从结构单一到多层次，全面地成长了起来，在国民经济中的作用也日趋

① 祁斌，“资本市场与中国经济社会发展”，《中国流通经济》，2012 年第 9 期，第 14 页。

重要。

在监管制度建设上，我国经历了从无到有，逐步形成以证监会、地方证监局、交易所、证券业协会为主体的外部监管和行业自律体系，建立起以“两法”为基石、包括一系列行政法规、交易规则的制度体系。在发行制度方面，A股发行管理体制经历从“总量控制”、“额度管理”，2000年正式实施核准制，2003年正式推出发行上市保荐制度。为进一步健全新股发行体制，中国证监会多次启动新股发行制度改革，围绕定价与市场承销等核心环节完善制度安排，强化市场约束机制。在信息披露方面，我国的信息披露制度同样从无到有，从粗到精，形成了以基本法律、行政法规、部门规章为主和规范性文件、自律性规则为辅的制度体系。在投资者保护方面，我国经历多次立法调整和完善，形成了多层次的保护机制，2013年12月27日，国务院发布“中小投资者合法权益保护”国九条，将中小投资保护工作作为重中之重。此外，我国资本市场在交易结算制度、并购重组制度、分类监管制度、会计标准与内控制度等许多方面都取得长足进步。

在市场建设上，已初步形成由主板、中小板、创业板、新三板以及区域性股权交易市场构成的多层次体系。其中，主板市场继续在我国资本市场中发挥中流砥柱的作用；2004年推出的中小板和2009年推出的创业板，降低了上市门槛，对于支持科技型、创新型中小企业融资，服务我国经济结构的转型升级发挥了十分重要的作用，目前两个市场的上市公司已超过1 000家；新三板经过两次扩围，挂牌企业地域范围扩大到全国，挂牌企业数量呈现爆发式的增长，市场交易和融资行为更加活跃；区域性股权交易市场健康发展，特别是在2003年国有产权进场交易后，我国产权交易市场迈上了一个新的台阶，目前各地产权交易所超过200多家，为本地企业产权交易、融资等提供了极大便利。

在市场规模上，截至2013年年底，沪深两市上市公司达到2 489家，总市值达到23.9万亿元人民币；新三板挂牌公司351家，总市值423.7亿元；各地区域性股权交易市场总体规模不完全统计也在千亿元左右。融资方面，近年来，沪深两市融资规模保持在4 000亿~5 000亿元的水平，最高时的2010年两市融资规模接近1万亿元，并购重组方面，每年上市公司通过资本市场进行的大型并购重组案例有数百起，资本市场有力地推动了企业之间的并购重组和产业结构的调整升级。

2013年11月，十八届三中全会拉开了全面深化改革的大幕，在全会通过的《中共中央关于全面深化改革若干重大问题的决定》中对资本市场的深化改革的主要包括："健全多层次资本市场体系，推进股票发行注册制改革，多渠道推动股权融资，发展并规范债券市场，提高直接融资比重"；"鼓励金融创新，丰富金融市场层次和产品"；"推动资本市场双向开放。"2014年5月，国务院印发《关于进一步促进资本市场健康发展的若干意见》，提出了积极稳妥推进股票发行注册制改革、加快多层次股权市场建设、提高上市公司质量、鼓励市场化并购重组、完善退市制度、培育私募市场等。随着全面深化改革的深入推进，市场在资源配置中的决定作用将日益显现，经过二十多年的艰难寻路，站在崭新起点上的中国资本市场将迎来全面完善和快速发展的新时期。

三、上市，上市

（一）苏宁的上市十年

2004年7月21日，苏宁电器在中小板上市，股票发行价16.33元/股，市值15.2亿元；10年后的7月21日，苏宁电器已改名苏宁云商，股价6.46元/股，复权价格已经达到547.4元，总市值478亿元，实现了超过30倍的成长。苏宁电器抓住了近10年城市化带来的发展机遇，成就了电器连锁帝国的传奇，成为企业借助资本市场成长的鲜活案例，未来苏宁的转型依然靠资本市场的助力。苏宁云商董事长张近东在谈及上市的初衷时曾说道："苏宁上市有三个目的，一是通过专业的外部监督规范企业治理结构，保证企业做大；二是通过上市扩大苏宁全国连锁的知名度和美誉度，实际上，上市也是为我们带来免费的广告；三是通过社会的融资，加快企业连锁发展的速度，为企业建立一个持续发展的融资平台。""通过上市，我们的持续经营有了保障，我们企业内部的治理结构，也就是企业管理的规范，在制度标准等方方面面都做到了有法可依，通过外部输入的监督，实现了企业由过去的个人决策变成团队协作，苏宁成了一个制度化的企业"，"企业在快速发展的过程中，也有了稳定的资本支持，让我们实现了今天这样的规模，这一点也非常重要。"①

（二）资本市场的"四大功能"

苏宁的发展经历很好地诠释了资本市场对于企业和企业成长的作用。一般说来，资本市场对于企业的促进功能体现在四个方面，即融资功能、价格发现功能、股权支付与激励功能、完善公司治理功能。

1. 融资功能

融资功能是资本市场最基础的功能，也是资本市场最具吸引力的功能。在经济运行过程中，既有资金盈余者，又有资金短缺者。资金盈余者为使自己的资金价值增值，必须寻找投资对象；而资金短缺者为了发展自己的业务，就要向社会寻找资金。为了筹集资金，资金短缺者可以通过发行各种证券来达到筹资的目

① 第一财经传媒有限公司，《财富与梦想：中国股市 1990 – 2010》，上海译文出版社，2010 年，第 217 页。

的，资金盈余者则可以通过买入证券而实现投资。资本市场一方面为资金需求者提供了通过发行证券筹集资金的机会，另一方面为资金供给者提供了投资对象。资本市场融资的两个特点决定了它的便利性和重要性，首先，资本市场融资是直接融资，在股票市场上，投资者直接投资于企业的股票，在信息充分披露的条件下，投资者对自己的投资行为负责，自担风险、自负盈亏，这一点对于处于发展早期或成长期的企业来说尤为重要。与之相对应，银行借款等间接融资方式，在企业效益较好时，银行只能获得利息收入；当企业经营不善，银行有可能连本金都收不回。这种收益与风险的不匹配，使银行成为天然的风险厌恶者，往往不会借款给风险相对较大却具有较好发展前景的小企业。因此，资本市场融资对于支持小企业成长具有天然的优势。在中国经济面临转型升级，众多新兴产业、新型企业需要资金支持时，一个健康高效的资本市场，其作用是不言而喻的。其次，资本市场融资（这里主要指股票市场）是股本融资，资本市场融资获得的资本金能够改善企业的资产负债率、降低财务风险，进而进一步利用权益杠杆放大财务资源规模。在目前中国经济整体负债较高、去杠杆压力较大的大形势下，利用资本市场进行疏导是建设性的选择。

2. 价格发现功能

证券是资本的表现形式，所以证券的价格实际上是证券所代表的资本的价格。证券的价格是证券市场上证券供求双方共同作用的结果。证券市场的运行形成了证券需求者和证券供给者的竞争关系，这种竞争的结果是：能产生高投资回报的资本，市场的需求就大，相应的，证券价格就高；反之，证券的价格就低。因此，证券市场提供了资本的合理定价机制。资本市场从总体看是透明度较高、竞争最为公平的市场，这决定了资本市场决定的价格是相对合理的价格。同时，资本市场由于可以做到连续交易，相对其他市场竞争更充分，也更加难以形成垄断，能够更加充分地反映披露的信息，实际上是更高级、更有效的市场。因此资本市场形成的价格是资源配置更加有效的信号。公司股价高，说明公司受到投资者追捧，投资者愿意为公司提供资金，通过资本市场的融资功能就可以使资源流入公司。如果公司股价持续下降，说明公司受到投资者抛弃，这样的企业难以再从资本市场获得资源，最终将可能被淘汰。这种优胜劣汰的淘汰机制将使最优秀的企业留下来，而使劣质企业出局。美国的高科技公司就是在最初没有盈利甚至没有现金流的条件下，通过资本市场获得资源，从一颗颗种子成长为参天大树的。

3. 股份支付与激励功能

在资本市场价格发现功能的基础上，股票具有可交易性和流动性，此时上市公司的存量股份或新发行的标准化股份就拥有了一定的价格参考，这使得股票不仅仅是一种融资工具，也具备了替代现金作为交易对价的支付方式的功能，进而提高了上市公司的产业整合能力。以国际金属矿业领域的一桩巨型合并案为例，2012 年同在伦敦上市的嘉能可和斯特拉塔公司进行合并，两家公司，一个是全球一流的大宗商品交易商，一个是世界级的金属和矿业资产运营商，交易规模达到 620 亿美元，是 2007 年以来欧洲已公布的规模最大的并购交易，合并后的新公司将成为仅次于必和必拓、力拓和淡水河谷三大矿业巨头之后的全球第四大矿业巨头。但这样一项巨型的交易并没有涉及一分钱的现金，而是全部通过换股进行平等合并。资本市场提供的公允价值和可流通性，为两家公司以换股方式进行合并提供了可能。此外，对于上市公司来说，具有市场价格的股票更便于公司以股票的方式替代现金作为管理层薪酬的支付方式。股票作为对管理层的激励，能发挥资本市场长期激励的功能，使公司管理人员能够更好地从股东利益角度来筹划和安排生产经营活动，谋取可持续发展。

4. 完善公司治理的功能

公司治理是通过公司内部治理机制和外部治理机制来运行的。一方面，通过“用手投票”机制实现替换在位经理的决策；另一方面，也可通过外部的“用脚投票”机制反映股东意愿。由于公司股价对股东的个人财富有重大的影响，因此股东有动力时刻监督公司管理人员是否做出了有利于公司发展和股东利益的决策，通过“用手”和“用脚”两种投票手段来进行公司治理，提高经营效率。这种机制的另一种形式即在公司股价大幅下跌的情况下，外部投资者就有可能较为容易地通过证券市场收集或联合足够多的股票投票权来更换在职经理，并通过经理市场的竞争评价机制，使在职经理人员的市场声誉受损和人力资本贬值，因此，在激烈竞争的资本市场条件下，任何公司都有被收购兼并的危险，公司的经理人员也有被取代的职业风险，经理人员为了自己的利益会较好地考虑广大股东的利益，从而有利于公司治理。此外，上市公司本身的公司制度相比其他公司更为严格和完善，其资产质量也相对较高、瑕疵较少。因此，公司上市能够带来公司治理水平的提升。

四、“混改”主战场

（一）过往的探索

在十八届三中全会通过的《中共中央关于全面深化改革若干重大问题的决定》“坚持和完善基本经济制度”一节中，出现了一个新名词：混合所有制。原文是这样的：“积极发展混合所有制经济。国有资本、集体资本、非公有资本等交叉持股、相互融合的混合所有制经济，是基本经济制度的重要实现形式，有利于国有资本放大功能、保值增值、提高竞争力，有利于各种所有制资本取长补短、相互促进、共同发展。允许更多国有经济和其他所有制经济发展成为混合所有制经济。国有资本投资项目允许非国有资本参股。允许混合所有制经济实行企业员工持股，形成资本所有者和劳动者利益共同体。”“鼓励非公有制企业参与国有企业改革，鼓励发展非公有资本控股的混合所有制企业，鼓励有条件的私营企业建立现代企业制度”。①

“混合所有制”的提法虽新，但在实践中却并不是新鲜事物。如今已成为工程机械行业世界级龙头企业的中联重科就是混合所有制的一个模范样本。中联重科的前身是原建设部长沙建设机械研究院，拥有50余年历史。在公司成立的20多年间，中联重科不断进行体制机制创新，通过股份制改造、上市、母公司改制、H股上市等一系列改革措施，目前中联重科已形成了由湖南省国资委、管理团队和骨干员工、战略投资者、国际投资者及其他流通股股东共同持股的多元股东结构，最大股东所占股比已不及20%，在股权层面公司已不折不扣地实现了混合所有。不仅如此，通过基于多元化产权主体的利益制衡，中联重科形成了较好的治理结构，既避免了国有股东一股独大问题的发生，也有效避免了管理层持股过大形成内部人控制的局面。不同身份和北京的投资者，都是以公司治理为平台，参与公司决策。由此，中联重科进入了发展快车道，目前成为世界排名第六、国内排名第一的工程机械企业。在谈到混合所有制的经验时，湖南省国资委领导说道，“湖南省国资委在中联重科的持股比例虽然从最高的49.83%降到最低时只有14.26%，但是对应市值在最高时放大了800倍。”②

在央企层面，“混合所有制”也不乏成功案例。作为国内的医药销售巨头，

---

① 中共中央，《中共中央关于全面深化改革若干重大问题的决定》，2013年。

② 王晓红、姜业庆，《国资委为何看好中联重科混合所有制改革——中联重科混合所有制改革“样本”解读》，《中国经济时报》，2014年3月14日。

国药集团的利润创造能力却与其市场地位相去甚远。2003 年 1 月，国药集团与上海复星医药集团共同成立国药控股有限公司，迈出了混合所有制改革的第一步。国药控股成立后，按照上市公司的要求严格调整公司的法人治理结构，花大力气在决策机制、管理方式及激励机制等方面积极探索、聘用了多名外部董事。改革的努力为国药换来了新的发展机遇，公司战略更加清晰，并购整合的效率逐步显现。2009 年国药控股营业收入由成立之初的 81 亿元增长到 471 亿元，迅速占据国内医药流通第一位；利润更是从不足 1 500 万元增长到 8.5 亿元。2009 年 9 月，国药控股在香港上市，市值达到 600 亿港元。目前，国药控股已是中国最大的药品、医疗保健产品分销商，市值名列全球医药分销企业第四位。

正如硬币的两面，在国有资本与私人资本、海外资本进行联合的过程中，人们对于混合所有制下国有资产流失、利益输送、治理僵局的质疑和非议从来就没有停止过。在党的十五大关于国有企业改革提出“所有制经济共同发展、公有制实现形式多样化”等方针后，国有企业开始大力推行股份制改造、建立现代企业制度。但由于相应政策的缺乏、市场机制的不完善，特别是缺少科学的市场化定价依据，在股份制改造过程中出现了一定的不合规、不合理现象，造成了国有资产的流失。最常见的情况就是对土地、房产等有形资产部分按原购入价评估；对专利、商标、商誉、品牌等极具价值和增值潜力的无形资产不予评估；还有的甚至将公有财产无偿量化给管理层和职工。同样的质疑也出现在金融企业的股份制改造和上市过程中。2004 年，在获得国家外汇储备注资后，中国银行和中国建设银行先后完成股份制改造。但此后，一路风光的国有银行上市历程却颇多坎坷，以中国建设银行为例，为引入先进的管理运营模式，提高竞争力，保证 IPO 过程中能够获得国际资本市场投资者的认可，2005 年 6 月到 8 月，建设银行分别引入美国银行、淡马锡两家海外战略投资者，其中美国银行以 25 亿美元购买建行 9% 的股份；新加坡的淡马锡控股则斥资 14 亿美元购入建行 5.1% 的股份，对应市净率分别为 1.15 倍和 1.19 倍。2005 年 10 月，建设银行成功登陆港交所，发行价格 2.35 港元/股，对应市盈率 1.96 倍。尽管两家战略投资者的提前加入为建设银行后续发行上市的成功提供了支持，但也不可避免地引发了社会对于国有银行“贱卖”的大讨论。尽管多数企业家、学者、专业人士试图从不同角度进行解释，却始终难以平息人们的质疑，巨大的压力伴随着四大国有银行改制与上市的全过程。

（二）“混改”，话题再起

2014 年 2 月，中石化公开宣布将在其油品销售业务板块进行混合所有制改革，在其公布的计划中，中石化将在审计评估的基础上对该项业务进行重组，引入社会资本参股、实现混合所有制经营，并按照市场化、规范化、专业化的思路完善治理结构和体制机制。9 月 14 日，中石化宣布油品销售公司完成引资工作，25 家境内外投资者认购油品销售公司 29.99% 的新增股权，引资规模达到 1 070.94亿元人民币，对应该公司的估值为 3 571 亿元。25 家新进投资者涉及基金、保险、投资、医药、物流、互联网等众多领域，复星、大润发、腾讯、海尔等明星投资者也赫然在列。中石化率先打响的本轮央企“混改”第一枪究竟会走向何方？社会投资者的介入，究竟能在多大程度上帮助国有企业在产业经营和企业管理上实现“混改”的初衷？社会资本是否只是通过参股、上市实现财务收益？这些疑问都还需要今后的实践来解答。

“混合所有制”在最基本的意义上是企业的一种资本组织形式，即不同所有制经济，既包括公有制经济又包括非公有制经济，按照一定原则实行联合生产或经营的经济行为。但在不同层面上，“混合所有制”还能有更为丰富的解读。

首先，混合所有制是在中国经济面临转型升级的压力、改革进入深水区的特殊时期对于基本经济制度的最新改革方向。正如习近平总书记所指出：“提出要积极发展混合所有制经济，强调国有资本、集体资本、非公有资本等交叉持股、相互融合的混合所有制经济，是基本经济制度的重要实现形式，有利于国有资本放大功能、保值增值、提高竞争力。这是新形势下坚持公有制主体地位，增强国有经济活力、控制力、影响力的一个有效途径和必然选择。”

其次，在操作上，混合所有制要解决的是国有企业改革的问题，其初衷是希望能够把国有企业的资本雄厚优势和民营企业的机制灵活优势集中到一起，使各种所有制经济优势互补、融合发展，实现资源有效配置、生产力要素优化组合以及多种资本优势的充分发挥。在这个意义上，“‘混合所有制’的关键不是在‘混’，而是在‘合’，要发挥国资的优势，也要发挥民资的优势，通过两种优势的叠加使大家的优势在协同创新、改革等方面发挥各自的优势。”

同时，“混合所有制”也是公司治理的改革。“混合所有制”不能只理解为怎么分一堆财产，也不仅仅是股份卖或者不卖，更重要的是在“制”字上，其实质就是公司治理。混合所有制的关键在于法人治理结构的真正完善，尽管很多企业现在已经变成了混合所有制，实现了投资主体多元化，但是混合所有制的关键不在持股主体的多少，而在于资本是否能够发挥现代企业的作用。现代企业制度的建立要靠法人治理结构的完善，混合所有制建立的过程实际上就是把法人治理结构真正完善的过程。尽管现在有些公司已经建立了法人治理结构，已经是股份制企业甚至是上市公司，但是在实际运营过程中，并没有真正实现现代企业制度。股东会、董事会、监事会都没有发挥作用，总经理的聘任也并不是从社会上招聘的，并不一定是最有能力的人担任总经理。只有通过混合所有制的建立，健全法人治理结构，完善企业制度，企业才能够发挥应有的作用。

抛开理论上的探讨，对于企业来说，能够通过“混改”进一步建立现代企业制度、完善公司治理机制，并通过不同性质的资本在产业上的碰撞、磨合直至融合，实现企业特别是国有企业在体制机制和经营管理体系上的升级和再造，使企业回归市场竞争主体的本来角色，而不因所有制因素制约企业行为和企业功能的发挥，也许才是最为现实的意义。

（三）到资本市场去

以上关于“混改”的理解，已不难在观念上形成共识。但在我国目前国有经济占比较大的现实情况下，针对国有资产进行的“混改”，如何能够确保企业获得混合所有制下良好的预期运行效果？如何在操作上确保“混改”措施的完美落地？对此，我们认为，在未来“混改”的推进过程中，应将主战场放在资本市场。否则，脱离了资本市场的“混改”，将很容易陷入为混改而混改或借混改之名谋私利的境地，“混改”所期望达到的在多种所有制股东背景下企业良好运行、资本高效运转状态也终会落空。

“混改”从微观层面上看就是要在国有企业中引入不同所有制性质的股东，改造国有企业原有的法人治理结构和运行机制。在所有权与经营权分离的现代企业制度下，使企业在股东会、董事会和经理层等各个方面引入更为完善的激励与约束机制，形成良性的委托与代理关系，注入非国有资本的活力和创造力。通过国有资本与非国有资本的共存共融，使企业能够摆脱资本瓶颈的制约、体制机制的束缚，从而在全球开放与复杂多变的市场竞争中专注于谋求竞争优势，最终为国有与非国有等各类社会资本获取理想的增值回报。但这也客观上给“混改”在操作上带来了深层难题。“混改”在微观层面上希望达到的预期效果，是在企业大小股东、新老股东的长期利益平衡中形成的。而在产业与市场环境波动的情况下，这种利益平衡的形成往往需要经过重复博弈，这就需要一个僵局的快速解决机制，使所有权层面的利益平衡迅速趋向均衡，避免所有权层面的治理僵局在经营层面对企业运行带来伤害，确保“混改”后的企业具有长效稳定机制。

从国有企业的现实分布特点看，以中央企业为主体，我国国有资本主要分布在国民经济的若干基础性、关键性领域，如基础公共服务领域（电信、民航等）、基础工业制造领域（矿产资源、机械制造等）或兼而有之（能源领域的石化生产和油品销售等）。其中，基础公共服务领域的特点是终端需求稳定而且强劲、业绩持续稳定或稳定增长，这是由中国庞大的人口基数和不断提升的需求质量所决定的。而基础工业制造领域总的特点则是受经济短、中、长各类周期的影响大，企业业绩波动性大。这样的产业分布特点决定了在我国国有企业进行“混改”操作的过程中，企业多元股东利益的长期平衡问题，或者说多元主体重复博弈下的利益均衡问题将更加突出和难以协调。在基础公共服务领域的“混改”过程中，由于终端需求稳定而且强劲，参与“混改”的企业或资产业绩持续稳定或持续增长，在引入非国有的多元股东过程中，公允定价问题和公平准入问题将成为关注的焦点。如何使全社会在这两个问题上凝聚最大共识，避免企业因“混改”陷入国有资产流失和涉嫌利益输送的舆论泥沼，是这类企业所要面对的最大问题。而对于基础工业制造领域的企业来说，由于参与“混改”的企业或资产具有强周期性、业绩起伏波动大，除了在引入多元股东时存在公允定价和公平准入等问题外（在处于市场低谷时这两个问题可能并不突出），其最大的问题在于“混改”完成后企业运行期间的利益分配机制问题和僵局解决机制问题。当企业面临产业与市场环境大起大落、经营业绩剧烈波动时，多元股东利益的长期平衡将很难达成。尽管这种基于对商业利益或风险的不同判断带来的僵局往往会通过公司治理问题、企业文化冲突等形式表现出来，但其根本原因还是在于多元利益主体难以在重复的动态博弈中达到均衡，而这种非均衡状态的持续也将不可避免地在经营决策层面影响企业的持续稳定运行，最终损害各方股东追求资本增值的根本利益。

面对在推进过程中可能遭遇的问题，“混改”在操作上需要一整套相对成熟、为全社会所接受的制度安排做支撑。而在目前的现实环境下，只有资本市场能够为此提供一套相对最优的制度选择。首先，在全国性的公开资本市场，任何股权或资产都可以通过大范围的询价机制获得公允的定价，资本市场中的交易也相对公开、透明、合理，投资者能够通过投资平等的参与改革的过程。因此，资本市场的价格发现机制，是在实现混合所有制的定价过程中最合理也是最能被各方接受的途径。其次，资本市场的流动性为混合所有制下的各投资主体提供了一个公允、便利的退出通道，使得股东既能“用手投票”也能“用脚投票”，这样的机制安排有助于法人治理结构真正在公司经营中发挥作用。有不同意见投资主体可以以市场公允价值退出，企业也可以引入认可度更高的股东，不至于因治理僵局影响经营效率，从而达到动态博弈中的均衡状态。

相反，“场外”的“混改”，由于在公允定价、公平准入、利益分配和僵局解决等问题上缺乏形成最大共识的机制，很难使“混改”达到预期的长期稳态效果。其结果要么是“混改”时社会对“定向让利”的质疑不断，要么是“混改”后国有与非国有资本难以在利益博弈中达到均衡，迫使其中一方退出走人，使企业再次回到非混合所有制的状态，从而偏离改造企业的法人治理结构和运行机制、引入更为完善的激励与约束机制、形成良性的委托与代理关系、注入非国有资本活力和创造力等“混改”初衷。实践中的探索也佐证了场外“混改”在操作中的这种困境。在具有强周期特点的基础工业制造领域，以某国有大型矿业公司以往与民营资本的投资合作实践为例，在 2002 ~ 2003 年的山西焦炭增资合作项目中，当产品价格持续高涨时，民营股东撕毁合资协议，国有资本被迫悉数退出；而在 2005 ~ 2007 年的贵州铁合金收购合作项目，产品价格和公司业绩波动，加之环保和安全投入加大，国有和民营股东在利益分配和僵局解决上分歧巨大，结果是国有资本对企业剩余股权悉数收购，民营股东全面套现退出。

当然，理论上的探索并不能完全代替现实。2007 年，顶着“亚洲最赚钱公司”的中石油风光登陆 A 股市场，开盘价达到令人咋舌的 48.62 元/股；如今，当彼刻的喧嚣散场，中石油的股价徘徊在不到其发行价零头的 8 元/股左右时，留给市场和社会的只能是一声叹息。而在这其中，由于一、二级市场高达近 3 倍的发行价差，使得众多散户投资者成为损失最为惨重的群体。可见，由于目前国内资本市场自身仍存在诸多需要完善的问题，客观地说，当前我国的资本市场距离能够胜任“混改”主战场的资本市场来说还有相当的距离，现在就断言借助资本市场进行“混改”就一定能够取得预期中的成功也为时尚早。“打铁仍需自身硬”，中国的资本市场要想担起“混改”的千钧重担，需要大的决心和力气进行自我变革、自我完善，解决长久以来为人诟病的发行机制问题，以切实保护中小投资者利益，提振市场公信力和市场吸引力。唯有如此，才能使资本市场真正成为“混改”的主战场。

五、中国式“整体上市”

（一）“新中信”来了

2014 年 3 月 26 日，中信集团下属的香港上市公司中信泰富（00267. HK）停牌。次日，中信泰富正式对外发布公告：与控股股东中信集团签署框架协议，将以现金及配售新股形式收购集团旗下主要业务平台“中信股份”100% 股权，标的公司股东权益高达 2 250 亿元。本次收购于 2014 年 8 月完成，中信泰富以 173 亿股股票及 425 亿元人民币现金作为对价支付给中信集团，并更名为“中国中信股份有限公司”。[①] 同时，公司还通过配售成功引入了包括社保、淡马锡等境内外27家投资者，融资资金总额达532.7亿港元，此举使得公司的公众持股比例达到约22%。

中信股份于2014年9月1日在港交所正式开盘交易，这标志着中信集团成功完成了整体借壳上市！这家横跨50多个产业的大型企业集团，在2014年的春天，以这样的方式挑战了一下资本市场的想象力。中信集团创建于改革开放伊始的1979年，目前已发展成为一家金融与实业并举的大型综合性跨国企业集团，所涉金融行业包括银行、证券、信托、保险、基金、资产管理等，实业领域包括房地产、工程承包、资源能源、基础设施、机械制造、信息产业等。2009年以来连续5年入选《财富》世界500强，2014年名列第160位。

中信集团整体上市谋划已久，2011年12月，中信集团以绝大部分经营性净资产出资发起设立中信股份。中信股份直接控股32个一级子公司，旗下有至少10家上市公司，包括金融领域的中信银行（601998.SH、0998.HK）和中信证券（600030.SH、6030.HK）两家A+H上市公司；三家香港上市公司中信泰富（0267.HK）、中信资源（1205.HK）、亚洲卫星（1135.HK）；两家A股上市公司中信重工（601608.SH）和中信海直（000099.SZ）等等。截至2013年年底，中信集团总资产达42 997亿元，净资产2 719亿元，全年实现营业收入达到3 751亿元，净利润378亿元。[②]

中信集团的整体上市拉开了党的十八届三中全会后国有企业混合所有制改革的序幕，也再次将“整体上市”这个极富中国特色的名词带入人们的视野。中信集团整体上市交易架构[③]如图3－1所示：

---

① 扬帆出海　缔造新中信，《经济导刊》，2014年第11期。

② 资料来源：2014年4月16日，中信泰富公告《非常重大的收购事项及关联交易》，第30～31页。

③ 同上，第25～27页。

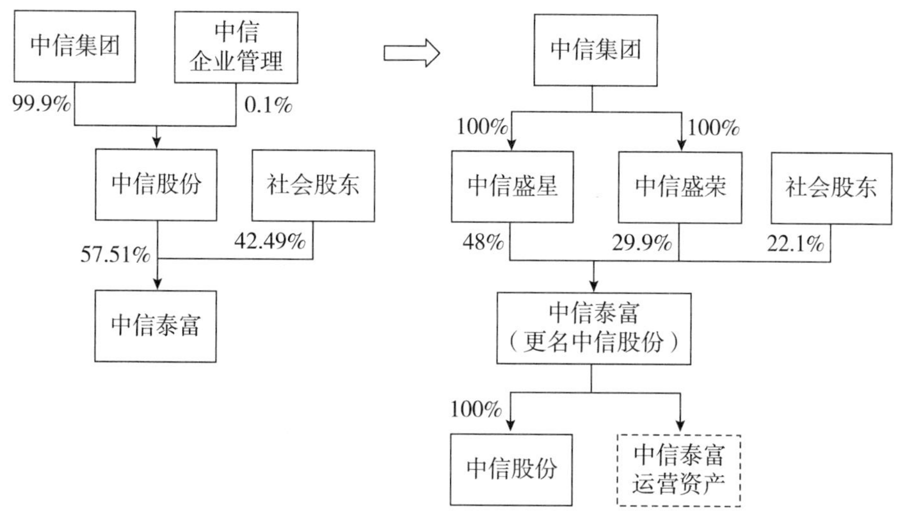

图3－1 中信集团整体上市交易架构

（二）“整体上市”

2006年12月18日，国资委发布《关于推进国有资本调整和国有企业重组的指导意见》，要求推进国有资本向重要行业和关键领域集中，并大力推进国企改制上市和整体上市。“整体上市”，这个颇具时代感和中国特色的名词迅速成为市场热词。《指导意见》出台后，国资委多次强调并进一步推动中央企业的整体上市，一方面，鼓励已经上市的国有企业通过增发、反向收购等方式，将主营业务资产全部注入上市公司实现整体上市；另一方面，鼓励未上市的国有企业引入战略投资者，整体将资产或主营业务资产的优良部分上市。对于已经实现主营业务整体上市的企业集团，国资委建议其逐步消化其存续企业及集团母公司，最终形成单一上市公司，并再次通过境外加境内（即A＋H）模式实现整体上市。希望通过国有资产的证券化，提高国有资产的流动性，从而便于国有资产通过资本市场进行调整，实现保值增值。

整体上市是相对于中国资本市场之前普遍存在的企业拿出部分资产分拆上市的状况而言的，是指将企业集团全部资产或全部经营性资产纳入上市公司，从而使企业集团全部资产实现证券化的过程。整体上市问题是在我国资本市场新兴加转轨的特殊历史时期形成的。在我国资本市场建立和发展的初期，市场规模较小，同时主要定位为国有企业脱贫解困，加之企业自身资产质量等客观现实问题的存在，使得国内大部分企业在上市时都采取了分拆上市的方式，将大股东资产中很小的一部分或只是将某个生产环节拿来上市融资。在发展初期，分拆上市的模式有效地推动了我国资本市场的发展，缓解了上市公司的资金需求，提高了上市公司的管理水平。但随着我国资本市场的进一步发展，分拆上市的弊端也逐渐显现出来。由于上市公司控股股东资产二元结构（上市资产与非上市资产）的存在，导致大股东与上市公司之间存在大量的关联交易，上市公司违规为控股股东担保、控股股东违规挪用上市公司资金等现象也大量存在，上市公司沦为大股东的提款机，损害了上市公司和流通股东的利益。在此背景下，整体上市提上议事日程。在我国资本市场的发展历程中，整体上市大致经历了以下三个时期：①

第一时期大约在1994年以前，这一时期的基本特征是未经改制的整体上市。这一阶段的整体上市虽说是完全的整体上市，但却是一种未经任何剥离的整体上市。上市资产不仅包括不良资产，大量的非经营性资产也被网罗进了上市公司，以至于上市公司仍然像传统的国有企业一样承担了大量的企业办社会工作，严重影响了上市公司的经营管理和经济效益。在深交所的一份关于中国证券市场实证分析的研究报告中写道："由深沪两地本地股的上市时间可以看出，本地股的上市时间比较早，主要集中在1997年之前。而在1994年之前上市的公司基本是采

① 张爱军，《从分拆上市到整体上市：中国资本市场的制度创新》，首都师范大学硕士论文，2007年3月，第10~12页。

取整体上市的形式直接上市的，它们的非营利性资产比重比较大，同时由于上市时间比较早，因此所属的行业主要是传统行业。这是导致两市本地股业绩近年来下滑的根本原因。”这段时期，未经改制的整体上市的多家公司有凤凰股份、莱英达、马钢股份等。1994 年上市的马钢股份由于选择了整体上市，当时净资产规模达到 120 亿元，所有生产环节和非经营性资产都包括进去了。正是因为大而全的资产结构，给马钢留下了很大的后患：资产质量不高，企业负担沉重。整体上市涵盖了 4.5 万名员工，加上工艺装备老化，由此带来的直接后果是劳动生产率低下。同时，非经营性资产降低了资产回报率，非经常性损益吞噬了很大一部分利润。

第二时期主要是在 2000 ~ 2003 年上半年，这一时期的整体上市突出强调生产性资产的整体上市，保证上市公司能够独立运行，减少上市公司与控股公司发生关联交易的潜在可能，使上市公司的经营更多地面向市场，更有效地利用社会资源。但在这一阶段，分拆上市取代整体上市成为主流，整体上市只是一种探索性的工作。这段时期不时出现的整体上市案例，一般具有较为明显的行业特点，例如金融行业的浦发银行、华夏银行，航空业的上海航空等。同时，这一时期整体上市的公司还呈现出明显的两极分化，不是大盘股或超级大盘股（例如招商银行），就是股份制改造较为彻底的民营控股小盘股或科技股。长安汽车是国内第一家从发动机到整车组装等核心资产都整体上市的汽车企业；福田汽车相对于控股股东单位资产完整，拥有独立的业务，独立的生产、采购、销售系统，独立运作管理。2002 年上市的招商银行，2003 年上市的南方航空、华夏银行都实现了整体上市。2002 年 11 月上市的信雅达，是一家总股本为 5 846 万股，流通股只有 1 800 万股的高新技术股，也是一家直接股东和间接股东全部为自然人的整体上市股。

第三时期是从 2003 年下半年至今。这一时期的整体上市是以相关上市公司的重组改制为基础，强调整个产业链或相关资产的完整性和独立性，实现母子控股型上市公司的整体上市。由于这一系列整体上市的行动都是以相关上市公司的重组改制为基础，对于大面积存在的母子控股型上市公司具有“牵一发而动全身”的意义。2003 年国务院国资委成立后，积极推动中央企业重组改制并整体上市。同时，证监会为解决上市公司的同业竞争和关联交易问题，也积极支持企业集团的整体上市。2003 年下半年以来，先后有 TCL 集团、武钢集团、宝钢集团、鞍钢集团、上港集团、长江电力、中国卫星、西飞国际、上汽集团等公司实施了整体上市，资本市场也形成了整体上市概念板块，受到投资者的广泛关注和热烈追捧。

在我国资本市场整体上市的实践中，形成了以下几种典型的模式：一是吸收合并模式。即企业集团母公司完成股份制改造后吸收合并掉上市子公司（收购或换取其全部股权），并安排整个企业集团“首发”上市公开募股。在操作上分为“改制”、“吸收合并”、“首发”三步措施，或将“首发”和“吸收合并”合二为一，在改制完成后，采取一并完成“首发”连同“吸收合并”的上市方案，原上市子公司下市。这种模式通常要求企业集团母公司具有较强的经营业务和较大的产业规模，能够吸收合并规模相对较小的上市公司，典型案例如 TCL 集团整体上市。二是定向增发模式。对于主业资产和辅业资产都非常庞大的企业集团，通过安排上市子公司反向收购母公司的全部主业资产来实现企业集团整体上市，而辅业资产则留在上市公司之外。这种模式可简单归纳为“增发流通股 + 定向增发法人股 + 资产收购方式”，典型案例如武钢集团整体上市。三是并壳上市模式。对于同属一家企业集团两家或两家以上的上市公司，并且业务类似或具有上下游产业链业务关系，可以通过相互之间的吸收合并或新设合并，实现企业集团内部整体上市。这种模式可简单归纳为“上市公司之间吸收合并”，典型案例如百联集团整体上市。四是企业集团改制完成后直接公开募股整体上市。对于主业明确又集中的集团公司来说，可以先对少量非经营性资产和不良资产进行适当处置，并进行投资主体多元化的股份制改造，然后就直接“首发”上市公开募股。五是在香港公开募股上市。通过红筹架构或者其他方式整体上市，典型案例如中国移动、中信集团等。

第四章　顶层设计：对接市场的理性抉择

不同于单个企业，企业集团对接资本市场并不是简单的一次性过程，而是要经过不断的进退反复达到最优的长期过程。企业集团上市顶层设计就是企业集团对其上市架构进行理性选择和动态调整的过程，这一过程需要在适应性原则下进行相机抉择。

一、单分之选：顶层设计的静态选择

（一）整体与部分

整体上市问题是企业集团特有的问题，因为对于单一大企业来说只存在上市或非上市的问题，而不存在整体还是部分上市的问题。由于企业集团是法人的联合体，无论是母公司、子公司，还是层级更低的成员企业，企业集团的每一个成员企业在法律意义上都有可能成为上市主体，因而企业集团在对接资本市场的过程中会面临更多的选择，在资本市场平台架构上会呈现出不同的形态。在这一问题上，由于境外资本市场发展得早，很多企业在发展的早期，一旦具备上市条件就会登陆资本市场，并借助资本市场不断发展壮大。因此，除非分拆上市或因并购归入上市公司，一般大企业都是采取单平台架构。而我国资本市场发展较晚，许多大型企业集团的成长先于资本市场的发育。当这些企业集团需要对接资本市场时，往往已是庞然大物，因此，资本市场平台架构选择问题在国内更为突出。

与整体上市问题相关联的概念是企业集团的资产证券化率水平。所谓资产证券化率，指的是企业集团的全部资产中以标准化、可流通的证券形式存在的资产所占的比例，或者简单地说，是已进入上市公司资产所占企业集团全部资产的比例。从这个角度看，企业集团的整体上市，即企业集团将全部资产或全部经营性资产纳入上市公司，其实就是企业集团的资产证券化率达到或接近100%。与整体上市相对应的是部分上市和非上市，部分上市指的是企业集团部分资产实现了证券化，可以是控股或参股一家上市公司，也可以是控股或参股多家上市公司。总之，部分上市的企业集团没有彻底地完成资产证券化或资产证券化率水平没有达到一定的标准。非上市的企业集团则完全没有进行资产证券化，即资产证券化率为零。

另一个与企业集团整体上市相关的概念是企业集团母公司上市，这里的母公司指的是企业集团整体改制完成后的准上市平台。例如，中国五矿集团公司（五矿集团）2010年完成整体改制，发起设立中国五矿股份有限公司（五矿股份），五矿集团98%的资产进入五矿股份，这里将作为准上市平台的五矿股份而不是五矿集团视为企业集团的母公司。在这种情况下，企业集团整体上市与企业集团母公司上市两个概念既有联系也有区别，企业集团母公司上市只是企业集团整体上市的一种，即使企业集团的母公司不上市，而是将主要子公司分别上市，只要企业集团的资产证券化率达到足够高的水平，也可以视为企业集团完成了整体上市。

（二）单平台、分平台

尽管资本市场平台架构问题主要针对的是整体上市的企业集团，但部分资产证券化率较高的部分上市企业集团也会遇到这一问题。企业集团在资本市场中呈现出的平台架构抽象出来大致有以下 5 种：

1. 纯粹单平台

如图 4－1 所示，整个企业集团只有 1 家上市公司，各级控股子公司都不具有上市地位。这是一种高度集中的单平台模式，母公司是唯一具有资本市场股权融资等相关功能的主体，GE 公司（NYSE：GE）就是纯粹单平台架构。

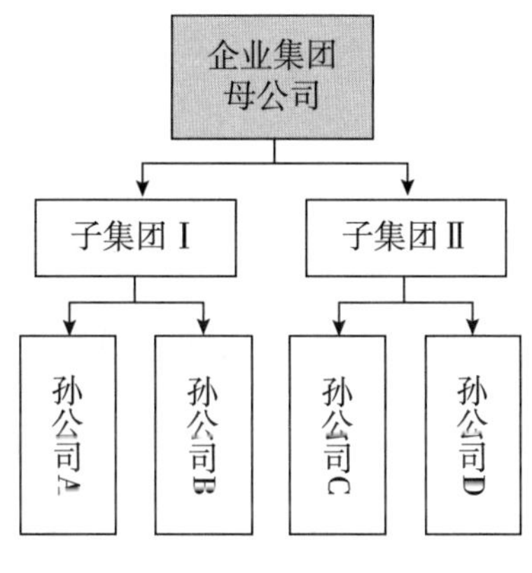

图 4－1　纯粹单平台

2. 有限单平台

如图 4－2 所示，在整个企业集团的范围内，除了母公司是旗舰上市平台外，少数具有业务相对独立或具有鲜明特点、符合市场热点的子公司也是上市公司，但资产规模在企业集团的总体占比不大。例如中交集团，旗下不仅有中国交建（601800.SH）这一旗舰平台，还有控股上市公司振华重工（600320.SH）。

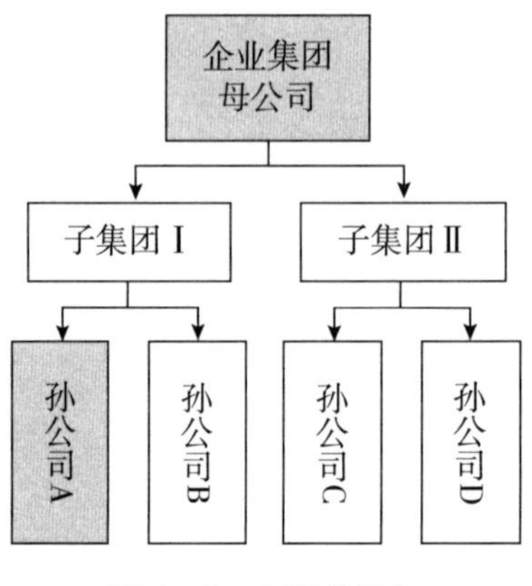

图4－2　有限单平台

3. 有限分平台

如图4－3所示，企业集团的上层母公司不上市，以关联度较高或纵向一体化的二级子集团或更低层级的成员企业为上市主体，打造若干主力上市平台，并借此在资本市场开展融资与并购重组等运作。华润集团就是典型的有限分平台结构，其金融、消费品、水泥、医药、地产等业务都有相应的成员企业作为上市平台。

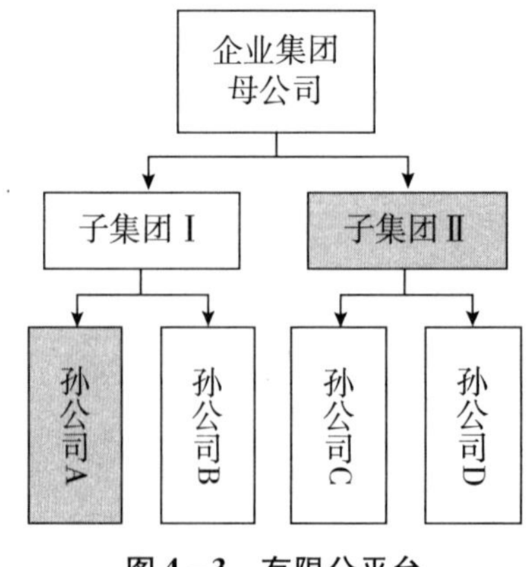

图4－3　有限分平台

4. 纯粹分平台

如图 4 –4 所示，企业集团范围内，母公司与二级公司均不是上市公司，而上市公司全部位于组织结构的较低层级，可能是以产品细分的生产单位，也可能是按照产业链划分的专业化经营企业。其股权资本的筹集、资本市场事务以上市公司为主体垂直下沉。采取纯粹分平台上市的案例实践中比较少见，多数是与有限分平台结合。

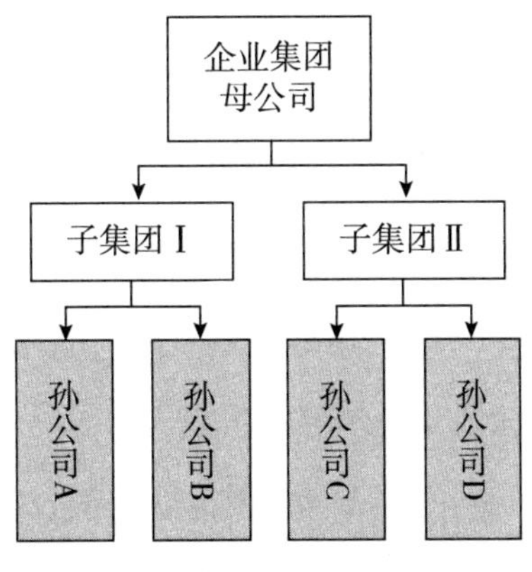

图 4 –4　纯粹分平台

5. 双层上市模式

如图 4 –5 所示，在有限分平台基础上，母公司作为控股公司上市。此时控股母公司的上市地位仅是用以筹集核心资本，管理股权资产，各上市平台仍是业务发展的旗舰平台。在中信股份完成借壳上市后，中信就在一定程度上形成“双层上市”。

在以上 5 种企业集团整体上市的典型架构中，如果从传统意义上的单、分平台角度区分，毫无疑问，纯粹单平台和有限单平台属于单平台，纯粹多平台与有

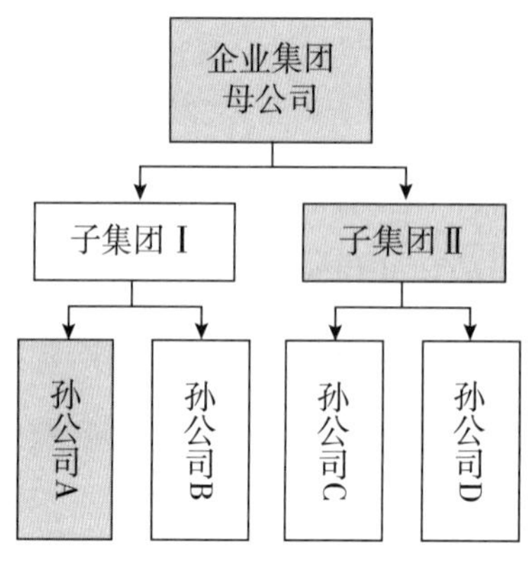

图4－5　双层上市

限多平台则属于分平台。但对于“双层上市”架构，尽管母公司是上市公司，但是企业集团主要经营资产已经进入二级子集团上市平台或更低层级的上市平台，各上市平台在业务经营、日常管理、投融资等方面具有较高的自主权，母公司仅作为控股公司根据股权关系在公司治理的框架下对下属上市平台进行管理。在这种情况下，除了母公司的身份变成上市公司外，“双层上市”架构与有限分平台架构并没有本质区别，因此，也应被看作是一种分平台架构。例如，中信集团整体上市后，尽管中信股份取得上市地位，但在其旗下仍有多达9家上市公司。其中，中信银行就是已上市公司。在银行业务和资产管理方面，中信股份只是按照上市公司治理程序，以所持股比享有股东投票的权利来参与中信银行的重大决策。因此，中信集团的整体上市架构更接近于分平台性质的“双层上市”架构。

综上所述，区分单平台与分平台架构的标准，本质上是要看企业集团核心经营性资产的产权关系与管理关系，而并非母公司是否具有上市地位。如果企业集团的核心经营性资产都已经随各级子公司上市而进入上市公司，控股型母公司即使上市，也只能看作是筹集核心资本与管理下属上市公司股权的一个操作平台，并非主持集团业务、资产、经营管理的旗舰平台。

二、进退时机：顶层设计的动态调整

（一）书写商业史的阿里

2007 年 11 月，阿里巴巴网络有限公司在香港联交所挂牌上市，股价一度飙涨至 41.8 元/股，为挂牌价的三倍，赢得“香港新股王”的称号，风头一时无二。

仅仅不到 5 年，2012 年 2 月 21 日，阿里巴巴集团宣布，向旗下港股上市公司阿里巴巴网络有限公司董事会提出私有化要约，以每股 13.5 港元的价格回购上市公司约 26% 的股份，将上市公司退市。2012 年 6 月，阿里巴巴网络有限公司正式从香港联交所退市。

2014 年 5 月 6 日，阿里巴巴集团向美国证券交易委员会（SEC）递交 IPO 申请，计划在纽约证券交易所或纳斯达克全球市场整体上市。9 月 19 日，阿里顺利登陆纽交所，融资额达到 218 亿美元，超过社交网络巨头 Facebook、VISA，成为美国市场有史以来融资规模最大的公司。此后阿里的承销商更实施“绿鞋机制”，将最终融资规模推高至 250 亿美元，超越中国农业银行在 2010 年上市时创下的 221 亿美元纪录，问鼎全球资本市场最高融资额。

阿里巴巴一连串令人头晕目眩的资本操作，一如这个电商帝国旋风般的崛起，出人意料、令人惊叹。但在资本市场，这样的表演却绝非个别行为，几乎每天都有这样的戏码在上演，貌似疯狂却充满了资本市场特有的逻辑。

（二）形态与行为

我们知道，企业集团总是以某种形式与资本市场产生联系，可能是旗下一家企业参股某家上市公司，也可能是母公司控股几家上市公司；可能是企业集团单平台整体上市，也可能是企业集团分平台整体上市。当然，非上市状态也可以看作是企业集团与资本市场产生联系的一种特殊形式。但无论如何，在任一时点上，企业集团与资本市场的联系状态是特定的，只能是非上市、部分上市和整体上市三种形式必居其一。我们把某一时点企业集团与资本市场的联系状态称为企业集团在特定时点的资本市场形态。

企业集团的资本市场形态是某一时点下的状态，某一特定的资本市场形态也可能在某一时间段内得以保持。例如，企业集团中由母公司控股的某一上市公司，自上市以后再没有发行股份融资或购买母公司资产，母公司也没有增持或减持其股份，母公司其他未上市资产没有发生重大变化且没有再单独上市，则母公司对该上市公司的持股比例保持不变，也没有新增其他上市平台。在这种情况下，尽管在这一时间段内，该上市公司的资产情况可能发生了较大变化，但就企业集团与资本市场的联系看，该企业集团的资本市场形态并没有发生改变。企业集团在某一特定的资本市场形态下的持续时间可能很短，也可能较长，长达数年的也不少见，但总体上来说仍然是一个相对有限的时间段。企业集团的资本市场形态通常不会是一成不变的，企业集团往往会随着内外部环境的变化去不断调整它的资本市场形态。例如，对于非上市企业集团，母公司可以将旗下企业上市或进行整体上市，使企业集团的资本市场形态由非上市变成上市；再如，母公司控股的上市公司可以通过发行股份收购母公司未上市资产，使企业集团的资本市场形态从部分上市变成整体上市；整体上市的企业集团也可以通过分拆上市，将其资本市场形态从单平台整体上市变成分平台整体上市等。

企业集团改变其资本市场形态主要是通过资本市场行为实现的，资本市场行为是企业集团与资本市场产生联系的方式，其中既包括企业集团已上市部分与资本市场其他主体的互动关系，也包括企业集团未上市部分与已上市部分，以及未上市部分与资本市场其他主体的互动关系。广义资本市场行为是企业集团与资本市场进行联系的一切操作或事件；狭义资本市场行为是指能够改变企业集团资产证券化水平，或改变企业集团对已上市部分资产的持有比例或持有结构的操作或事件。常见的狭义资本市场行为有：上市或退市行为，如首次公开募股（IPO）、母公司吸收合并控股子公司实现上市、母公司私有化控股上市公司等；融资行为，如企业集团内某上市公司公开发行新股融资、配股融资、定向增发融资等；资产重组行为，如控股上市公司发行股份收购母公司非上市资产、母公司购买控股上市子公司资产、企业集团内某上市公司分拆资产上市等；并购行为，如企业集团内某上市公司使用现金或股份收购外部资产等；其他行为，如企业集团内某上市公司控股股东增持或减持该上市公司股份等。广义资本市场行为不仅包括上述狭义资本市场行为，还包括企业集团与资本市场进行联系的其他行为。例如，企业集团内某上市公司进行信息披露、投资者交流等行为，以及企业集团内某上市公司控股股东向上市公司派出董事，或母公司作为实际控制人对市场进行承诺、回应监管部门质询等行为。

尽管从严格意义上讲，企业集团也可以通过其他方式实现其资本市场形态的改变。例如，已实现分平台整体上市的企业集团，母公司在已有业务之外进行新业务培育并获得一定的业务、资产规模及盈利能力，此时该企业集团的资本市场形态由分平台整体上市转变为部分上市，而这种资本市场形态转变并没有通过资本市场行为实现。但资本市场行为特别是狭义资本市场行为是改变企业集团资本市场形态的主要手段，我们重点关注和讨论的资本市场行为也主要是狭义资本市场行为。企业的资本市场形态与资本市场行为之间的关系如图 4 –6 所示：

可以看出，理论上，在某一时点处于任一资本市场形态的企业集团都可以通过相应的资本市场行为转变为其他形态。例如，处于非上市形态的企业集团，可以通过增持上市公司股份或将部分资产上市转变为部分上市形态，也可以将全部

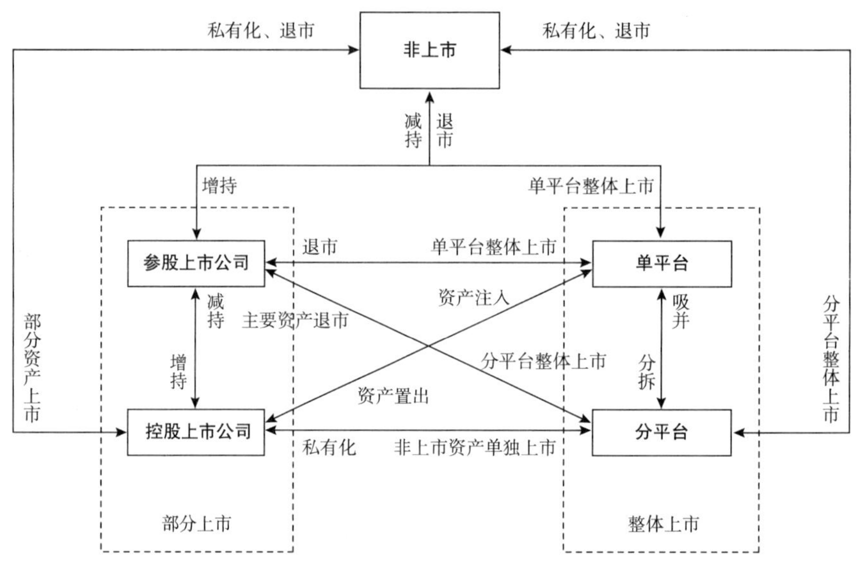

图 4-6　企业集团资本市场形态与资本市场行为关系

资产分平台或单平台进行整体上市。再如，母公司非上市的分平台整体上市企业集团，母公司可以将部分上市公司私有化转变为部分上市形态，也可以将全部上市公司私有化转变为非上市形态，还可以通过吸收合并主要控股上市公司实现单平台整体上市。

企业集团在资本市场上的活动，主要就是通过资本市场行为实现企业集团在不同资本市场形态之间的转变。例如，在阿里巴巴退市的案例中，阿里巴巴集团通过私有化操作，使上市子公司阿里巴巴网络成功退市，从整个集团角度看，其资本市场形态从部分上市转变为非上市。再来看一个稍微复杂点的案例，2013 年 6 月 19 日，广药集团公布其资产重组及整体上市方案，集团旗下上市公司广州药业以新增股份换股方式吸收合并另一家上市公司白云山 A，换股比例为 1∶0.95，白云山 A 退市，注销独立法人资格；同时，广州药业向广药集团发行股份作为支付对价，收购广药集团拥有或有权处置的房屋建筑物、商标、保联拓展100%股权、百特医疗12.50%股权，广药集团实现医药主业整体上市。在这一案例中，通过同时进行的两种资本市场行为，即广州药业新发股份换股吸并白云山A和广州药业新发股份收购大股东广药集团资产，广药集团的资本市场形态由部分上市变为单平台整体上市。

（三）时点与时机

企业集团在资本市场上的主要活动，从本质上来讲，都是企业集团通过某一资本市场行为，改变原有资本市场形态并形成新的资本市场形态的过程。但企业集团在资本市场上的任何活动并不是盲目的、随意的，而是处在一定的环境或条件的约束之下，以某控股上市公司收购母公司资产为例，拟注入上市公司的资产必须满足一定的政策、法规及盈利性要求，收购对价也必须获得非关联股东的同意；或是在某些环境或条件的驱动下进行的，例如，在市场繁荣、股价高涨的时期，很多企业会选择上市或进行再融资，以获得较好的融资效果。总之，在任何时点，企业集团总是处在某种特定的内外部环境及由此形成的各种约束条件之中，而这种环境或条件也会随着时间的推移不断改变。企业集团所进行的任何资本市场活动，都是在充分考虑和衡量这些环境或条件等因素之后的理性选择。当然，在任一时点，企业集团是否进行某项资本市场活动所需考虑的因素不止一项，而在不同时点，企业集团所需考虑的因素也不尽相同。如果我们把所有影响企业集团进行某项资本市场活动的因素组成的集合称为条件集，则企业集团在资本市场上的活动就是在条件集的约束下，通过理性选择，利用某一资本市场行为，改变企业集团原有资本市场形态的过程。

如果我们用 S 表示包含企业集团所有资本市场形态在内的形态集，变量 S^n 表示企业集团的在时刻 n 的资本市场形态，$S^n \in S$；F 表示包含所有资本市场行为在内的行为集，f 表示某一资本市场行为，$\mathrm{f} \in \mathrm{F}$；$\sigma$ 表示由一切影响企业集团选择进行某项资本市场活动的条件集，$\sigma=(\sigma_1, \sigma_2, \sigma_3\cdots\sigma_n\cdots)$，$\sigma_n$ 表示条件集中第 n 个条件的取值；集合 Ω 表示为包含条件集一切取值可能的集合，$\sigma^n \in \Omega$，其中 σ^n 表示条件集在时刻 n 的取值。在上述定义下，企业集团的资本市场活动可以示意性描述如下：

$$\begin{cases} t^1 \text{ 时刻，} \begin{cases} \sigma=\sigma^1, \ \sigma^1 \in \Omega \\ s=s^1, \ s^1 \in S \end{cases} \\ \downarrow \\ t^2 \text{ 时刻，} \begin{cases} \sigma=\sigma^2, \ \sigma^2 \in \Omega \\ s=f(s^1)=s^2, \ f \in F; \ s^1, \ s^2 \in S \end{cases} \end{cases}$$

上式表示，在 t^1 时刻，条件集 σ 取值为 $\sigma^1=(\sigma_1^1, \sigma_2^1, \sigma_3^1\cdots\sigma_n^1\cdots)$，即条件集中的第一个条件取值为 σ_1^1，第二个条件取值为 σ_2^1，第 n 个条件取值为 σ_n^1 等等，而此时企业集团处于 s^1 的资本市场形态下；而在 t^2 时刻，条件集 σ 取值变为 $\sigma^2=(\sigma_1^2, \sigma_2^2, \sigma_3^2\cdots\sigma_n^2\cdots)$，即条件集中的第一个条件取值为 σ_1^2，第二个条件取值为 σ_2^2，第 n 个条件取值为 σ_n^2 等，在新的条件集取值下，企业集团选择通过某一资本市场行为 f，将资本市场形态转变为 S^2。

通过以上体系的构建，企业集团在资本市场上的某一活动，就可以看作是企业集团根据某一时刻条件集的取值，对其资本市场形态进行选择以及为此采取相应资本市场行为的过程。这一过程可以从两个方面去认识：

从静态的角度看，这一过程是企业集团在某个时点上对其资本市场形态及相应资本市场行为进行的时点决策。由于条件集在任一时点都有一个取值，同时企业集团在这一时点也必然处于某一资本市场形态下。那么企业集团在这一时点上所要做就是在衡量条件集取值的基础上，做出是否要改变现有的资本市场形态的决策。如果不需要改变，则保持现有资本市场形态；如需要改变，则根据条件集取值状况确定目标资本市场形态，并采取相应的资本市场行为。尽管从理论上说，企业集团可以在任一时点就其资本市场形态进行时点决策，但企业集团在进行时点决策时，通常会考虑此时点后某一时间段内条件集的变化情况。如在此预期时间段内，条件集的取值情况与决策时点相比不会发生显著变化，则可以依据决策时点上条件集的取值状况决定是否改变企业集团的资本市场形态。因此，时点决策实际上是企业集团对其短中期资本市场形态的决策过程。在这一决策行为中，企业集团需要对两个问题进行决策，即企业集团内某一资产需不需要上市，以及企业集团应采取怎样的资本市场平台结构。

从动态的角度看，这一过程也是企业集团对条件集跟随时间的连续变化进行跟踪，并对其资本市场形态及相应资本市场行为进行相机抉择的过程。由于条件集是随时间连续变化的，条件集中每个条件都在时刻发生着变化。尽管并不是任何的条件变化都可以导致条件集的显著变化，但就长期而言，能够使条件集在整体上影响企业集团资本市场形态选择决策的显著变化是可能出现的。这样的变化可能来自条件集中某单一条件的重大变化，也可能来自多个条件的共同变化，还有可能来自由某单一条件变化引发的多个条件变化，总之，是能给条件集整体带来一定“度”的变化的条件变化。例如，企业集团战略重心的改变、业务结构的调整，以及产业周期、市场环境和监管政策的重大变化等。因此，相机抉择意味着企业集团的某一资本市场形态并非是一成不变的，而是需要根据条件集的变化进行动态调整；同时，企业集团也并非每时每刻需要对其资本市场形态进行时点决策，而是通过对条件集中的条件变化进行持续观察，评估条件集是否发生显著变化，再确定是否应对企业集团资本市场形态进行调整。如需进行调整，则再次对企业集团资本市场形态进行时点决策，即确定某一资产需不需要上市，以及企业集团应采取怎样的资本市场平台结构。时点决策与相机抉择的关系如图 4－7 所示。

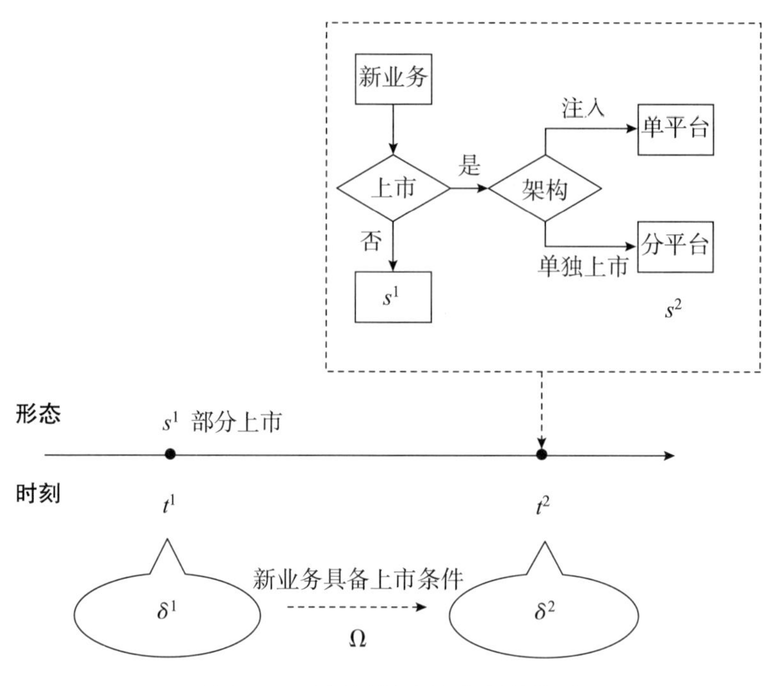

图 4－7　时点决策与相机抉择的关系

图 4－7 是以处于部分上市形态的某企业集团为例说明时点决策与相机抉择之间的关系。在 t^1 时刻，该企业集团母公司主要业务资产已进入旗下控股上市公司，母公司在上市公司之外培育的新业务不具备上市条件，该企业集团处于部分上市形态 s^2。经过多年发展，在 t^2 时刻，母公司培育的新业务已具备上市条件，即条件集取值由 σ^1 变为 σ^2 且发生显著变化。在不考虑其他影响因素的情况下，该企业集团进入时点决策。在时点决策过程中，该企业集团首先考虑是否将此新业务资产上市，如不需要上市，则该企业集团保持原有资本市场形态。如需要上市，则进入企业集团资本市场平台的决策问题。如选择单平台整体上市，则采取资产注入的方式将新业务注入控股上市公司；如选择分平台整体上市，则可将新业务资产进行 IPO，形成独立上市平台。无论何种选择，完成后该企业集团资本市场形态转变为整体上市形态 s^2。

其他情况也与之类似。例如，某单平台整体上市企业集团将部分资产进行分拆上市，在条件集的某一取值下，通过相机抉择，该企业集团进入时点决策。对于第一个问题，该企业集团确定没有资产需要退出资本市场；对于第二个问题，该企业集团选择分平台结构，同时可以确定应采取的资本市场行为为分拆上市；通过分拆上市操作，该企业集团将其资本市场形态由单平台整体上市转变为分平台整体上市。再如，某分平台整体上市企业集团将旗下一家控股上市公司私有化，在条件集的某一取值下，通过相机抉择，该企业集团进入时点决策。对于第一个问题，该企业集团确定部分资产需要退出资本市场；对于第二个问题，该企业集团选择保留分平台结构，同时可以确定应采取的资本市场行为是私有化该控股上市公司；通过私有化操作，该企业集团将其资本市场形态由分平台整体上市转变为部分上市。

（四）上市顶层设计的界定

通过对条件集、资本市场形态与资本市场行为的设定，我们可以将企业集团在资本市场上的活动抽象为在条件集约束下，企业集团对其资本市场形态及资本市场行为的时点决策和相机抉择。在上述概念体系下，我们进一步来看企业集团的上市顶层设计问题，这一问题的本质是企业集团与资本市场的关系问题，是企业集团整体资产在与资本市场进行对接的过程中，对其整体资产在资本市场上的形态及可能采取的资本市场行为进行预先谋划和统筹考虑的过程；不仅如此，企业集团还需对上述过程进行动态修正以适应条件集的变化。而企业集团整体资产在对接资本市场过程中产生的最直接的问题就是资本市场平台架构的选择问题，因此，企业集团的上市顶层设计问题也可以简化为：在条件不断变化的过程中，企业集团对其在资本市场采取的上市架构进行理性选择和动态调整的问题。

三、谋定后动：顶层设计的权衡要点

与任何理性选择问题一样，企业集团的上市顶层设计本质上也在成本—收益分析基础上进行慎重选择的问题。在企业集团上市顶层设计的过程中，成本—收益分析包括两个层次：首先，是对企业集团对接资本市场带来的正向收益是否能够覆盖因对接资本市场带来的相应约束及由此产生的成本进行分析，即企业集团通过上市从资本市场获得的融资规模、治理改进、价值提升、广告效应等收益，是否能补偿因上市带来的经营信息披露、外部股东博弈、严格的监管要求等成本；其次，企业集团对接资本市场的不同方式选择带来的各自成本与收益是否匹配等问题，即采取单平台结构或分平台结构是否会对企业集团既有的经营管理方式产生严重冲突等。在这一基于成本—收益分析的选择过程中，需要重点考虑的因素主要有企业集团内外部资本市场的替代问题、内外部治理的协调问题、资本市场操作成本问题以及路径依赖问题等。

（一）内外部资本市场替代

企业集团是多个法人企业的联合体，它是以资本为纽带形成的一种更大规模的一体化组织形式，是企业组织跨越单个法人边界的结果，是介于市场和企业之间的一个中间组织结构。这种组织在运行中既有市场体系中的交易方式，也有权威控制下的科层管理。企业集团的出现，实际上是在经济体内部构建了一种有组织的内部市场，以实现对外部市场的一种替代，在其成员之间进行资源配置，以节省交易费用。威廉姆森在《资本主义经济制度》中指出："在这种企业组织里（企业集团），集团总部将积极介入内部资源分配的过程，现金流量的分配也要根据各成员企业对投资的竞争而定，并非取之于谁，就用之于谁。"由此可见，企业集团内部的资源配置过程类似于一个微型市场，其中有一个管理中心对成员单位在资源上进行统一的调度和配置。

在内部资本市场上，可以进行配置的资源包括原材料、人力、技术和信息等多个方面，其中对于资本进行的各种配置行为总和就可以看作所谓的“内部资本市场”。具体表现为，在集团总部的协调或控制下，成员企业之间通过资本再分配行为来实现整个集团的目标。在这里，尽管构成企业集团的成员企业是相互独立的经营单位，有着自身独立的财务体系和投融资行为，但他们同时又处于一个相互协作的企业集团中，为了实现某种经营和财务目标，需要通过集团总部的统一调配，进行各种借贷、划拨和投资等各种资本配置活动。因此，内部资本市场就是在集团总部的控制协调下，在企业集团内部组织金融活动、筹集分配资金并在成员企业间进行资产配置的行为总和。

常见的内部资本市场交易方式有：债权融资，包括成员企业之间的长短期借款，以及赊销赊购、延付账款等商业信用行为；股权融资，包括成员企业通过投资形成的交叉持股或参股行为等；贷款担保，包括母公司对成员企业的担保、成员企业之间的担保等。近年来，企业集团更多的是通过组建内部银行或财务公司建立内部资本市场，为集团内部成员提供资金运作平台和各类金融服务。具体功能包括：统一组织企业集团的对外融资、对成员企业进行借贷、统一执行集团内部结算、为集团产品提供消费信贷和融资租赁业务、负责企业的资产投资等。

与外部资本市场相比，内部资本市场的优势体现在以下几个方面：首先，内部资本市场能够缓解单个企业的融资约束。单个企业由于规模限制，其融资能力受到一定的制约。通过内部资本市场，集团总部能够利用自己的权威进行资源分配，将资金在各成员企业间进行调度，减轻成员企业的融资约束；其次，内部资本市场能够降低企业集团的总融资成本。内部资本市场使得企业总部可以在集团范围内对资金进行集中管理和调配，企业集团可以利用其整体信用对外融资，实现“团购”效果，节约融资成本；最后，内部资本市场能够提高企业集团的资金配置效率。在内部资本市场中，企业集团拥有企业内部全部资产的所有权，而外部资本市场的出资者却并不拥有。这种产权身份的差异使得内部资本市场在企业监督、激励，以及信息的获取和传递等方面具有显著优势，更有利于进行资源的优化配置。

同时，也有部分学者指出，内部资本市场在某种程度上会带来资源配置扭曲和利益冲突问题，并由此导致企业集团的“多元化折价”现象。主要依据有：第一，由于内部资本市场的资源分配并非通过市场行为来进行，而更多是一种集团总部主导下的科层决策制，甚至往往通过行政命令来配置资源，缺乏外部资本市场的定价效率。在这种情况下，成员企业往往为获得资源而相互竞争，为寻租行为留下空间，导致信号传递的错误，降低资源配置的效率；第二，在内部资本市场的资源分配上，集团总部具有较大的主导权，而集团总部在信息获取和判断上的能力是有限的，由此导致的错误决策也会产生资源利用的低效率；此外，由于内部资本市场交易的内部化和隐蔽性，缺乏有效的外部监管，也容易成为特定集团进行利益转移的工具，损害其他利益主体的利益。

由此观之，内外部资本市场之间的优劣高下并不是绝对的。从成本收益分析的角度看，内外部资本市场在交易成本上的比较优势会随着时间的推移此消彼长，因而两个市场间存在着动态的替代关系。而这种比较优势的变化取决于两个市场在发育程度、治理水平和配置效率上的变化。外部资本市场的发展和规范可能导致交易成本降低，并对内部资本市场形成替代；而内部资本市场也可能因为管理水平、专业化程度、信息技术等方面的提高而降低交易成本，从而对外部资本市场形成部分替代。内外部资本市场的这种替代关系，正是企业集团上市顶层设计特别是资本市场平台选择的重要依据，企业集团可以通过上市、注资或分拆等操作转变资本市场形态，实现在内部资本市场与外部资本市场之间的切换，选择效率更高的市场，降低交易成本，提高资源配置效率。

（二）内外部治理协调

科斯认为，企业规模的边界，应该在其运行范围内扩展到企业内部组织交易的费用等于通过市场或其他企业进行同样交易的费用的那一点上。对于单个企业来说，法人边界决定了其权利、责任的配置以及治理活动的范围。因而，对于单个企业而言，其治理边界和法人边界是一致的。

企业集团的复杂性使得企业集团治理具备了双重特征：一方面，单个企业实体（母公司、子公司以及关联企业等）分别有自己的治理运行机制；另一方面，企业集团作为一个整体，又构成了一个统一的治理机制运作系统。同时，企业的社会责任决定了企业集团治理的主体从股东扩大到各利益相关者。企业集团的权利、责任配置以及监督、指导、决策等治理活动超越了单个企业法人的边界。学者李维安根据企业集团的治理特征，提出了“企业集团治理内边界”的概念。[①] 他认为，在企业集团中，母公司和子公司体现的是绝对控制权关系，母公司的决策意志能够充分地体现在子公司的行为中。母公司决策延伸的范围构成了母公司对子公司外延的界限，这个界限构成了企业集团治理的内边界，他是基于控制权的边界，体现了母公司决策权的范围。企业集团治理内边界超越了单个企业的法人边界，尽管在法律意义上，母公司和子公司都有独立的法人治理边界，但在实际的经济意义上，子公司要受到母公司的治理，子公司的行为体现了母公司的决策意志，对母公司要有说明责任。

在“企业集团治理内边界”之内，企业集团通过母、子公司股东大会、董

---

① 李维安、武立东，“企业集团的公司治理：规模起点、治理边界及子公司治理”，《南开管理评论》，1999 年第 4 期，第 4 页。

事会、监事会和管理层等治理机构的权力设置，以及通过激励、决策和监督等治理机制的安排进行内部治理。而在“企业集团治理内边界”之外，企业集团的外部利益相关者，则通过其与企业集团不同的利益联结关系参与企业集团的外部治理。这里的利益相关者包括关联企业、客户、债权人、政府、市场及社会等，与资本市场相关的利益相关者可能包括政府监管机构、中小股东、市场投资者等，特殊情况下可能还包括部分社会因素。因此可以说，企业集团与资本市场产生联系的过程，也是资本市场利益相关者参与企业集团治理的过程。资本市场作为公开市场，相关法律法规十分完善，监管机构对上市公司的监管政策也十分细致，政策执行也具有极强的刚性；资本市场上专业机构众多、投资者活跃，各类政策法规对中小股东也有较好的保护，这使得众多投资者和中小股东有意愿、有能力也有途径去参与上市公司的重大决策；此外，资本市场具有较强的社会关注度，资本市场上的各类新闻事件很容易成为媒体和公众关注的焦点，成为社会热点。可见，如果资本市场利益相关者进入企业集团治理内边界，将在企业集团的内部治理活动中具有较强的发言权和谈判能力，在某种程度上将会削弱母公司对子公司的控制力。因此，企业集团进行上市顶层设计的过程，特别是企业集团对资本市场平台进行选择的过程，也是衡量是否让资本市场利益相关者进入企业集团治理内边界，以及资本市场利益相关者在何层级、以何种方式参与企业集团内部治理的过程。

图4-8、图4-9分别是对非上市或单平台整体上市企业集团，以及部分上市或分平台整体上市企业集团内外部治理关系的描述。

如图4-8所示，对于非上市企业集团来说，母公司能够在治理内边界内完全贯彻自身的决策意志，保持对子公司的控制力；整个企业集团作为一个整体与外部利益相关方产生联系，并且不需要与相对强势的资本市场利益相关方产生联系。对于单平台整体上市的企业集团来说，尽管需要面对资本市场利益相关方，但企业集团仍然可以作为一个整体与之产生联系；而在治理内边界内，企业集团也能够保持原有的内部治理机制。

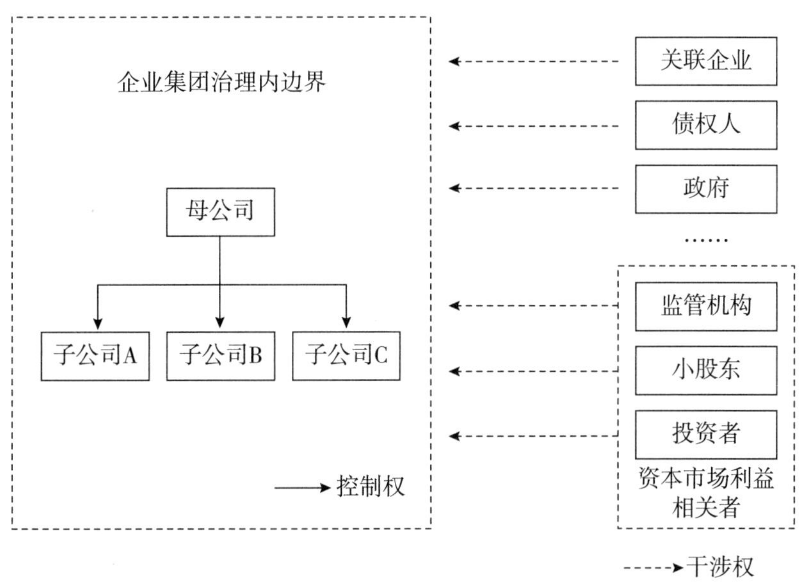

图4－8　资本市场平台选择与企业集团内外部治理（非上市/单平台整体上市）

而在图4－9中，对于部分上市企业集团或分平台整体上市的企业集团来说，由于子公司成为公众上市公司，原本属于外部利益相关方的资本市场利益相关者进入企业集团治理内边界内部。原本存在于母子公司之间的内部治理活动加入了一股较为强势的外部力量，在此过程中，母公司决策意志的贯彻受到了制约，母公司对子公司的控制力受到了部分削弱。

（三）资本市场操作成本

资本市场操作成本是企业集团上市顶层设计中存在的最为直观的成本因素，这些操作成本大体上可以分为两类：即各种资本市场行为的执行成本与上市公司所需的运行成本。

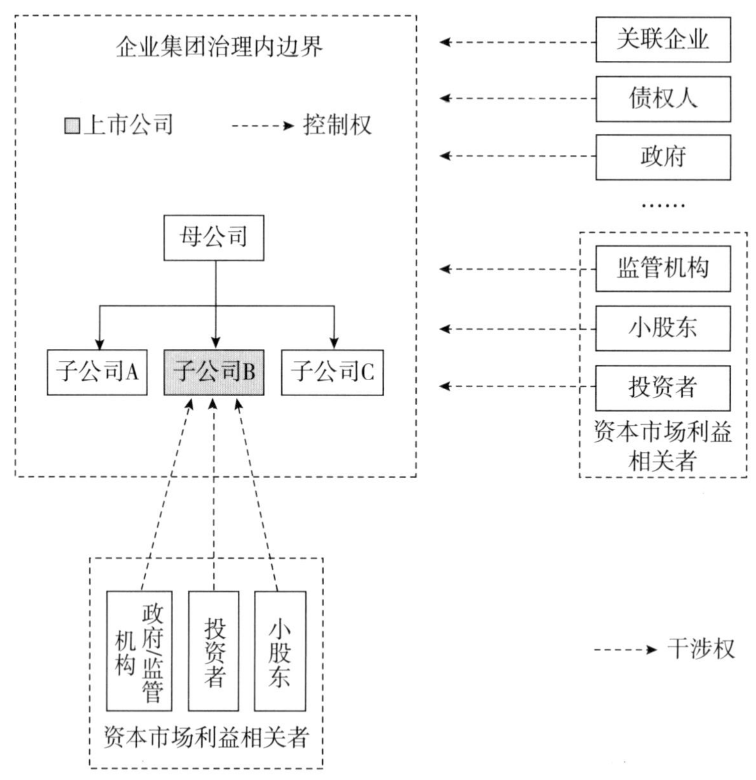

图4-9 资本市场平台选择与企业集团内外部治理（部分上市/分平台整体上市）

1. 执行成本

资本市场并不提供免费的午餐，企业集团借以改变其资本市场形态的任何行为，无论是首发上市、增发股份再融资，还是资产注入、吸收合并，都必须承担一定的执行成本。

在首发上市或增发股份再融资等行为的执行过程中，不仅会产生支付给审计、评估、法律等中介机构的费用，以及支付给保荐、承销机构的佣金等显性的交易成本，还包括企业集团为实现上市或融资目标而投入的时间、人力及其他资源等隐性成本。例如，拟上市企业往往需要在上市的几年前便开始聘请中介机构进行股份制改造、资产梳理、内控制度搭建、审计评估等基础工作。同时，为确保上市前有较好的财务状况，企业集团甚至会对拟上市企业在资源投入上进行倾斜，这些都会给企业集团带来相应的成本。不仅如此，监管机构的审批行为也增加了企业上市及再融资的时间成本。以A股市场为例，据不完全统计，2013年上半年完成再融资的A股上市公司，从公布预案到获得批文平均耗时263天，即需要8～9个月的时间。A股市场历史上还曾因各种原因多次关闭上市及再融资窗口，这会进一步加大企业上市的时间成本。2012年11月到2014年1月，A股市场经历了史上第8次暂停上市，长达14个月的上市暂停期形成了700多家拟上市企业排队的“堰塞湖”。“上市上不成，企业折腾个半死”，是拟上市企业对于这类隐形成本的直白表达。

再以上市公司发行股份购买母公司资产的重大资产重组行为为例，在此类行为中，企业集团需要对拟注入资产的范围进行梳理、划定资产边界，确定股权、矿权、土地、房屋等各项资产权属的完整性和合规性，并对不符合上市要求的资产进行剥离。上述行为涉及审计、评估、税务、证照办理、交割结算等多个环节并产生相应的成本。此外，在资产重组行为中，由于以股权支付的方式获得对价并进入资本市场，注入上市公司的资产也失去了通过首发上市获得价值增值和融资的机会，也由此带来了一定的机会成本。

最后来看母公司吸收合并上市公司以及母公司私有化上市公司的行为，在这些行为中，不仅包括中介佣金、顾问费用等各类显性成本；同时，由于涉及第三方股东的利益，为确保交易方案获得支持，上述行为往往需要母公司进行让利，即对拟进行吸收合并或私有化的上市公司股权，在对价上给予一定的溢价。例如，在阿里巴巴集团私有化旗下香港上市公司阿里巴巴网络有限公司的案例中，阿里巴巴集团提出的每股13.5港元的私有化对价，较其停牌前60个交易日的平均收盘价溢价60.4%。再例如，在2006～2012年A股市场换股吸收合并的案例中，吸并方给予被吸并上市公司股东的换股对价平均溢价水平为18.5%。在溢价水平最高的案例中，中国铝业给予被吸并方包头铝业股东的换股对价溢价达到40%。

2. 运行成本

企业上市后成为公众公司，其在日常运行中需要面对的问题和需要处理的关系变得复杂许多，很多过去不存在或不突出的问题，例如中小股东利益的协调、监管机构要求的应对、投资者关系的管理等都将浮出水面。在日常工作中，企业为处理好各方面关系、协调各方利益，往往需要设立相应的机构、聘用专业管理人员，定期不定期地举行各种决策、沟通和交流会议，履行各项信息披露、监管报批等义务，进行投资者沟通、危机公关等活动，这些都是企业为维持上市身份需要付出的运行成本。如果企业集团存在母子公司双层上市的情况，公司治理方面带来的运行成本会更为突出、牵涉的各方利益也更为复杂。例如，母子公司内部重组事项既要取得母公司股东大会批准，也要子公司股东大会批准，两者的信息披露既要保持一致性，又要照顾各自股东的信息需要，处理难度更大，决策风险也会相应上升。

（四）路径依赖问题

在企业集团上市顶层设计特别是在资本市场平台选择的过程中，还有一个需要关注的问题是路径依赖现象。路径依赖现象是指一个具有正反馈机制的体系，一旦在外部偶然事件的影响下被系统采纳，便会沿着一定的路径发展演进，而很难为其他潜在的甚至更优的体系所取代。简单地说，路径依赖就是过去的发展对现在和将来发展的影响。

在经济领域，对路径依赖最早的研究出现在对技术变迁路径的研究中。布莱恩·阿瑟认为，一种技术一旦因偶然事件影响，首先发展起来并投入使用，在收益递增机制作用下，就会以一种良性循环效应使其在市场上的地位不断强化，直至统治整个市场。一个有代表性的例子是 QWERTY 键盘的应用，1936 年，美国发明家 Dvorak 博士历经十余年的研究，发明了一种新的键盘，起名为 ASK 键盘，声称比打字机发明者肖尔斯（Sholes）1870 年设计的 QWERTY 键盘效率更高。据说，当初肖尔斯在研制打字机时，为了解决打字员打字速度过快造成挤塞的问题，故意打乱了字母的排列顺序，而按照 QWERTY 顺序排列。不过，效率更高的 ASK 键盘并没有站住脚，慢慢地销声匿迹了，QWERTY 独霸键盘市场，直到今天。QWERTY 键盘之所以能在市场上占统治地位，并不是因为它效率最高，而是因为它出现得最早。①

诺斯将路径依赖理论引入制度经济学，用于对制度变迁的研究。诺斯认为，路径依赖类似于物理学中的“惯性”，一旦进入某一路径，无论是好的还是坏的，都可能对这种路径产生依赖。其原因在于，制度变迁过程存在着报酬递增和自我强化的机制。这种机制使制度变迁一旦走上某一路径，它的既定方向会在以后的发展中得到自我强化，所以人们过去做出的选择决定了他们现在可能的选择。沿着既定的路径，制度变化可能进入良性循环的轨道，迅速优化；也可能顺着原来错误路径往下滑，甚至被“锁定”在某种无效率的状态下而导致停滞。

企业集团资本市场平台结构的调整首先表现为所有权结构的变化，由此将进一步带来企业集团治理结构及制度体系的变化，这样的变化过程同样会受到路径依赖的制约。首先，处于特定资本市场平台结构下的企业集团会在其内部形成自我强化的协调效应，即产生与平台结构相适应的运行机制，两者相互补充，形成

① 刘汉民，“路径依赖理论及其应用研究：一个文献综述”，《浙江工商大学学报》，2010 年第 3 期，第 60 页。

统一的互补性体系。在这种互补性的作用下，现有的平台结构也趋于长久保持，从而出现路径依赖性。上市公司作为公众公司，会受到监管机构和投资者的监督，会被要求更加完善的公司治理、更高的业绩要求等，这些外部压力也会促使企业集团在组织制度安排、人员设置等方面更加符合现有平台结构的需要。其次，资本市场平台结构的调整存在转换成本，这既包括实现新平台结构需要新投入的成本，如上市、分拆或私有化等资本市场行为所涉及的财务成本、操作成本和时间成本等，也包括实现和维持现存平台结构所付出的沉没成本，如在组织制度、人员和技术上的投资等。转化成本的存在也倾向于使现存平台结构长久保持。最后，资本市场平台结构的调整必然涉及企业集团所有权结构的转变，引发相关利益群体的博弈。博弈的结果取决于博弈各方的力量强弱，而博弈各方的力量又依赖于初始平台结构的选择。一旦初始平台结构下的利益格局确立，它就会倾向于通过运行机制上的强化进行维持，进而影响以后的平台结构选择。

企业集团在资本市场平台结构选择上存在的这种路径依赖现象，使得初始平台结构的选择会沿着既定的路径在相当长的时间内延续，这种延续既可能是良性循环，也可能是持续恶化。但无论如何，一旦确定了某种初始平台结构，再次进行平台结构间的转换就具有一定难度，至少是需要付出相当大的成本。这一点也突出说明了企业集团在资本市场平台结构选择问题上需要十分慎重。

当然，路径依赖现象的存在并不意味着平台结构的转变不可实现。诺斯指出，政治、经济市场的不完备，交易费用的高昂，使得非效率制度在相当长的时期内存在。如果相应的市场是竞争性的，或大致接近零交易费用，报酬递增造成的对低效率路径的依赖很容易得到校正。这一问题的背后仍然是对成本和收益的衡量，以分拆上市为例，如果上市公司内某项业务受到市场认可，将其分拆单独上市可以从资本市场上获得较好的融资效果，当由此带来收益大于为此付出的成本时，这样的行为就会得到执行。目前，分拆上市在境外资本市场已经成为一种常规的操作方式，而在国内资本市场，从 2000 年至今，A 股上市公司成功完成分拆上市的案例仅有 12 例。这样的差异印证了诺斯的观点，由于国内资本市场不完善带来的巨大交易成本，导致分拆上市行为在 A 股市场并不常见。

四、相机抉择：顶层设计的核心理念

（一）相机抉择的提出

在上市顶层设计过程中，企业集团所面对的单、分平台上市架构其实各具优势，并无绝对优势。

单平台能够通过规模效应提高企业集团竞争优势，分平台能够通过专业化提升企业集团整体价值。企业集团资产庞大、产业较多，通过单平台上市，企业集团优质资产集中于一个平台，可以整体安排发展规划，整合全集团的品牌、管理和技术资源，在整个产业链中优化重组，发挥协同效应；而在分平台结构下，上市子公司主营业务更加专业化，有利于投资者更加准确地获取信息，降低估值难度，消除因信息不对称带来的“多元化折价”现象。

单平台能够消除同业竞争、关联交易，分平台能够使特色业务获得发展平台。在单平台结构下，同业竞争、关联交易等外部问题转变为企业内部资源配置问题，不仅提高了上市公司质量，也消除了由此产生的交易成本；而在分平台结构下，部分因发展特点或地域因素而不适宜纳入企业集团整体管理的业务，可以通过单独上市获得发展平台，利用资本市场进行专业化发展，消除内部因素对其发展的不利影响。

单平台能够构建更大的融资平台，分平台能够使优质子公司获得融资渠道。在单平台结构下，企业集团大量产业资产实现证券化，构建股本更大、更优质的融资平台。同时，企业集团总体财务指标的改善，也将提升其信用水平，获得债务投资人更多的授信支持；而在分平台结构下，部分优质资产可以在企业集团整体缺乏对外融资能力时，通过单独上市获得融资渠道，利用资本市场平台获得更好发展。

单平台能够完善企业集团治理水平，分平台能够实现局部股权激励。在单平台结构下，企业集团整体将按照上市公司治理结构政策和监管要求，完善组织机构、规范决策制度、提高决策质量；而在分平台架构下，当企业集团整体难以推行股权激励时，可以将部分人力资本、智力资本起主导作用的子公司单独上市，为其进行股权激励提供基础和可能性。

实际情况也是如此，图 4 - 10 显示了部分国内外大型企业集团的资本市场平台架构，可以看出，无论是单平台还是分平台，都有相应的案例做支持，单分平台选择本身并没有绝对的优劣标准。①

图 4 - 10　境内外大型企业集团资本市场平台选择

如何在选项本身没有绝对优劣的情况下进行选择呢？20 世纪 70 年代初，在

① 日本商社由于存在大量交叉持股，组织结构较为复杂，并不是严格意义上的分平台架构。

西方组织管理学中出现了权变理论。权变理论认为，每个组织的内在要素和外在环境各不相同，因而并不存在适用于任何情景的原则和方法。在实践中要根据组织所处的环境和内部条件的发展变化随机应变，没有什么一成不变、普适的方法，成功的关键在于对组织内外状况的充分了解和有效的应变策略。

企业集团作为一个相对复杂的组织，同样受到环境因素的深刻影响。企业集团的活动也同样需要根据内外部环境的动态变化，具体情况具体分析来选择战略、措施和对策，从而实现某种既定目标。这种没有固定的规则和绝对的标准的行为选择我们称之为相机抉择。相机抉择本是宏观经济学中的一个概念，通常是指政府根据一定时期经济社会状况，针对市场经济缺陷和市场失灵，主动灵活地选择不同类型与反经济周期的宏观经济调控政策组合，以有效干预市场经济运行，熨平经济周期，实现宏观经济平稳健康发展。在管理学中，相机抉择通常是指根据某些内外部变量未来可能出现的不同状态，相应地选择不同的决策方案予以应对。在此，我们也可以引入相机抉择作为企业集团的上市顶层设计的核心理念。

（二）对上市相机抉择的研究

学者严洪根据相机抉择的原理，提出根据企业财务环境的动态变化，通过对整体上市、分拆上市及其相互组合之间的相机抉择，实现企业的财务战略目标。他认为，整体上市和分拆上市实际上是一种动态调整企业产业组合边界的财务战略，可以实现整体或者局部的扩张型财务战略、稳健型财务战略和收缩型财务战略目标。在此过程中，企业需要根据经济周期、产业和企业生命周期以及资本市场波动进行财务战略的相机抉择和组合。①

① 严洪，《上市公司整体上市与分拆上市财务战略研究》，中国金融出版社，2013 年，第 139 页。

1. 经济周期与相机抉择

经济周期是经济运行中出现的周期性经济扩张与经济紧缩的更迭和循环现象，依据经济增长率上升下降的交替变化，一个完整的经济周期分为复苏、繁荣、衰退、萧条四个阶段。

在经济复苏阶段，社会总需求回升，价格开始逐步上涨，社会供给不足给企业生产经营带来了转机。企业在这个阶段需要进行快速的生产规模和产能扩张，可以采取积极的财务战略，加大投资规模，提高生产能力。此时适合进行扩张性的整体上市，上市公司通过收购母公司成熟的优质资产，快速形成生产能力、扩大经营规模、占据市场先机。同时，由于在经济复苏阶段，银行及其他债务投资人通常比较谨慎，上市公司也可以考虑将某个较为成熟的产业资产分拆上市，在不丧失控制权的情况下，公开发售部分股权进行权益资本融资，从而抓住该产业的投资机会，满足经营扩张的需要。

在经济繁荣阶段，社会需求不断扩张，价格迅速上涨，企业盈利空间扩大，此时产能不足、存货有限成为企业经营发展的瓶颈。此时更应采取大规模扩张的积极财务战略，巩固市场地位、强化竞争优势。经济繁荣阶段是实施整体上市的最佳时期，上市公司可以通过收购母公司相似优质资产或产业链上下游优质资产，实现规模经济，扩大产能，满足旺盛的社会需求。在经济繁荣阶段，上市公司也同样适合进行融资性分拆上市。

在经济衰退阶段，社会需求停止增长，经济繁荣时期的过度投资导致产能过剩、价格下跌，企业盈利缩小甚至亏损，库存高企、资金周转缓慢。此时，企业需要进行规模收缩和结构调整，适宜采用防御型的财务战略。上市公司可以通过收购母公司边际利润递增的资产进行整体上市，而对上市公司中开始出现边际利润递减趋势的资产进行逐步剥离，或者对已经分拆上市且盈利能力一般的上市公司进行减持甚至退出，实现产业的重新组合，降低经营风险；也可以采取防御性分拆上市，一方面可以使具有发展潜力的资产扩大权益融资、获得独立的发展机会，另一方面也可以为母公司增加利用资本市场变现、获得流动性保障的能力。

在经济萧条阶段，社会供给和需求都处于低位，价格长期在低水平状态停滞和徘徊，市场需求严重不足，企业生产和销售萎缩，资金周转困难。此时，企业的首要任务是筹集必要的资金，保障企业的基本生存。如果上市公司的母公司为多元化经营的企业集团，且存在抗经济周期的产业板块，则上市公司可以通过实施改善性整体上市实现重整和转型；也可以通过对旗下优质业务资产进行调整性分拆上市，在增加母公司变现筹码的同时，使有潜力的业务获得发展机会。

2. 产业生命周期与相机抉择

产业生命周期是指从产业初创到完全退出所经历的一个由成长到衰退的演变过程，产业生命周期一般分为初创阶段、成长阶段、成熟阶段和衰退阶段。

在产业初创阶段，产品的市场需求小，市场竞争不激烈，但研究开发、宣传推广等费用较高。此时，财务战略的关键问题是通过多种途径和渠道融得必要的资金，合理控制资金成本、避免财务风险。此阶段，只要财务指标能够满足上市条件，最佳的财务战略是进行融资性分拆上市，利用资本市场募集权益资金增加产品供给、降低风险，推动产业进入成长期。

在产业成长期，产品的市场需求增长很快，产业进入者增加，市场竞争开始加剧。此时，财务战略的关键问题是扩大投资、提高经济规模效应、抢占市场份额、获取市场竞争优势。上市公司适宜收购母公司相关产业资产，扩大上市公司经营规模和产业产品组合，实现扩张性整体上市。

在产业成熟期，市场经过长期竞争形成相对稳定的格局，产品需求增长放缓，行业增速降到适度水平。此时，行业内企业一方面要巩固其市场竞争优势，另一方面要在产业技术上进行更新升级，保持技术和结构性比较优势。此阶段，上市公司可以通过收购母公司相关资产进行整体上市，争取产业主导权和垄断优势；也可以通过对资产组合中具备成长性的资产进行调整性分拆上市，为产业转型升级提供资金和平台。

在产业衰退期，新产品出现，市场需求明显萎缩，产品销售非常困难，企业利润下滑甚至亏损。此时，如果上市公司没有能够在产业成熟期进行积极的调整转型，那么最好的办法就是进行退出性分拆上市，即上市公司将处于初创期或成长期的新业务进行分拆上市，利用资本市场促进和扶持新产业的发展，力求实现母公司的产业转型。

3. 企业生命周期与相机抉择

企业集团通常是一个具有多元产业投资组合的整体，包含许多经营不同产业的子公司。由于处于生命周期不同阶段的子公司具有不同的产业结构特征，母公司可以通过整体上市和分拆上市的相机抉择，动态调整企业集团的产业结构和资产组合，实现最优配置。

初创期的子公司，产品市场份额低，但面临较高的市场增长率，具有良好的发展前景和预期，筹措资金扩大产能和销售是其最为重要的财务目标。此时，如果母公司认为子公司在经过投资扩张、提高市场占有率后，能够具备进入成长期的条件，则可安排该子公司进行分拆上市，募集权益资本扩大产能和销售，加速其向成长期转变。

成长期的子公司，处于高增长的市场环境下，需要迅速扩大产能、增加产品销售、提高企业盈利能力、获取市场竞争优势。同时，由于市场竞争趋于激烈，还需要增加研发投入，丰富产品层次，满足市场细分需求。这些都需要通过融资活动补充现金，因此，成长期的上市子公司可以通过收购母公司相关资产或产业链上下游资产实现整体上市，也可以通过分拆上市募集权益资本解决产能瓶颈。

成熟期的子公司，具有一定的市场份额，销售收入和现金流也保持在一个良好的水平上，但产品需求增长放缓，毛利率降低，盈利空间开始逐步被压缩。成熟期的上市子公司，其主要目标是防止过早进入衰退阶段。母公司可以考虑主动注入成长期的产业资产，丰富上市子公司的产品层次以形成更强的核心竞争力，或迅速实现上市子公司的产业组合调整和产业结构优化，甚至逐步实现上市子公司产业方向的转型。上市子公司也可以通过分拆，将部分成长性较强的业务资产分拆上市，加速产业产品组合的升级转换，保持成长性。

衰退期的子公司，由于新的替代产品出现，产品缺乏市场需求，毛利率很低，公司盈利下滑甚至出现亏损。此时，上市子公司必须借助母公司的优质资产注入进行重整，或者分拆公司内部可能存在的个别具备成长性的资产上市，通过资本市场融资功能和流动性实现产业调整。

4. 资本市场波动与相机抉择

资本市场是一个充满不确定性的波动市场，资本市场与宏观经济的背离、股票价格与其内在价值的背离是一种经常的状态。资本市场存在的这种波动性，使公司可通过整体上市和分拆上市的相机抉择进行资本市场套利，从而为提升公司价值及股东财富提供了可能的空间；同时，这种对周期和波动的套利，也会平抑资本市场的非理性波动，保持资本市场的资源配置效率。

在资本市场高估值阶段或上市公司股价被高估阶段，安排上市公司整体上市或分拆上市可将以同样价值的资产获取更高价格的市场定价，从而增加上市公司价值；此时，上市公司整体上市适宜采取公开增发的实现途径，而上市公司分拆上市也应尽可能地扩大公开发行的股份比例。在资本市场低估值阶段或上市公司股价被低估阶段，安排上市公司整体上市或分拆上市同样可以进行套利以增加价值。此时，上市公司整体上市适宜采用项目公司定向增发收购资产的途径，使未上市资产可以获取更多的上市公司股份数量，从而增强母公司控制权；而上市公司分拆上市也应尽可能降低公开发售股份的比例，从而保留更多的控制权。

（三）进一步思考

上述关于上市公司整体上市和分拆上市财务战略相机抉择的研究，为企业集团在上市顶层设计中进行平台架构选择提供了启发。不过，针对企业集团活动的不同特点，对于企业集团资本市场平台架构的相机抉择问题，还需要在以下几个方面深入思考：第一，研究对象应从上市公司转换到整个企业集团，应由围绕企业集团内某一上市公司进行的整体上市和分拆上市行为，转变为对于企业集团整体对接资本市场平台架构的研究。即通过对条件集构建和跟踪实施相机抉择，综合利用资产注入、吸收合并、分拆上市、私有化等资本市场行为实现企业集团在不同资本市场形态间的转换。第二，研究视角应从财务战略视角扩展到企业集团整体运营管理视角。在影响企业集团资本市场平台架构选择的因素中，财务战略是一个重要的因素，但并不是唯一的因素，至少还应包含企业内部业务、战略、管控，以及企业外部的监管、相关利益主体关系的处理等重要因素。在条件集的构建过程中，应尽量涵盖这些因素。第三，研究方法上应在单因素分析的基础上建立整体分析框架。上述关于经济周期、产业周期、企业生命周期及资本市场波动等环境下整体上市与分拆上市相机抉择的分析，更多的是对每一单个因素的影响分析。而企业集团对于资本平台架构的选择是多因素共同作用的结果，不同因素存在相对权重和一定的相关关系，是对条件集整体综合权衡比较后的行为，应建立一个整体性的分析思考框架进行解释和论述。

五、适应性：顶层设计的分析框架

（一）适应性原则

《韩非子》中记载了一个“郑人买履”的故事，说的是一个想买鞋子的人，宁可相信量好的尺码，也不愿意用自己的脚去试一试。结果，为了回家去取量好的尺码，错过了集市，最终也没能买到鞋子。人们常常用郑人买履的故事来说明检验事物是否符合自身要求，并没有一定之规，最好是去亲身检验，如果一味坚持教条，结果只能适得其反，闹出笑话。

在对企业集团上市顶层设计的现有研究中，大多是针对某一因素，将单、分平台各自的优势进行了比较，并没有在总体上将这一问题本身作为一个单独的话题进行专业论述，进而为此建立一个系统性的分析框架。

如前所述，企业集团对于资本市场平台选择的时点决策和相机抉择都是以条件集的构建为先决条件。但条件集的构建本身是一个极大的难点：首先，影响企业集团进行资本市场平台选择的因素很多，其中有共性的因素，也有个性的因素；有客观的因素，也有主观的因素；有必然的因素，也有偶然的因素。在很多时候，可能正是这些个性的、主观的、偶然的因素决定了企业集团的某一资本市场行为，进而决定其关于资本市场平台架构的选择。其次，条件集中的各个条件往往存在着一定的关联，有些条件之间甚至存在负相关的关系。在一些条件下的肯定因素，可能同时又是另外一些条件下的否定因素。这种情况下，就要看哪些条件的权重更高，而权重的确定又往往是企业集团自身个性的、主观的事情。因此，试图去建立一个放之四海而皆准的普适条件集是一件徒劳的事情，可能真会闹出“郑人买履”的笑话。正如德鲁克所说：“在组织中发生的一些错误，是由于把一个理想组织的机械模型强加在一个有生命的企业之上。”在这个问题上，没有绝对性、只有适应性，“鞋子合不合适只有脚知道”，每一个企业集团都应根据自身的情况去寻找适合自己的个性化的条件集。

（二）分析框架的构建

权变理论认为，影响企业进行组织及管控调整的权变因素主要有：企业集团的战略类型，如稳定型、发展型和收缩型战略等；企业集团的产权关系及由此派生出的法人治理结构，如全资控股、绝对控股和相对控股等；企业集团历史的长短、商业模式及核心能力的分布等；企业集团的资源关联度，如技术设施关联、技术关联、采购关联、生产关联和市场关联等；企业集团的行业分布及区域分布情况等；企业集团的外部环境，如宏观经济环境、政府政策导向、产业竞争格局、金融资本市场等。

在借鉴权变理论的基础上，下面我们试图从企业集团的一些共性因素出发去寻找并构建一个具有一定包容性的条件集，并在此基础上尝试建立分析框架。当然，这个问题永远是开放的，我们所做的只是通过搭建一个示意性的分析框架，来介绍一种关于企业集团上市平台架构选择的分析方法。

如图4－11所示，我们将影响企业集团资本市场平台选择的条件集分为内部结构和外部环境，即条件集的内部部分和外部部分。

内部结构包括企业集团的业务特征、组织结构、管控方式，其中业务特征包括企业集团主营业务的周期性、企业集团业务之间的专业化与多元化、企业集团多元业务的相关度、企业集团业务的成熟度、企业集团业务之间的协同性等；组织结构包括企业集团的产权联结关系、组织形式、组织层级等问题；管控方式包括企业集团科层制行政指令管控与法人治理框架下管控的协调、集权与分权的权衡、管控模式的影响等。外部环境包括经济与产业环境、资本市场环境、外部监

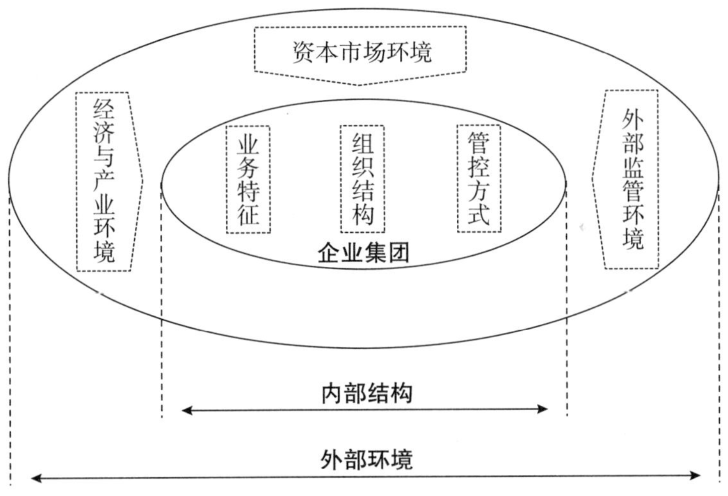

图4-11　内外部条件集合选择

管环境等。经济与产业环境包括宏观经济周期、产业发展阶段、产业竞争态势等；资本市场环境包括资本市场的景气度、各类投资者的投资偏好、外部股东的诉求与治理协调等；监管环境不仅包括企业集团要面对各类一般政府监管，如工商、税务、投资方面的审批等，国有企业还要面对特殊的国有资产监管制度，还包括企业集团上市后所要面对的证券监管机构的要求，如信息披露、同业竞争、关联交易、治理结构方面的监管要求等。

综上所述，企业集团具体采取怎样的资本市场平台架构，是企业集团根据内外部条件进行相机抉择、理性选择的结果，主要问题是要解决企业集团内部结构与外部环境特别是资本市场环境的适应和匹配问题。这其中，内部结构如同企业集团的基因，业务特征、组织结构和管控方式通过资源、信息的传递，相互影响渗透，决定着企业集团的基本形态、经营行为和市场表现；而外部环境则是企业集团生存和发展不能脱离的基本面，特别是在企业集团对接资本市场后，企业的内部结构在外部环境中变得更加透明，进入更为复杂的利益博弈、更为严格的政策监管和更为广泛的外部监督之中。对于内外部条件变动的把握，以及在此基础上对企业集团资本市场平台架构进行的顶层设计，其重要性在这种情况下也变得更为突出。最后，需要再次指出的是，我们在此建立的“三内三外”条件集框架是在部分理论与实践的基础上，对于影响企业集团资本市场行为的因素进行的一次探索。它的有效性和包容性体现在为企业集团在上市顶层设计问题、特别是资本市场平台选择问题上提供了分析框架，为企业集团在这方面提供了决策工具。企业集团在面临这方面的具体问题时，可以在此框架的基础上建立个性化的、适合自身情况的适应性判别系统。不同的企业集团，仍需根据自身情况对此框架下的具体条件、各条件应赋予的权重以及条件的完备性等问题“量体裁衣”。

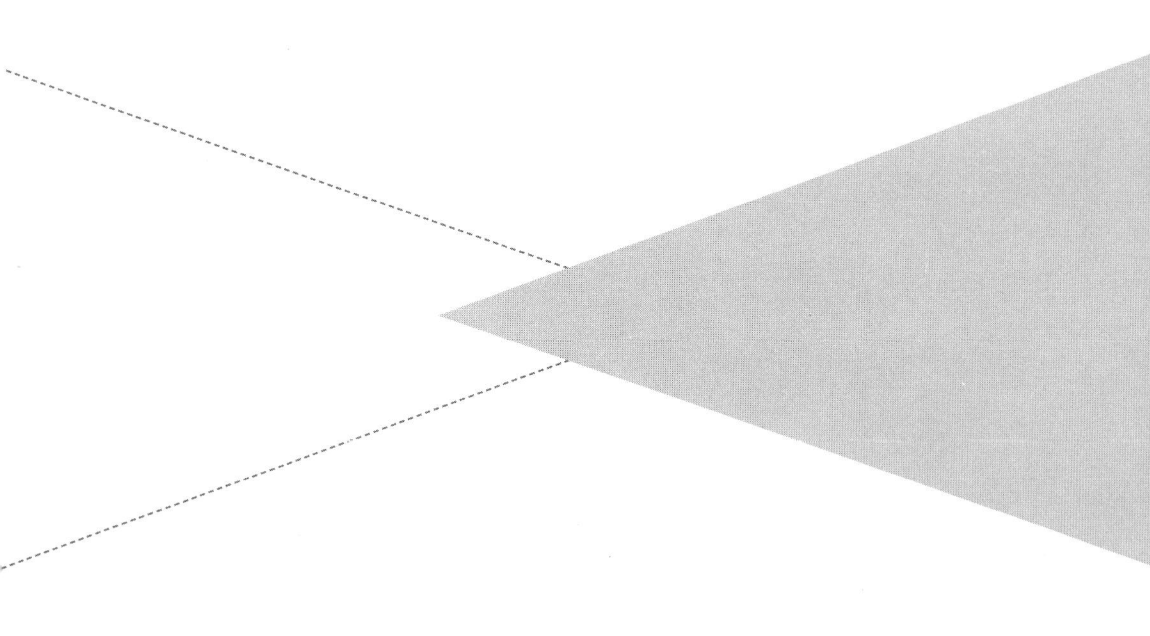

第五章　内部适应性选择

正如基因对生物体行为的影响，由业务特征、组织结构和管控方式三大底层结构组成的企业基因也在潜移默化地影响着企业的行为选择。这其中，业务特征最具辨识度、最易于理解，是企业集团得以运行的基础；组织结构和管控方式是企业集团得以组建和运转、实现各类目标的保障，体现了企业集团的自主选择。

一、企业的DNA：内部适应性三大结构

（一）基因决定命运?

DNA，脱氧核糖核酸，组成基因的材料，生命密码的携带者。1953 年 4 月 25 日，英国剑桥大学卡文迪许实验室的两位生物学家沃森和克里克在《自然》（*Nature*）杂志上向全世界宣布他们发现了 DNA 的空间结构，即著名的 DNA 双螺旋结构。这一发现开启了分子生物学的时代，是 20 世纪生物学领域被公认的最伟大的成就之一。1962 年，沃森和克里克也因为这项杰出的成就获得诺贝尔生理学或医学奖。

带有遗传信息的 DNA 片段被称为基因，基因是遗传的基本单元，通过复制把遗传信息传递给下一代，使后代出现

与亲代相似的性状，也可能通过突变改变自身的特性，储存着生命孕育、生长、凋亡过程的全部信息，通过复制、转录、表达，完成生命繁衍、细胞分裂和蛋白质合成等重要生理过程。沃森和克里克的发现回答了困扰人类的“生命是什么”的问题？但也同时引发了一场关于生命伦理的讨论，人的特征到底是由基因决定还是由成长环境决定？生物体的生、长、病、老、死等生命现象似乎都与基因脱不开干系，如果基因早就决定了一切，那么成长环境的作用又在哪里呢？显然“基因决定论”和“环境决定论”两者都不是绝对真理，也许基因决定成长的内在因素，环境决定成长的后天影响，影响生物个体成长的种种因素恐怕也难在这两者之外了吧。

（二）企业也有基因

与生物体类似，企业成长也是受到内部因素和外部环境的共同影响。正如沃森和克里克找到了决定生物遗传的 DNA 双螺旋结构，企业也有 DNA。关于企业 DNA，最早的说法是由美国管理大师、密歇根大学商学院教授诺埃尔·蒂奇（Noel Tichy）[①] 提出的，他把企业比喻为一种活的非自然生物体，与生物一样有自己的遗传基因。正是这个基因，决定了企业的基本稳定形态和发展，乃至变异的种种特征。在描绘美国高科技企业成长史的作品《浪潮之巅》中，作者吴军博士在谈到企业基因的问题时写道，“一家公司的基因并不像人的基因那样，在显微镜下看得见摸得着。它是一家公司在市场竞争中进化出来的适应该市场的企业文化（做事方式）、管理方法、产品市场定位、商业模式和营销方式，等等。”“一家公司在早期，一切还是张白纸的时候，其基因还有改变的可能。……但是

① Noel M. Tichy and Straford Sherman, *Control Your Destiny or Someone Else Will*, New York: Harper Business, 1993 年，第 1 页。

一个成型的公司改变基因的可能是非常小的。越是以前成功的公司越是容易相信自己固有的基因是最优秀的。”书中还举例，“IBM 的商业模式是将长期的服务捆绑到系统销售中……但是，习惯于这种一劳永逸的商业模式和市场的 IBM，很难习惯像推销家电那样辛辛苦苦地推销个人计算机”，“微软的商业模式是以出售客户端软件为主，不适合互联网那种以广告收入来提供免费服务的新的商业模式”。①

IBM 失意于个人电脑时代在前，微软折戟于互联网时代在后，就像蝴蝶飞不过沧海，企业基因将某种思考和行为模式内化为企业机体中的一种本能，潜移默化地左右着企业的行为选择。正如 DNA 的双螺旋结构，企业基因来自企业底层最基本的业务特征、组织结构和管控方式三大结构。如同 DNA 对生物体的影响，三大结构通过信息和资源的传递、影响和调控相互渗透，将企业基因中的密码投射到企业的行为和市场表现之中，左右着企业成长的全过程。

1. 业务特征

企业所从事的业务是企业获得和利用经济资源，创造更多价值的领域与方式。企业所在的产业是新兴产业还是夕阳产业？所在的行业是强周期性行业、弱周期性行业还是逆周期性行业？企业在产业链中所处的位置是上游、下游还是周边？企业在业务领域的选择上是倾向于多元化还是专业化？企业的业务分布在地域上是分散还是集中？企业现有的业务组合是高度关联还是少有关联？企业业务组合间是否存在明显的协同效应？企业的核心业务是否具有突出的商业模式？这些问题都或多或少地决定了企业的竞争能力、盈利水平、战略方向以及组织方式等，进而影响到企业在思维上是激进还是保守，在判断上是前瞻还是滞后、在行

① 吴军，《浪潮之巅》，电子工业出版社，2012 年，第 281 页、284 页。

动上是果断还是稳健等。一句话，业务特征是企业行为方式的出发点，是企业基因中最直观和最具辨识度的要素。

2. 组织结构

组织结构是企业各部分资源排列顺序、空间位置、聚散状态、联系方式以及各要素之间相互关系的一种方式，是企业经营和管理系统的“框架”。业务经营的主体是事业部还是分公司？如何减少管理层级实现组织的扁平化？如何压缩汇报链条，保证信息上下传递的顺畅？通过组织结构的安排和调整，企业将人力、物力和财力等经济资源进行合理配置，减少资源的内部消耗，达到人尽其用、物尽其用的目的。组织结构在各部分、层级和链条上的安排本质上是企业为实现战略目标而采取的一种分工协作体系，构成了企业基因的又一要素。

3. 管控方式

在企业管理中，组织是形、管控是神，形神兼备才能做好文章。管控方式的核心问题是权限的配置，即涉及企业经营管理的重大人权、财权和事权如何在组织内的各个部分进行分配的问题，对于企业集团就是如何把握母子公司之间集权和分权的问题。重要岗位的人员由谁任命？战略目标如何制定和落实？产业领域是进入还是退出？重大的投资事项如何决策？融资权是统一还是下放？资金使用和分配是集中还是分散？管控方式是保障组织结构能够顺畅运转、组织任务能够顺利实施、组织目标能够成功达到的关键，构成了企业基因的第三个要素。

企业基因是优秀企业的成功传承，也可能是失败企业的失败诱因，还可能是曾经成功企业的失败宿命。但正如生物体的成长过程，基因并不能写好所有的剧本，外部环境是另外一位编剧。当目光放到漫长的生物进化过程中，外部环境反而又能影响基因本身的变化，导致基因突变，使生物能够遵循着适者生存的法则，而现代的转基因技术则大大地加快了这样的过程。在同样遵循适者生存法则的市场竞争中，企业的成长也要服从这一规律。回到资本市场平台架构的选择问题，这一问题实质上就是企业内部业务特征、组织结构和管控方式三大结构在资本市场上如何呈现的问题，或者说企业基因与资本市场环境是否匹配的问题，合适的资本市场平台选择能够充分发挥内外部资本市场效率、协调企业内外部治理的关系，促进企业的发展和成长；反之，企业就要通过调整、磨合，甚至是转基因的手段来适应资本市场环境，而这一过程中则不可避免地要伴随着阵痛和成本。

二、业务周期性：波峰波谷的轮回

（一）“退市长油”

2014 年4 月11 日，上海证券交易所的一纸公告，“ * ST 长油因连续四年业绩出现亏损，经上市委员会审核，决定终止该公司股票上市交易。”这一消息震惊了整个 A 股市场。4 月 21 日，已经暂停上市近一年的 * ST 长油变身退市长油，转入退市整理板。6 月4 日，在经历了 30 个交易日的退市整理期后，退市长油走完了它作为上市公司的最后一天，在留给 A 股市场 0. 83 元/股这最后一个数字后，黯然摘牌离场。退市长油落寞的身影背后是一连串 A 股市场的记录，首家退市央企、首家进驻退市整理板的上市公司、2012 年退市制度改革以来沪深两市首家强制退市的上市公司。

1997 年上市的 * ST 长油原名长航油运，从事沿海及远洋原油及成品油的运输业务，曾是中国最大的内河航运企业。2008 年，长航油运还创下了营业收入31. 92 亿元、净利润 5. 96 亿元的历史最佳业绩。然而，显赫的身世和曾经的辉煌并没有挽救长航油运退市的命运。金融危机以后，在行业周期的影响下，长航油运的业绩逐年下滑，2010 年以后更是走上了连续亏损的道路。2013 年 5 月，因连续 3 年亏损，长航油运被暂停上市。2013 年度，长航油运再次爆出了 59.22 亿元的惊人亏损，最终终结了它的上市历程。

（二）周期性行业

长航油运的退市经历推开了一扇窗，让人们见识到了周期的残酷。股票投资中常常有周期性品种、抗周期品种和逆周期品种等说法，周期性品种往往随经济和市场周期起伏波动，在上升周期声势浩大、在波峰处波澜壮阔，在下降周期又跌跌不休、在波谷处一泻千里，让人爱恨交加。

周期性股票品种的背后是周期性行业。周期性行业是指行业的景气度与外部宏观经济环境高度正相关，并呈现周期性循环的行业。周期性行业的特点是产品价格、需求以及产能呈现出周期性波动的特征，行业景气度高峰期来临时产品需求上升，价格大涨，为满足突然膨胀的需求，产能大幅度扩张；而在萧条时期则刚好相反，需求不振，价格萎缩，产能大幅度收缩。具有显著强周期性的行业多是资源类大宗商品、工业原材料等，这些行业的周期性与经济周期高度吻合，而且由于行业多处于产业链前端、产品同质化程度高、品牌价值弱化、技术附加值不高，因此公司的竞争主要体现在资源掌控力、市场影响力、产品定价能力、成本的控制能力等。而另外一些行业，不论经济情况如何，人们对这些产品的需求都不会有太大变动，这些就是非周期性行业或抗周期性行业。非周期性行业多分布在生产生活必需品的行业，如食品饮料、服装鞋帽、医药等行业等。还有些行业，如网络游戏行业甚至表现出一些逆周期的特性，例如，2008 年，盛大、腾讯的营业收入增幅都超过往年。这是由于经济危机导致人们失业，即使在岗的人也无所事事，人们都用网络游戏打发时间，使得网络游戏行业成为经济危机的受益者。有些非周期性行业在特殊时期也表现出一些逆周期性，例如医药行业，一方面，在经济危机时期，大量工厂企业收入下降，普通百姓失业丧失收入，这加重了人们的心理压力，很多人不堪重负；另一方面，在经济繁荣时大家的工作紧张，一些小病小痛、慢性疾病很难有充足的时间治疗调整，到经济危机、工作清闲的时候，正好有时间去把病治好。

为了直观地显示了周期性行业和非周期性行业的差异，我们将 A 股金属矿产品与食品饮料两个行业的全部上市公司的销售毛利率随时间的波动情况进行了整理（见图 5－1）。选择销售毛利率作为观察指标的原因是：毛利率指标剔除了营销费用、管理费用、财务费用等个性化因素的影响，能够直接反映行业本身的盈利波动状况。[①]

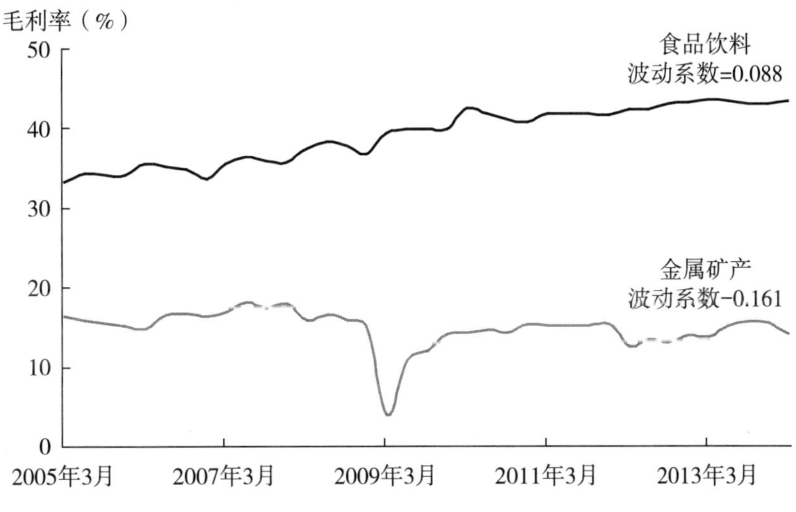

图 5－1　金属矿产与食品饮料行业盈利稳定性比较

从图 5－1 中可以看出，首先金属矿产行业的波动系数（标准差/均值）明显

① 资料来源：Wind 资讯，采用申银万国行业分类。

大于食品饮料行业，说明金属矿产业绩波动较大；其次，金属矿产行业在2008年金融危机期间出现了明显的盈利下滑，而在后金融危机时期经济刺激政策的作用下，金属矿产行业的盈利状况又出现了快速的回升。而食品饮料行业在此期间并没有出现明显的波动。这说明周期性行业和非周期性行业受宏观经济环境影响的不同表现得到了清楚的展示。

为进一步说明周期性行业和非周期性行业之间差异产生的原因，我们试从工业品与生活消费品在产品特性上的不同出发做一些初步探讨：第一，工业品同质化程度高，产品相对标准化，因此客户倾向于理性消费，对产品质量，专业程度、服务能力要求较高。而消费品强调个性消费，市场也相对分散，客户消费较为感性，企业注重细分市场，加大宣传和塑造品牌影响力。第二，在需求特性与定价特性方面，工业品面向的是中间需求，需求波动性大，产品定价采取谈判定价；而消费品面向终端需求，需求波动性相对较小，同时产品可以个性化定价，产品附加值高。正是由于工业品与生活消费品所处行业特性不同，他们表现出的周期性强弱程度也有所差别。工业品由于产品差异程度小，距离终端需求远，因此具有强周期特性，而消费品个性化程度高，直接面对终端消费者，因此周期性就相对弱。

（三）供应链“长鞭效应”

尽管存在着抗周期甚至是逆周期的行业和现象，但完全不受外部因素的影响、没有任何周期性波动的行业是不存在的，所有的行业都存在一定的周期性，区别只是周期表现的强弱、周期的影响因素和周期波动幅度的不同。金属矿产行业受宏观经济波动的影响大，周期性强，遭遇经济周期时，价格波动和产能变化都非常剧烈；食品饮料行业周期性弱，但其需求也受消费者收入波动、替代品等因素的影响，同样存在着起伏波动。然而，在企业受经济波动的影响上面，还存在着一种现象，即在同一产业中，处在产业链上、中、下游不同位置的企业，受周期的影响也会出现不同。产业链上游企业往往受周期波动影响较大，而下游企业受周期性波动影响较小，这种现象又该如何解释呢？

“蝴蝶效应”是混沌系统理论中的著名案例，1963 年由气象学家洛伦兹首先提出。其大意是：一只南美洲亚马孙河流域热带雨林中的蝴蝶，偶尔扇动几下翅膀，导致其身边的空气系统发生变化，并引起微弱气流的产生，而微弱气流的产生又会引起它四周空气或其他系统产生相应的变化，由此引起连锁反应，最终导致其他系统的极大变化，可能在两周后导致美国得克萨斯州的一场龙卷风！其意在说明，在一个动力系统中，初始条件下微小的变化能带动整个系统的长期的巨大的连锁反应。与之相类似，供应链管理学中有一个叫作“长鞭效应”[①] 的说法，它是对需求信息扭曲在供应链中传递的一种形象的描述。意思是说，当供应链上的各节点企业只根据来自其相邻的下级企业的需求信息进行生产或者供应决策时，需求信息的不真实性会沿着供应链逆流而上，产生逐级放大的现象。当信息达到最源头的供应商时，其所获得的需求信息和实际消费市场中的顾客需求信息就会发生很大的偏差。

在动力系统中，一只蝴蝶翅膀的微弱震动会由近及远地引起空气系统的剧烈变化；在供应链内，需求信息的不真实性会在供应链传递过程中逐级放大。同样，将一条供应链拓展到一条产业链，同样存在上、中、下游，即从基础原材料的生产、到初级产品加工、到终端产品或服务产生的不同。在这个连续的产业链中，终端产品或服务是最靠近消费者的，当终端消费发生变化，终端产品的需求就有相应变化，产业链下游的企业就会洞察到这样的需求信息变化而及时调整生产计划。与供应链“长鞭效应”相同，这种需求信息的变化幅度也会沿着产业

① 龚本刚、程幼明，“长鞭效应的成因及解决途径”，《上海管理科学》，2002 第 3 期，第 38 页。

链逆流而上、逐级放大。对于上游企业来说，这样的需求信息波动幅度就会比下游企业大很多。换句话说，置于同一个经济周期之下，产业链下游的周期性最弱，而沿着产业链向上的各个环节周期性逐渐增强，到产业链上游就表现出极强的周期性，供应链“长鞭效应”如图5－2所示。

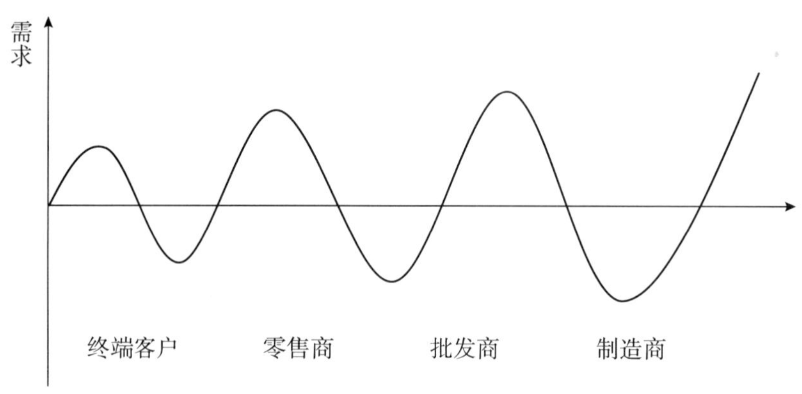

图5－2　供应链“长鞭效应”示意图

（四）架构适应性分析

周期性行业内的企业经营业绩受外部经济环境影响巨大，难以抵御经济周期波动带来的盈利不稳定，这一点甚至与企业的规模没有关系。面对经济下行时，船大并不一定能抗风浪，反而带来船大难掉头的困境。例如，中国铝业、中国远洋等行业巨头，由于其处于强周期性行业，上市平台内资产组合单一，缺乏平抑盈利起伏的手段，近年来连续陷入亏损困境，广受资本市场的担忧和质疑。

因此，对于处于强周期行业的企业集团，在资本市场平台的选择和设置上不宜进行过度细分，即设置过多的单一产业上市平台，例如将一类商品、一条产业链或一个生产环节设置一个上市平台。这样的上市平台在经济周期的波动下，必然表现为盈利水平的大起大落。经济繁荣时高歌猛进、经济衰落时一落千丈，很难满足在资本市场进行长期发展的要求。在这种情况下，企业集团应该尽量结合自身特点，对周期性和盈利特点不同的业务资产进行合理组合。例如，将受经济周期影响特点不同、强弱不同或时期不同的资产进行组合，一定程度上平抑盈利波动，起到“东方不亮西方亮”的效果，使上市平台盈利水平在不同年份间不至于大起大落，保证盈利的总体稳定性。这样的上市平台才能符合资本市场投资者的基本要求，才能够具有充分的流动性，体现出企业集团的实际价值，满足企业集团利用资本市场进行融资和资本运作的需要。图5－3是业务周期性与资本市场平台选择的关系示意图，图中虚线体现了周期性强度与业务平台细分程度的负向关系，即周期性越强，上市平台架构更应该集中，周期性越弱，上市平台架构的架构则可以相对拆分。

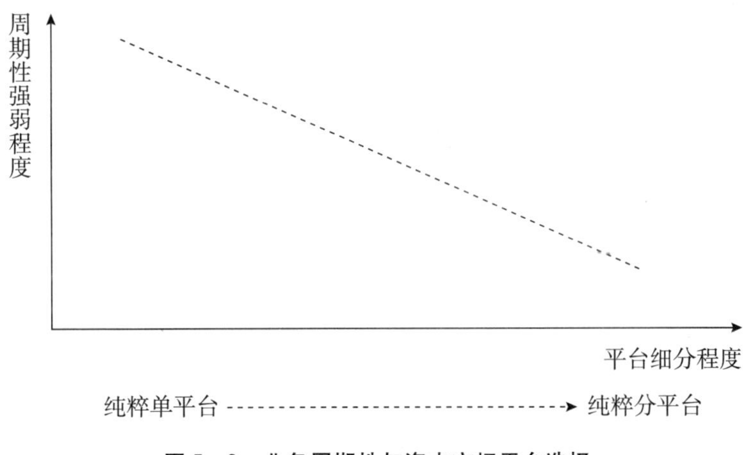

图5－3　业务周期性与资本市场平台选择

（五）巨人之踵

中国铝业（601600. SH）是国内铝行业中唯一集铝土矿勘探、开采，和铝加工生产、销售、技术研发为一体的大型企业，上市公司超九成收入来自铝行业。中国远洋（601919. SH）是仅次于马士基的全球第二大综合性航运公司，营业收入几乎全部来自航运物流。

中国铝业和中国远洋均是所在行业的巨头企业，尽管如此，由于金属矿产品和航运行业具有强周期特征，两者上市平台内资产结构和业务模式又相对单一，当周期波动时，企业尽管在市场开拓与内部管理上百般努力，但由于缺乏抵御周期风险的能力，经营结果却极不稳定，近年来更是连续出现巨额亏损。图 5 - 4、图 5 - 5 分别是中国铝业与中国远洋 2007 ~ 2013 年的业绩变化情况。

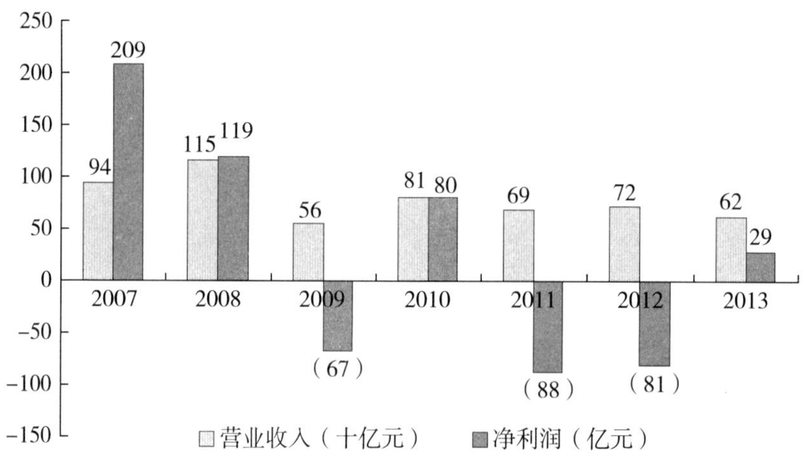

图 5 - 4　2007 ~ 2013 年来中国铝业的业绩变动

三、业务专业化：“术业有专攻”

在行业周期与资本市场平台选择的分析中，一个基本的结论是：企业集团为避免上市平台盈利波动带来的对资本市场功能的损害，不应将上市平台过度细分。但这样的结论不免让人产生疑问，“大而全”的上市平台会不会影响业务领

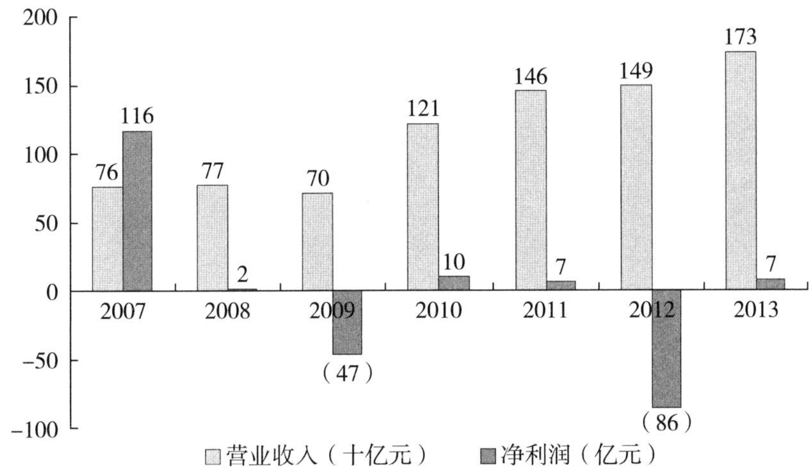

图5-5　2007~2013年来中国远洋的业绩变动

域的专业化水平？专注某一业务领域专业化的提升能不能提升企业的资本市场价值？“小而美”的上市公司能不能更易得到资本市场的青睐？这些都是业务专业化与资本市场平台选择要解决的问题。

（一）业务的专业化

1. 专业化与社会分工

专业化来自社会化分工的细化，专业企业就是从事某项社会具体分工的经济组织。亚当·斯密在《国富论》中用制造扣针的案例说明了分工提高劳动生产率的巨大效应及其原因。他认为，分工使得各个专业工人技术熟练程度提高，避免了工人从一种工作转移到另一种工作时通常要遭受的时间上的损失；同时，分工也促进了机器的发明，简化和节省了劳动力，从而使得更多的社会产品能够以更低的成本获得。企业的专业化表现为产业的分化及由此产生的分工格局。企业作为从事经营活动的微观经济组织，是社会分工与市场交换关系的产物，因此其专业化程度一方面受社会分工程度的影响，另一方面还要受到市场发展水平的制约。在产业出现初期，市场规模小，企业不得不从事从外采购原材料、组织零部件生产到组装成品、市场营销等各种活动，呈现出一种纵向一体化的“小而全”形态，但这样的形态也是在相应市场环境下的专业化。随着需求的增加和产业的成熟，一些承担中间生产或销售环节的企业就会逐步独立出来，成为某一特定领域的专门企业，专业化朝纵深发展，出现“大而专”的企业形态。同时，分工基础上产生的社会协作，也极大地提高了劳动效率和生产能力。

2. 专业化与企业规模①

专业化对企业规模的影响具有双重性，专业化初期，企业将部分职能分离出去，意味着企业规模的收缩；但随着专业化程度的加深，劳动生产率提高，市场份额提升，企业规模又相应扩大。市场分工的深化与技术突破，为企业通过专业化分工享受市场红利、扩大自身规模提供了前提和条件。企业在专业分工领域内追求规模经济还要受到企业资源的限制，这些资源包括生产控制能力、技术创新、管理理念、营销水平等，资源的有限性制约了企业规模的无限扩张。在这种情况下，企业往往借助专业化领域的优势，从与自身生产活动相同或相似的产业链环节出发扩建新的生产能力，或者通过横向兼并实现外生成长。

3. 专业化与企业一体化

专业化与企业一体化也是一个需要进行区分的话题。企业一体化是从降低组织交易成本的角度出发来考虑企业边界的问题，企业一体化的过程就是企业边界

---

① 沈宏亮，“企业专业化规模化与我国产业组织合理化”，《东北财经大学学报》，2003 第 5 期，第 62～64 页。

扩张的过程，当先前不同企业家之间在市场上完成的交易被同一企业组织起来时，这便是一体化。科斯认为，企业利用市场机制会产生交易费用，而企业内部活动也是有费用的。企业扩张与否取决于完成一笔交易的内部交易费用与市场交易费用的比较，当企业内部交易费用低于市场交易费用时，企业倾向于扩张。企业一体化，无论是横向一体化还是纵向一体化，表现为向产业链上下游或其他行业相同产业链环节的外形扩张。这样的扩张并不违背专业化的要求，从专业化到一体化的企业，能够承担不同行业的相同产业链环节，或者同一行业的全产业链的生产分工，也应该属于专业化企业的一个中间状态，相比单一业务企业，横向/纵向一体化企业更多元，但相比多元企业则专业性更强。

（二）上市平台的专业化

资本市场上的投资者对上市公司的专业化往往也有要求，这种要求从本质上讲与产业分工的专业化没有太大区别，都是要求企业在所从事的产业领域具有专业能力、所提供的产品和服务清晰、业务模式简单等。但资本市场的特点又使得投资者对上市平台的专业化有着不同的要求，首先，上市平台必须具有核心业务、拳头产品或服务、关键的技术或能力、专业的管理团队等。这些将使上市公司具有市场竞争力，获得更好的盈利前景；其次，上市平台必须具有清晰的经营思路和易于理解的盈利模式，便于投资者做出准确的价值判断。总之，资本市场投资者对上市平台专业化的要求，更多的是落在盈利能力上，即要求上市平台具有清晰易懂的盈利模式及可预期的盈利前景。

因此，上市平台的专业化与生产分工的专业化并不完全等同。那些专注于某产业链环节、某项技术或工艺、某个细分市场的专业化上市公司固然属于专业化的上市平台。但那些具有清晰的业务运作模式、专业化经营和管理能力的，具有较强市场竞争力和良好盈利水平、盈利前景的横向一体化、纵向一体化上市公司，甚至跨越多个行业的投资控股公司，都属于专业化的上市平台。例如，复星国际（00656HK）投资于医药、地产、钢铁、传媒等众多行业，但是其专注于符合中国消费升级概念的行业投资，积极培育、开发并择机获利退出。因此复星国际也可以被视为是专业化的上市平台。

（三）架构适应性分析

2011 年 5 月，世界最大的黄金生产企业加拿大巴里克公司以 77 亿美元高价收购了澳大利亚铜矿公司 Equinox，比来自中国的竞争对手五矿集团 65 亿美元的报价高出了十多亿美元。一向专注于黄金产业的巴里克为何不惜高价进入铜金属业务？巴里克公司在一次交流中坦承，正是出于对业务组合过于单一的担忧才进入铜金属业务领域。尽管同为金属，但黄金和铜对经济周期影响的表现却完全不同，黄金是一种贵金属，其特有的货币属性使黄金往往在经济下行、人们信心不足时充当避险品种，表现出一种逆周期性；而铜作为一种基本金属和工业原料，需求具有明显的周期性，铜金属产业是典型的周期性行业。2011 年全球经济逐步从经济危机中回暖，各主要经济体放缓了此前大规模货币宽松的节奏，此时巴里克预期黄金价格将进入下行通道，作为一家以黄金业务为主的纵向一体化专业企业，巴里克对其盈利能力和盈利稳定性感到担忧。因此，希望通过对 Equinox 的收购完善其业务组合，平抑经济周期的冲击，增加盈利的稳定性。

同样是面对专业化的问题，可口可乐却做出了不一样的选择。可口可乐公司成立于 1886 年，是老牌的企业巨头，品牌价值最高时达到 676 亿美元。但在 20 世纪 60 年代，百事可乐异军突起，获得“二战”后成长起来的美国反传统一代人的青睐，可口可乐的市场份额从“二战”后最高的 60% 下降到 24%，这使可口可乐倍感压力。为应对百事可乐的挑战，80 年代可口可乐大力推广多元化经营战略，推出新的产品，甚至改变了传统可乐配方，但这并没有使可口可乐公司盈利有任何改善，股票反而遭到资本市场“用脚投票”。1986 年 9 月，可口可乐重新聚焦主业，以分拆上市的方式剥离旗下瓶装业务、娱乐业务等多元业务，企业通过资金回流，资本结构和盈利指标都得到了大幅改善，每股盈利更在此后的 10 年内增长 5 倍。可口可乐公司的股票价格更是在分拆后获得数十倍的增幅，表现远超同期市场指数涨幅（见图 5－6）。

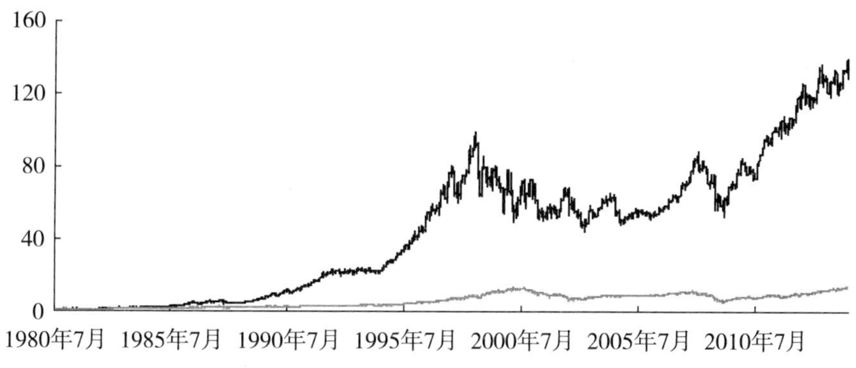

图 5－6　可口可乐股价表现

两家行业巨头，同样面对专业化的问题，却由于行业特点和市场环境的不同，在资本市场上做出了不同的选择。巴里克在完成黄金产业纵向一体化布局的基础上开始了横向扩张，可口可乐却将产业链上下游附属环节分拆上市，充分聚焦核心业务环节。毫无疑问，在产业组织中，提高分工的专业化水平可以提升生产效率，帮助企业形成竞争优势。但这并不足以作为资本市场平台设置的决定性判断准则，考虑到在资本市场平台的设置上，资本市场的价值提升、融资功能的持续发挥等因素，具备一定的盈利规模和稳定性应是设置上市平台首先需要考虑的问题。对于盈利波动风险巨大的业务，设置单独的上市平台可能会在遭遇行业周期时面临被资本市场投资者抛弃、上市平台功能丧失的窘境；而对于盈利波动小、市场稳定的业务，可以考虑通过分拆设置独立上市平台来促进其专业化、回流现金巩固核心业务，同时更好地促进其他各项业务专业化。

因此，产业组织的专业化与上市平台的专业化是两个完全不同层面的问题，两者之间有一定的联系，但区别也很显著。产业组织的专业化并不等同于上市平台设置的细分化，那种认为要做到产业组织的专业化，就必须设置专门上市平台的说法是站不住脚的。事实上，企业规模上的扩张和一体化的过程与企业在某一具体业务领域专业化的过程是可以做到并行不悖的，不仅如此，企业规模的扩大和市场竞争力的提升还能更好地支持业务领域的专业化，保持在分工领域的竞争优势。对于企业集团的资本市场平台选择来说，产业分工的专业化和上市平台的盈利能力与稳定性都是需要充分考虑的因素，既不能将两者混为一谈，更不应该将两者对立起来，应该思考如何平衡这两者之间的关系；既要尽量保证每个产业部门或生产单位在各自的细分领域保持专业化的竞争优势，又要积极打造具有稳定健康的盈利模式上市平台。要结合行业属性和公司自身特点，保证上市平台的盈利性能够符合资本市场的长期要求，这一方面是上市平台联结产业市场与资本市场、发挥纽带作用的前提；另一方面也避免了在上市平台功能丧失时产生的负面影响和潜在成本。

四、业务多元化：跨界经营的诱惑

（一）业务多元化理论依据

和专业化一样，多元化也是企业在发展到一定阶段面临的路径选择。目前，对于多元化并没有统一的定义，参考科特（Gort）[①] 对多元化的定义：“多元化可

① 科特，《美国工业中的多元化与一体化》，1962 年。

定义为单个企业所活动的异质市场数目的增加，生产活动的异质性如果仅仅涉及有些差异的同类产品或垂直结合方式，并不是多元化，多元化的含义是一个企业所活动的行业数目的增加。”根据科特对多元的定义，判断多元化的标准是是否涉足更多的行业。

关于企业进行多元化的原因，涉及产业经济、战略管理、产业组织和公司金融等多个方面，[①] 主要观点如下：

1. 交易成本理论

传统的交易成本理论认为，企业是一系列契约的联合体，企业的诞生是为了规避在不完善市场中订立、执行各种契约的市场风险，是利用内部紧密的契约关系来代替外部松散的、较难控制的契约关系。而多元化企业正是处于市场和单一企业之间的中间过度形式，其经营边界或企业规模受制于市场和单一企业之间交易成本的大小，当外部交易成本过高，市场不完善程度较大时，多元化企业的规模就较大；而当外部交易成本较小、市场较完善时，则多元化企业将大大收缩，甚至演变为单一企业。

2. 资源为本理论

资源为本理论认为，当企业存在过剩的生产资源和能力时，往往通过对公司进行多元化来充分利用过剩资源。尤其对于企业拥有的专有无形资产，由于缺少相应的交易市场或交易成本过高，只能通过企业内部的组织扩张和转移得以实现。另外，这种内部资源的协同使用，可以大大提高资源利用效率，提高资源的利用水平，这也就是我们通常所说的范围经济效应。

① 黄汉江，《中国上市公司多元化经营实证研究》，上海财经大学出版社，2009 年，第 34 ~ 38 页。

3. 市场势力学说

市场势力强调公司多元化的主要目的是获取垄断性的市场竞争力，最终影响到市场竞争环境，获得超额的市场利润。最早，产业经济学家认为，多元化公司的收益主要在于它拥有排斥市场竞争的影响。这种观点认为，多元化公司优于非多元公司，不是由于它有更高的效率，而是它更接近于通过市场参与者群体控制价格、数量或产品性质的能力，以此获得额外收益。

4. 财务协同理论

公司多元化的产生不仅仅是由于生产协同效应，财务协同效应同样有重要作用，尤其是对非相关多元化集团来说，高效的内部资本市场是财务协同理论的主要支柱。通常来说，多元化公司可以形成一个较大的内部资金市场，同时无关行业的组合使得集团可以获得更稳健的财务能力，从而获得更大的外部证券融资能力。多元化集团内部融资和资金调配的信息成本低，资金使用效率高，可以抵御行业不利冲击和市场竞争，也可以弥补不利行业的财务亏损和优势行业的投资追加。

（二）相关多元与无关多元

多元化按照业务关联度可以分为两类：一类是相关多元化，即企业不同业务之间在产品、技术、工艺、销售渠道、市场营销等方面具有相近或者相同的特点。例如，索尼公司以电子信息技术为轴心，不断在收音机、录音机、音箱、电视、电脑等诸多领域开发新式的、优质的产品，成为著名的跨国公司，是典型的相关多元化企业。还有一类企业，尽管涉足的具体行业领域不同，但却运用相同的商业模式，这样的企业也可视为相关多元企业。例如，大宗商品交易商嘉能可，这家业务遍布全球40多个国家，拥有超过2 000名优秀的交易员的行业巨头，尽管业务领域横跨能源、金属矿产和农产品三大领域，拥有自己的矿山和船队，但从其核心商业模式分析，都是通过全球业务网络和不同的业务组合发现交易机会、低买高卖赚取差价。嘉能可在行业和资产上所有的布局都是为其核心的交易能力服务，不同的行业领域对它起来说不过是不同的交易商品罢了，而其对矿山和船队等资产的占有，也不过是为了提高资源控制力和议价能力、降低交易成本、获取更高的交易利润。

另一类是无关多元化，即不同业务之间的业务、技术、市场毫无关系，企业新进入的业务领域完全不以原有技术优势或市场为依托。例如，蜚声全球的商业巨头通用电气公司成立于1892年，现在业务遍及全球100多个国家，拥有30多万员工，是一家全球领先的科技、服务和金融公司。GE业务横跨能源、航空、医疗、交通运输、金融、家电、环保等众多行业，许多业务之间在业务能力、市场、技术、运作方式等方面可谓毫无关联，是典型的无关多元化公司。再如我国央企华润集团，华润集团在成立之初是一家纯粹的外贸代理公司，经过多年的变革和发展，如今华润集团涉及的业务包括消费品（零售、啤酒、饮品、食品）、电力、地产、医药、水泥、燃气、金融，其他业务还包括微电子、纺织、包装材料等，可谓包罗万象。目前华润集团下设7大战略业务单元，16家一级利润中心，有实体企业2 300多家，在职员工42万人，是名副其实的无关多元化的企业集团。华润集团业务布局见图5－7。

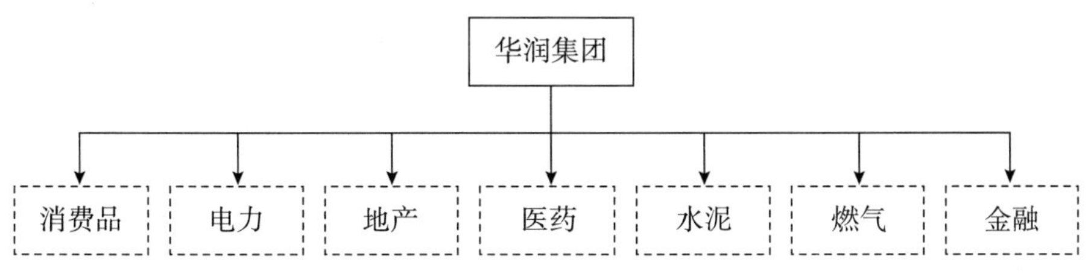

图5－7　华润集团业务布局

（三）架构适应性分析

在多元化企业集团中，业务关联度的直观表现是各业务的供求链条是否相关、产品的市场需求是否相关、技术特点是否能够沿承、经营方式是否接近、是否有较多的关联交易等。无关多元业务之间公用资源较少，尤其是在人员、资产、资金占用等各方面都自成一体。因此，很容易理解，无关多元化的企业集团在分平台架构下，更能体现专业化优势，易被投资者理解和认知。而对业务关联度较高的相关多元企业集团来说，如果各项业务之间存在较多的资源共用，将各项业务资产单独上市就容易对上市公司的业务、资产、财务、人员独立性产生影响，特别是容易引发同业竞争、关联交易等资本市场投资者和监管部门比较关注的问题。这时，虽然企业集团业务相对多元，但在资本市场平台的选择上还是应向单平台倾斜。

仍以华润集团为例，华润集团属于典型的无关多元企业集团，其资本市场平台也是典型的分平台结构。如图 5－8 所示，华润集团企业拥有华润创业（0291. HK）、华润电力（0836. HK）、华润置地（1109. HK）、华润燃气（1193. HK）和华润水泥（1313. HK）5 家香港上市公司；同时还包括华润三九（000999. SZ）、东阿阿胶（000423. SZ）、华润双鹤（600062. SH）、华润万东（600055. SH）和华润锦华（000810. SZ）5 家 A 股上市公司，分别经营不同业务类型。

而 2011 年上市的嘉能可公司则选择了单平台模式，在登陆资本市场时，嘉能可总资产达到 800 亿美元，已经是有相当体量的“庞然大物”。但由于其业务之间关联度较高，横向看，其贸易业务中能源、金属矿产和农产品三大事业部尽管涉及行业不同，但是以交易能力为核心的经营方式却基本类似；纵向看，实业资产与贸易资产间能形成较强的相互支持和协同，在此情况下与业务经营对应的

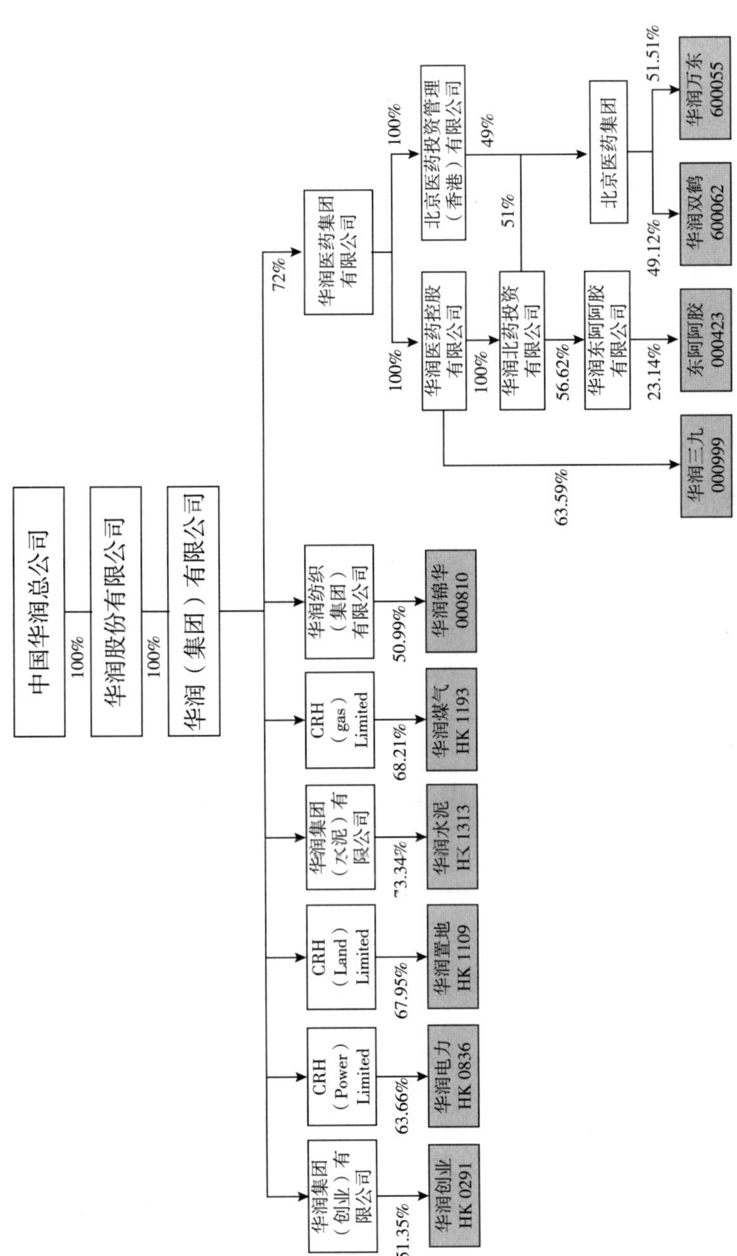

图5-8 华润集团上市平台

人员、资产等企业资源难以划定边界。因此，嘉能可选择单平台上市从业务关联度角度看也有其内在的合理性。不仅如此，上市后不久的 2012 年 2 月，嘉能可便提出换股吸收合并旗下最大的矿业上市公司斯特拉塔，进一步提升了其上市平台的集中度。在合并斯特拉塔时，单平台资本市场架构的巨大体量为嘉能可提供了足够的换股对价，节约了合并成本。通过合并，嘉能可大大加强了在矿业领域的市场影响力和话语权，而合并后的嘉能可—斯特拉塔国际公司（0805. HK）也超越英美资源集团，成为继必和必拓、力拓、巴西淡水河谷之后的全球第四大矿业企业。

总之，多元化企业集团在资本市场平台选择问题上，不应忽略自身多元化业务的特点和各业务之间的关联度。如果各业务自成一体、无关多元，则可以按照分平台架构的适应性要求设置上市平台；如果各业务间相关多元，存在较多共用资源和交叉关系时，则应优先考虑按照单平台架构的适应性要求设置上市平台。

五、业务协同性：集体的力量

（一）GE 资本

尽管无关多元的业务结构为分平台上市架构提供了基础，但并不是所有无关多元的企业集团都会这样选择。图 5 - 9 是通用电气的上市平台架构，与华润集团的分平台架构不同，通用电气的资本市场平台是单平台模式。从一家生产电灯泡的专业化小企业伴随资本市场成长为全球领先的多元公司，通用电气一直坚持单平台架构而没有选择对旗下优势业务进行分拆，这显然不是业务关联度能够解释的。

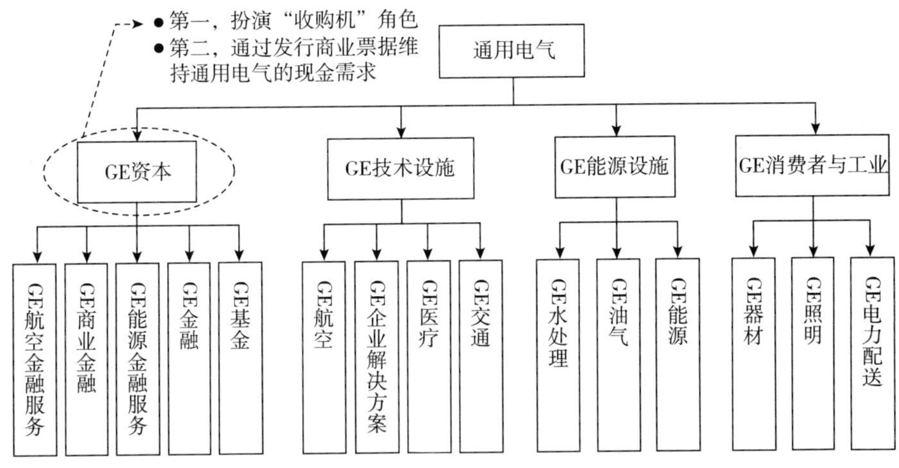

图5-9　通用电气上市平台

众所周知，GE 资本在整个通用电气公司中有着极为特殊的地位。GE 资本不仅是通用电气公司内部资本市场的载体，发挥着内部资金融通和调配的作用，还承担着对外发行商业票据维持集团现金流量的职责，通用电气公司几乎所有的投资、并购资金来源都来自通用资本这一平台。可以说，通用电气公司已经形成了以 GE 资本为中心的高度产融结合的多元化公司。通用电气公司的发展高度依赖这种由 GE 资本主导的财务协同模式，对这种模式的依赖使得通用电气公司很难对任何单一的实体业务板块进行分拆，因为在分平台下，上市公司资产与财务的独立性，这种财务协同模式的作用将难以发挥。

（二）协同效应

简单地说，协同效应就是要产生 1+1>2 的效果。企业集团通过对各部门、各环节、各要素的功能耦合和能力整合，使企业集团作为一个整体的功能远远超出各成员企业的简单加总，即企业集团的整体价值大于各部分的价值之和，就是协同效应的体现。协同效应并不是由企业全部经营单元产生的，而是由不同的经营单元中具有资源与技能共享的要素之间的“化学反应”产生的。在企业竞争发展的过程中，多元化被认为是企业获得协同效应的最有效方式。

战略管理大师安索夫（H. Igor. Ansoff）最早提出了协同效应，[①] 并从获取超额收益率的视角将协同效应分为销售协同、运营协同、投资协同、管理协同四个方面。此后，国内的专家和学者从不同的角度对协同效应进行分类，图 5－10 是由国内学者应可福从企业集团运行管理的角度对协同效应的分类，[②] 是一个较为全面的分类。具体涵义如下：

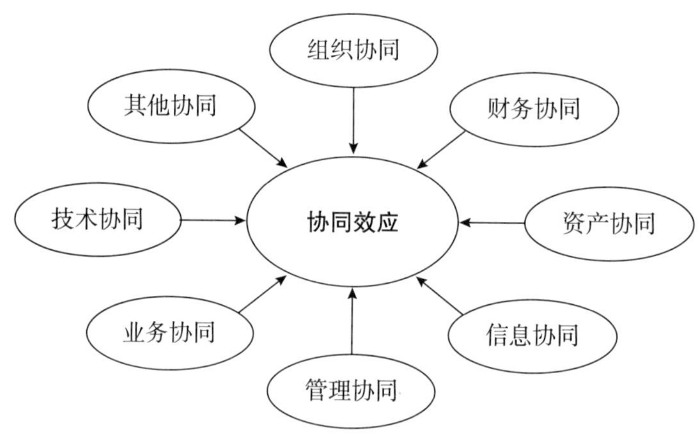

图 5－10　协同效应分类

1. 组织协同

组织协同包括组织规模协同、组织结构的协同（如某一较好的组织结构就可在集团内部推广）、人力的协同（包括领导能力协同、管理人员能力协同、工人技能协同等）。

---

① 安索夫，“多元化战略”，《哈佛商业评论》，1951 第 6 期，第 78～92 页。

② 应可福，“企业集团管理中的协同效应研究”，《华东经济管理》，2003 第 5 期，第 136～137 页。

2. 财务协同

主要是指资金协同，包括资金的数量协同和运作能力协同。一般规模较大的企业集团拥有较多的自有资金，也能较容易拆借资金。因此，对于项目的开发及投资有更大的能力。

3. 资产协同

资产协同不仅仅是指资产共享协同，还包括由于共享而产生的更高层次的战略协同，“通过协同效应，一些原来没有的东西可以被创造出来。”它并不是简单的1+1=2，而是1+1>2。如成立集团后，生产要素的集中，形成规模效益。

4. 信息协同

企业集团内的信息协同，不仅仅是指集团企业内部的信息共享，而且还存在着信息互补的效应，这里的信息涉及面较宽，如市场信息、产品开发信息、生产计划信息、库存信息、产品销售信息等等。

5. 管理协同

管理协同主要是指如下几个方面，一是管理方法、管理手段的共享；二是集团内管理的统一性、一致性等等；三是涉及企业文化等其他方面的交流、协同。

6. 业务协同

这里的业务主要是指企业的供应（包括物流及零部件的供应）和销售业务，集团内部企业可以共享原有各企业的业务通道，这样可降低各企业的生产成本。

7. 技术协同

一般来讲，集团内部每个成员企业在技术上都有自己的特长，这些特长构成各自的核心竞争力。但在单个企业时，其技术特长是局部的，其核心竞争力是有限的。组建企业集团后，就可以协同大家的技术特长，综合各自的核心竞争力，形成合力。

8. 其他协同

除了上述协同外，还有很多其他方面的协同效应，例如，无形资产方面还有很多协同，比如品牌的协同等。在有形资产方面，还有企业地理位置的协同等。

（三）架构适应性选择

同样是无关多元的企业集团，华润集团在协同效应上表现为组织协同、管理协同和一定程度的财务协同。与通用电气公司利用 GE 资本平台进行深度产融结合的模式相比，华润集团在财务协同上更多地体现为内部资本市场的资金调剂、统一对外融资的信用提升以及内部融资担保与委托贷款等。因此，分平台架构对于华润集团通过产业进退、利用资本市场进行产业培育、孵化注资等资本层面的运作实现价值提升的经营模式是十分适合的。在这种模式下，上市平台作为经营主体，行使利润中心的职能，更多考验的是母公司的战略规划能力、产业预判能力、资本运营能力、组织管理能力与资源整合能力。由此，我们也不难理解，同为无关多元的企业集团，华润集团与通用电气为何会在资本市场平台架构上做出不同的选择。

在相关多元的企业集团中，我们也可以发现类似的情况。例如，嘉能可公司，尽管其涉足能源产品、金属矿产品和农业品三大不同的业务领域，但经营模式上的相似性使得嘉能可在三大领域的业务基础上，建立了十分密切的人员、渠道、信息、技术、客户资源等方面的联系，产生了显著的协同效应，甚至可以将嘉能可的盈利模式直接界定为“协同套利”模式。因此，在单平台架构下，能够满足各业务领域在供应商、渠道和客户资源的共享要求，保证不同业务领域的人员在业务信息上的顺畅交流。

中粮集团在2006年的一次分拆行为也可以作为此问题的一个注脚。中粮集团作为中国最大的粮油食品进出口公司和实力雄厚的食品生产商，尽管业务涵盖农产品贸易、生物质能源开发、食品生产加工、地产、物业、酒店经营以及金融服务等众多领域，但总体上仍是一个以农产品、粮油食品产业为主导的相关多元企业集团。中粮集团在资本市场平台上是分平台架构，2006年8月，中粮集团将旗下的香港上市公司中粮国际进行分拆，分拆出的中国粮油控股（0606. HK）主营粮油加工业务，原中粮国际更名为中国食品（0506. HK），主营品牌食品饮料业务，打造出“厨房食品”与“休闲食品”两个专业上市平台。如果从协同效应的角度来看这次分拆，尽管“厨房食品”与“休闲食品”同属食品类，但“厨房食品”中的粮食和油料等品种更多具有大宗工业产品的属性，而“休闲食品”则是典型的消费品，两者在业务信息、客户定位、经营方式、销售渠道等方面有着显著不同，业务之间的协同效应有限。但企业集团整体的协同效应如组织协同、管理协同、品牌协同等仍会有所体现。中粮集团上市平台架构如图5－11所示。

表5－1汇总了业务关联度、协同效应与四家企业集团资本市场平台选择的关系。可以看出，在无关多元的企业集团中，华润集团是分平台架构，而通用电气则是单平台架构；在相关多元的企业集团中，嘉能可是单平台架构，而

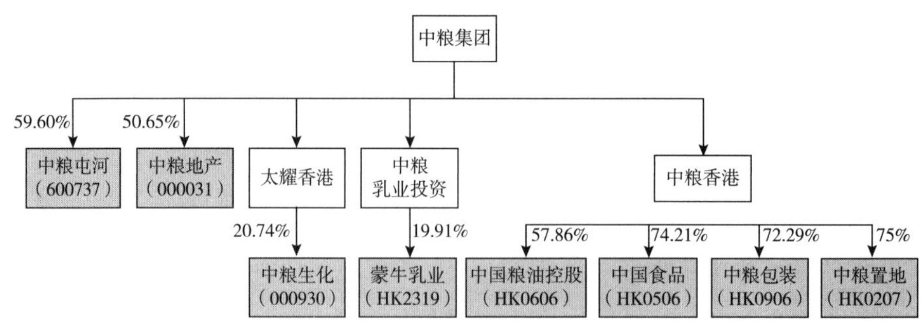

图5－11　中粮集团上市平台架构

中粮集团是分平台架构。从上述多元化企业集团呈现的资本市场平台架构看，业务关联度固然是一个需要考虑的直观因素，而协同效应则是更深次的因素。事实上，企业之间相互联结形成企业集团，从某种意义上讲就是希望通过组合产生的协同效应消除部分交易成本、提升竞争能力。因此，企业集团内部或多或少地都存在着协同效应，只是显著程度和体现的层次有所不同。如果这种协同更多地体现在业务和财务层面，如客户、供应商、项目资源的业务机会的共享、项目和业务层面上的共同合作、产业链上下游协作，甚至资金的往来等，则在企业集团内的母子公司之间或子公司之间会形成大量的经济联系，单个成员企业对企业集团整体的依赖程度较高，其独立性会受到损害。在这种情况下，如果采取分平台架构，上市公司对于独立性的要求，以及对同业竞争、关联交易等监管会要求对这种经济联系进行解释、披露或隔离等，这无疑会削弱协同效应的效果；而单平台架构能够将这种由于协同产生的经济联系保留在企业集团内部，较少需要调整，因而适应性较好。而如果协同效应更多地体现在管理层面，如战略规划、风险管理、人力资源和基础设施的共享等，则单分平台架构在适应性上都没有太大问题，协同效应在此并非决定性因素。

表 5－1　业务关联度、协同效应与上市平台架构的关系

	华润集团	通用电气	嘉能可	中粮集团
业务关联度	无关多元	无关多元	相关多元	相关多元
协同效应	组织协同 管理协同	财务协同	业务协同 信息协同	组织协同 管理协同 品牌协同
上市平台架构	分平台	单平台	单平台	分平台

六、业务生命周期：四时有常的宿命

（一）生命周期理论

春播、夏种、秋收、冬藏，大自然的运行遵循着自身的规律。有如四季轮回，企业也有诞生、成长、壮大、衰退直至死亡的生命周期。企业的生命周期来自产品的生命周期和行业的生命周期。

20 世纪 60 年代初，美国经济学家弗农从对国际贸易的分析中提出了产品的生命周期，他认为产品生命周期分为创新阶段、成熟阶段、标准化阶段和衰退阶段四个阶段。第一阶段为新产品问世、占领国内市场直至饱和，这阶段生产主要集中在国内进行。第二阶段是将这一产品出口至国外，开拓国际市场，此时价格竞争上升到主导地位，产品由创新进入成熟，逐步标准化。第三阶段是随着国外市场的形成，产品技术及式样等完全标准化，厂商独占优势不复存在。为追求成本，将资本和技术出口，结果促成了资本、技术与当地廉价劳动力、其他资源的结合。第四阶段是国外的生产能力形成后，使该产品以更低的价格打回本国市场，使原先开发了这种新产品的国家不得不放弃生产而去开发更新的产品。弗农提出的产品生命周期理论如图 5－12 所示。

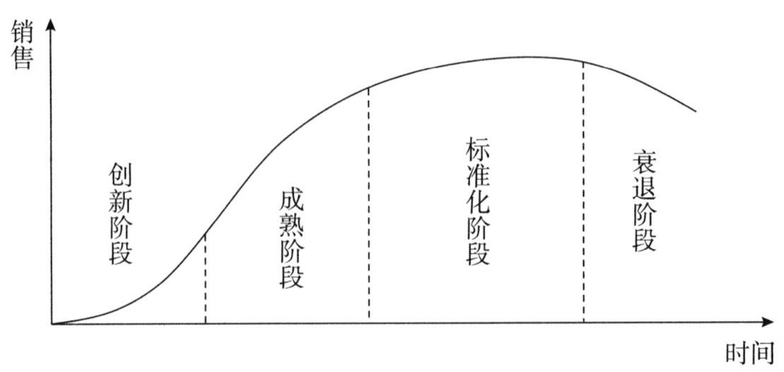

图 5－12 弗农的产品生命周期理论

行业的生命周期是指某一特定行业从出现到完全退出社会经济活动的全部过程。通过对市场增长率、需求增长率、竞争态势、进入及退出壁垒等的分析，行业生命周期也分为四个阶段：幼稚期、成长期、成熟期、衰退期。幼稚期的产品设计尚未成熟，但市场增长率较高，需求增长较快，技术变动较大，行业中企业主要致力于开辟新用户、占领市场，企业进入壁垒较低；成长期的市场增长率依然很高，需求高速增长，技术渐趋定型，行业特点、行业竞争状况及用户特点已比较明朗，企业进入壁垒提高，产品品种及竞争者数量增多；进入成熟期，市场规模和需求增长率下降，技术上已经成熟，行业特点、行业竞争状况及用户特点非常清楚和稳定，形成买方市场，行业盈利能力下降；到了衰退期，行业生产能力出现过剩现象，市场需求下降，产品品种及竞争者数目减少。

（二）生命周期与融资选择

与产品生命周期和行业生命周期类似，企业生命周期也大致分为创业期、成长期、成熟期和衰退期四个阶段。企业集团是多个企业组成的联合体，自然在企业集团中也存在着处于不同阶段的成员企业。处于不同生命周期阶段的成员企业，在经营风险、市场需求，投资计划、现金流量等方面也有着不同的特征，对于融资方式与融资结构的要求也就有所不同。企业集团需要根据成员企业在生命周期不同阶段的融资特点整体安排企业集团的债务和股权融资方式，企业的生命周期与企业集团资本市场平台选择问题在此就产生了交集。①

总的来说，企业所处的生命周期阶段与融资结构的选择是一种互为影响的关系，企业在生命周期不同阶段表现出来的某些特征和融资需求会决定融资方式的选择，而融资方式的选择也会对企业生命周期阶段的存续时间产生的作用。Berger（1998）提出的融资生命周期理论认为伴随着企业生命周期而发生的信息约束条件、企业规模和资金需求变化是影响企业融资结构变化的基本因素。在单个企业发展过程中的不同阶段，由于它所处的经营环境和金融环境不同，其融资的手段和规模也会有很大区别。表5－2是对企业在生命周期内可能采用的融资方式的说明。

表5－2　融资方式分类与界定

指标	界定
内源融资	企业经营活动创造的利润扣除股利后的剩余（留存收益）或老股东追加投资
外源融资	企业对外筹集的股票、债券、银行借款等融资
直接融资	没有金融机构作为中介的融资，主要是股票、债券
间接融资	以金融机构为中介的融资方式，如长、短期银行借款
股权融资	投资者或股东追加投资所导致的股东权益增加
债权融资	企业通过借债的方式进行融资
短期融资	偿还期限在1年以内的各种借款
长期融资	偿还期限在1年以上的各种借款

企业处于初创期，由于刚刚进入市场，产品缺乏市场认知度，销售渠道也

① 陈芳，“基于企业生命周期的融资战略选择”，《中国管理信息化》，2011第13期，第21～23页。

有待开发，同时企业必须购置大量生产性资产，并为扩大市场占有率投入大量的市场营销费用，资金需求量大而且不稳定。但是此时企业的人财物等资源都比较匮乏，因资产规模小、缺乏业务记录和财务审计，信息高度封闭，进行外源融资尤其是债务融资的困难是非常大的，因此初创期的企业主要依赖内源融资，同时可以视风险承受力考虑用非公开方式吸收风险性股权投资者，共担风险。

当企业处于成长期时，市场对产品的需求猛增，市场销售额迅速扩大，企业盈利能力逐渐增强。但是此阶段企业处于一个强劲的上升和扩张时期，依然面临各种资源的紧张局面，需要较多的资金投入，存留下的经营利润无法满足企业快速发展的现金需求，此时企业就需要借助外源融资。由于企业盈利能力的改善，信息透明度增加，对外进行股本性或债务融资的渠道都比较通畅，特别要从成本角度考虑各类融资的合理性，单纯从经济性角度来说，这阶段进行债务融资优于股本性融资，但是股本性资金仍是债务融资的基础。

企业进入成熟期以后，已经具有稳定的市场销路，销售量仍有增长，但是增速较成长期有大幅下降。在此阶段，企业思考的主要问题已不是生存，而是如何延长成熟期。处于成熟期的企业盈利水平趋于稳定，而且投资活动的资金压力减小，可获得各种优惠的贷款机会，并具备进入公开市场发行有价证券的资产规模和信息条件。但是此时企业利润积累可以一定程度满足发展之需，外部融资的压力减小。在融资方式上宜采取稳健的财务战略，调整好资本结构，可考虑更多利用短期融资来弥补资金需求。

处于衰退期的企业，销售额下跌，市场占有率和利润率都在下降，财务状况开始恶化，偿债压力变大，种种不利的条件使得企业内外部融资都非常困难。企业前期积累的资金大部分用以偿还债务以及维持企业的持续经营。此时企业可能考虑以分拆、部分优质资产证券化等方式融资，或转让、变卖闲置设备或资产等方式筹集资金，甚至可能会需要接受私募股权基金或竞争对手的资产重组、兼并收购。图 5 - 13 为企业生命周期与融资特点示意图。

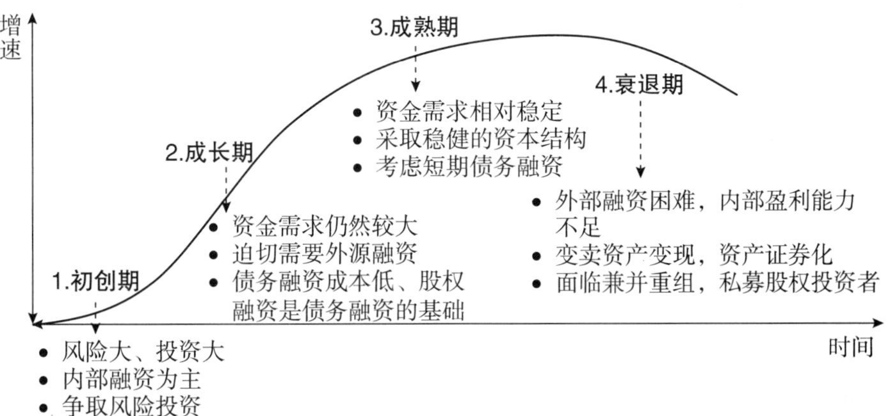

图 5 - 13 企业生命周期与融资特点

（三）架构适应性分析

从企业在生命周期不同阶段的融资特点来看，无论是从合理性还是经济性出发，企业集团将处于成长期和成熟期的子企业进行上市是最为合适的选择，而这两个阶段也是企业在全生命周期中驻留时间最长的阶段。而对于处于初创期和衰退期的子企业，可能从基本条件上还难以满足上市的要求，当然，资本市场中也活跃着各类不同风险偏好的投资者，可以通过其他方式如天使基金、风险投资等与处于不同发展阶段的子企业的融资需求进行匹配。

总之，在企业集团面临资本市场平台选择时，如果旗下有较多处于成长期和成熟期的子公司，就具备了进行分拆将其单独上市的条件，可以据此打造分平台的上市架构。对于处于初创期的业务，可以考虑自身进一步投资孵化或联合风险偏好较高的投资者进行合作，解决融资需求，等达到条件进一步成熟度后再考虑拆分上市；而对于处于衰退期的业务，则需要及时进行重组，盘活低效资产、推动业务转型。当然，具有较多处于成长期或成熟期的业务仅仅是企业集团进行分拆打造分平台上市架构的前提，是否要将它们都单独打造上市平台，还要取决于其他条件的综合判断。对此，有两个问题需要深入思考：第一，如果企业集团具有强大的财务协同能力，能够通过组建高效的内外部资本市场来支持初创期、成长期、成熟期等各阶段业务的债务（包括股本性融资需求），那么是否还有必要采用对外出让优质子公司股权的高成本方式来进行融资，这种经济性需要企业结合自己的财务能力进行一定的成本收益分析；第二，通过分拆上市，将处于成长期或成熟期的业务设置独立的上市平台还需结合其他如周期性、业务关联度、协同效应等条件进行判断。如果拟分拆的业务处于强周期行业中、或是与其他业务间有明显的关联交易，都可能造成企业集团对分平台架构缺乏适应性。

七、组织结构：巨人的骨架

（一）“大企业病”与组织结构调整

《复杂社会的崩溃》一书描绘了社会组织从复杂到崩溃的图景。书中写道，组织的复杂化伴随着人均投资成本的提高，而当低成本的解决方案慢慢穷尽的时候，复杂化的需求就必须考虑代价更大的措施。组织解决方案的成本不断增加，进行复杂化投资的边际收益率开始下降，单位投资带来的收益逐步减少，一个复杂组织也就逐渐走向崩溃。正如其卷首语所言：“如果某个东西是‘不可持续的’，那就意味着它的崩溃是必然的。”

复杂组织崩溃的一个著名案例是罗马帝国的崩溃。罗马帝国建立之时，得到了超乎寻常的投资回报，皇帝们将地中海和附近地区积累的财富通通收入囊中。然而当新的征服不再带来战利品的时候，罗马必须在几个世纪内承担政府管理和边防守卫的开支。帝国投资的边际回报开始下降，重大危机开始出现，仅凭帝国的财政预算似乎难以支撑。罗马帝国出现了问题，蛮族入侵者正对其垂涎。应对危机需要增加税收和实行经济紧缩政策，其程度超过了民众的生产能力和承受限度。民众支持度的减弱使蛮族进犯频频得手，以至于复杂化巨额投资收益甚少，无法阻挡崩溃的趋势。①

作为在人类的经济活动中出现的组织，企业本身就是为了降低成本而出现的组织解决方案。科斯认为，在存在交易成本的情况下，作为一种科层组织，企业可以通过组织内部的协调机制，即通过企业内部“看得见的手”代替市场“看不见的手”来节约交易成本。但由于企业管理者的组织和控制能力是有限的，随着企业规模的扩大，企业内的组织成本会逐渐升高，对整个组织实施完全的控制变得越来越困难。当企业达到一定的规模后，依靠企业内部的计划、组织、协调来配置资源的组织成本已经大到无法想象，这时就会出现通常所说的“大企业病”。

杰克·韦尔奇在其自传中描述了他眼中的“大企业病”，我们可以看看他接手之初的 GE，“到了 1980 年底，如同美国的很多企业一样，GE 内部拥有太多的管理层级，已经变成一个正规而又庞大的官僚机构。GE 由 2.5 万多名经理管理，平均算来他们每人直接负责 7 个方面的工作。在这个等级体系中，从生产的工厂到我的办公室之间隔了有 12 个之多的层级。有 130 多名管理人员拥有副总裁或者副总裁以上的头衔，头衔名称各式各样，如‘公司财务管理副总裁’、‘企业咨询副总裁’，以及‘公司运营服务副总裁’等。”“GE 在全美设有 8 个地区副

① 约瑟夫·泰恩特，《复杂社会的崩溃》，海南出版社，2010 年，第 254 页。

总裁或‘客户关系’副总裁，但这 8 个副总裁对销售并不直接负责。GE 当时的管理结构形成的官僚体系是非常庞大的。”①

正如日本经济学家今井贤一所说，企业集团的出现是为避免内部组织失败而采取的组织创新，具体地说就是企业在达到一定规模后为克服组织成本过高而采取的组织解决方案。为了使内部运营单位盈利，大企业开始对一些运营单位实行分权式的管理。这种权力下放最初起始于组织内部，如采取事业部制的分权形式；随后逐步开始将某些单位分立于组织之外，如将内部运营单位变成名义上独立于母公司之外的实体。大企业通过权力下放和组织分立，限制自己的组织边界、缩小了企业的规模，通过发挥企业间的组织与合作替代企业内的层级制协调，避免大企业病。在将内部运营单位准外部化的过程中，大企业有了众多的子公司，形成了企业集团。母公司作为持股公司在企业集团中处于最高层的位置，既保持了对子公司的控制，又可以降低组织成本。

但这样的做法并不是没有代价的，母子公司的形式弱化了企业集团内部的企业属性，增强了市场属性；在降低了企业间组织成本的同时，抬高了企业集团内企业间的交易成本。如果套用科斯的说法，企业集团的产生，就是用内部的组织成本和交易成本来替代外部的市场交易成本。如果企业集团内部的组织成本和交易成本之和小于企业集团各成员企业完全通过市场进行交易的市场交易成本，企业集团的规模和形态就可以保持，甚至可以吸纳部分外部企业、扩大规模。反之，企业集团就需要考虑缩小规模，通过剥离部分成员企业，把企业集团内部成员企业之间的一部分交易活动完全交给市场来组织；而在需要保持规模的前提下，企业集团就必须通过组织结构的调整来减少内部的组织成本和交易成本。

以美的集团为例，美的集团的前身是创办于 1968 年的一家街道小厂，曾先

① 杰克·韦尔奇、约翰·拜恩，《杰克·韦尔奇自传》，中信出版社，2013 年，第 97 页。

后生产过塑料瓶盖、汽车刹车阀、柴油发电机等产品。1980 年从生产金属风扇开始进入家电领域，目前已发展成为国内最大的家电生产集团之一。

在 1997 年之前，同其他民营企业一样，美的也是采取高度集权的直线职能组织结构，总经理独掌大权。这种模式简单快捷、环节清晰，正好适应了企业发展初期需要的高效决策机制。但随着企业规模的逐渐壮大，直线职能结构的弊端开始逐渐暴露。由于高度集权，公司高层管理者将相当多的精力放在经营管理上，公司整体长远规划薄弱；中层管理人员只起“上传下达”的作用，影响了积极性，降低了企业对市场的敏感度。到 1996 年，美的经营业绩首次出现大幅下滑，核心产品空调的销售排名下降到了第 7 位。

1997 年，美的高层决定通过放权的方式导入事业部制。按照经营产品的不同，美的逐步建立起空调、家庭电器、压缩机、电机、厨具 5 个事业部，各事业部在统一领导下，拥有自己的产品和独立市场，享有很大的经营自主权。2000 年后，美的集团进一步推动“事业部管理下的二级子公司运作模式”。借助组织结构调整的推动，2000 年，美的集团销售收入突破 100 亿元大关。在促进业绩快速增长的同时，分权的事业部制也逐步显露出许多弊端，出现了“经营主体太多、协调难的问题开始突出”、“集团的整体平台没有用好，资源分散，事业部之间协同不足、效率不高”等问题。

2007 年开始，美的集团通过组建制冷家电集团、日用电器集团、机电装备集团及地产发展集团等二级产业集团，探索控股型公司模式，实现“由分变合”的转变。在新的组织结构下，美的集团负责最高层的集团总体战略，把经营方面的权力向二级产业集团下放；二级集团则对下进行收权，在产业集团层面形成公共平台，实现子集团内部各事业部之间的资源共享和协同。2010 年，在组织结构调整三年后，美的集团销售收入突破 1 000 亿元。

2012 年，在整体上市前夕，为规范组织设置、减少组织层级、实现组织扁平化、打造敏捷型组织，美的集团再次进行产业体系和组织结构的调整。具体做法是：取消二级产业集团，将其与美的集团进行专业职能体系的整合，并对产品事业部进行合并重组。通过此次调整，美的集团以一个完整主体呈现，形成“集团—事业部”的两级架构，事业部“9 +2 +1 结构”，即 9 个终端消费品事业部 +2 个产业链核心部件事业部 +1 个国际运营平台。①

（二）架构适应性分析

1. 单一大企业

由于上市主体必须是法人实体，因此单一大企业无论是 U 型组织结构还是 M 型组织结构，只能采取单平台的上市架构，而且是纯粹单平台架构。例如，全球最大的日用品巨头，号称“百年日化帝国”的宝洁公司，经营品牌达 300 多个，产品畅销 180 多个国家和地区，2014 年全球 500 强企业中排名第 92 位。但宝洁公司至今仍保留着单一法人的组织结构和业务支持系统，旗下有美容美发、健康与卫生、家居护理三个全球业务单元、一个全球运营中心、一个全球业务服务部，全球 80 多个国家所设分支机构均是“分公司”，因此宝洁公司在资本市场上一直是纯粹的单平台架构，别无二选。

2. 环状结构的企业集团

由于成员企业间大量横向交叉持股，在上市平台分布上也呈现出分散、交叉的态势，近似于无限分平台架构。日本“六大财团”之一的三井财团是典型的环状组织结构，财团仅是一个成员联合体概念，并不是独立法人。在财团内部，

---

① 王凤彬等，《企业组织与管理制度》，机械工业出版社，2012 年，第 185 ~ 190 页。

三井物产株式会社负责日常协调和决策，各成员企业之间通过交叉持股达到横向联合，财团内几乎全部核心成员企业都具有上市公司身份，例如三井物产、三井银行、东芝、索尼、松下、三洋等，资本市场平台架构高度分散，相互之间的持股关系更使架构错综复杂，可谓眼花缭乱。

3. 垂直结构的企业集团

单一大企业和环状结构的企业集团占据了资本市场平台结构的两个极端，因此，资本市场平台选择问题主要针对的是垂直结构的企业集团。直观上看，U 型组织结构更适应单平台架构；而在分平台架构下可能会出现不适应现象，因为子公司作为上市公司的独立性要求会与 U 型组织结构下母公司较强的集权倾向产生摩擦。M 型或 H 型组织结构不会对资本市场平台产生明显不适应，在单平台架构下，组织结构中的权责划分问题停留在企业集团内部，不会与外部资本市场利益相关者发生联系；而在分平台架构下，M 型或 H 型组织结构则能够较好地配合子公司作为上市公司的独立性要求。

仍以美的集团为例，1992 年，美的集团组建，同年改组为股份有限公司；1993 年，美的集团在深交所上市，股票简称“粤美的”；2004 年，美的集团控股股东美托投资更名为美的集团，原美的集团更名为美的电器，2008 年，美的集团旗下威灵控股在香港联交所上市，成为机电装备子集团上市平台；2013 年，美的集团吸收合并美的电器实现整体上市。对比美的集团组织结构和资本市场平台的变迁历程，可以看出，企业集团的组织结构对于资本市场平台选择有一定影响，但并非决定因素。具体来说，2004 年以前，老美的集团为单平台整体上市架构，而在组织结构上经历了直线职能制和事业部制两种结构。2004～2007 年，新美的集团为部分上市形态，美的电器为其旗下旗舰上市平台。2007 年，美的集团转变为子集团制；而 2008 年威灵股份上市后，美的集团形成部分上市形态下的分平台架构，美的电器和威灵股份分别成为美的集团制冷家电子集团和机电装备子集团的上市平台。2012 年，美的集团在整体上市前进行了新一轮的组织结构调整，取消二级产业集团，再次实行事业部制；2013 年，美的集团整体上市，形成有限单平台整体上市架构。美的集团组织结构与资本市场平台变迁对应关系如图 5 – 14 所示。

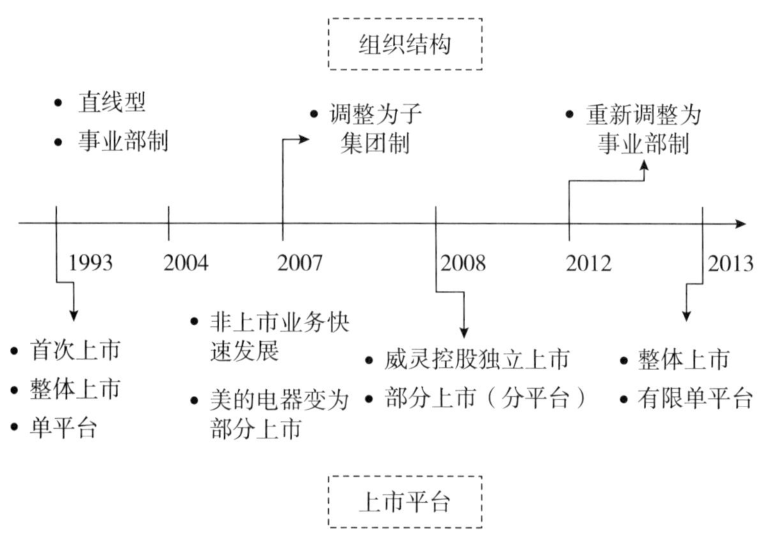

图 5 – 14　美的集团组织结构与上市平台对应关系

（三）组织层级问题

在组织结构中，与资本市场平台相关的另外一个问题是组织层级问题。所谓组织层级，描述的是企业组织结构的纵向特征，即从组织结构的最高级到最低级的层级数量。组织层次的最初产生是为适应分工的需要，通过组织层次的划分，组织目标也随之分解，客观上形成对每一层级的组织分工。组织层级的多少，取决于组织规模的大小，以及每一层级的管理宽度。一般来说，组织规模越大，组织层次越多；每一层级的管理宽度越大，组织层级越少。

在亚当·斯密的分工理论下，企业的组织结构立足于服务专业化分工的需要，无论是高度集权下纵向一体化的直线型，还是偏于分权、强调自主性的事业部制，其本质都是传统的科层制。随着企业规模的扩大，科层制组织纵深不断被拉长，就不可避免地出现了几类问题：第一，层级过多导致汇报和审批的链条长，降低了信息传递和管理决策的效率，组织内的沟通成本、协调成本和控制监督成本迅速上升，这是最突出的问题；第二，部门或个人分工的强化使得组织无法取得整体效益的最优；第三，难以对市场需求的快速变化做出迅速反应，此时扁平化组织应运而生。所谓组织扁平化，就是通过破除公司自上而下的垂直高耸的结构，减少组织层次，增加管理幅度，裁减冗员来建立一种紧凑的横向组织，从而使组织变得灵活、高效、富有柔性。扁平化的组织更强调系统、组织层次的简化，管理幅度的增加与分权。

企业集团的资本市场平台架构，是企业内部组织结构在资本市场上的映射，同时资本市场的各种利益博弈和刚性约束又会固化组织结构中的某些特征。以组织层级为例，在资本市场框架的约束下，组织层级过多所造成的信息传递低效、整体效益削弱、市场应变性减弱等问题将进一步固化，调整难度和调整成本也将加大。

图 5－15 所示的是参考国内某大型企业集团实例设计的虚拟组织结构，该企业集团层级最多达到 10 级，上市公司中层级最少也达 6 级。不仅如此，该组织链条中还涉及境内和境外两层上市企业。遇有重大事项需要逐级汇报决策时候，层级过多导致汇报信息失真、决策效率降低，尤其是涉及境内外双层上市公司股东表决时，表决风险陡然增大，造成底层上市公司的运作非常困难。显然，分平台固化和放大了层级多带来的效率问题，而单平台上市虽然不能改善组织层级多、链条长的组织结构现状，却可以减少相关的治理难度，同时为后续优化整合创造更好的条件。

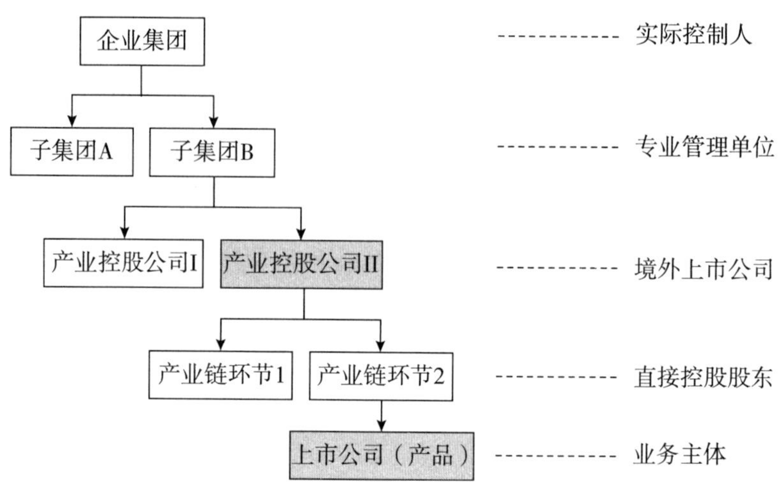

图 5－15　某企业集团下属上市公司组织结构图

八、管控的本质："两种体制"的平衡

（一）企业集团的资本血缘

企业集团是以资本为主要联结纽带的母子公司为主体，以集团章程为共同行为规范的母公司、子公司、参股公司及其他成员企业或机构共同组成的具有一定规模的企业法人联合体。这一定义揭示出了企业集团最本质的特点。

1. 资本纽带

在企业集团中，母公司和成员企业通过多种纽带形成紧密联系，但其中资本纽带及其形成的产权关系是企业集团最基础、最具决定性的联结方式。就像家族中的血缘关系，血缘决定了家族成员的身份，血缘的远近也基本决定了家族关系的亲疏。企业集团的联系和认同主要靠的就是这种资本的血缘。

资本纽带体现出的母公司与下属单位之间的这种产权关系将母公司与各下属单位紧密联结而形成命运共同体。母公司根据其对子公司的出资额度承担有限责任，并享有对下属单位的控股权、重大问题决策权、高级管理者的任免权以及重要信息的知晓权，而作为被投资企业的子公司，应当维护出资人的种种合法权益，为出资者收益最大化做出自己应有的贡献。

资本纽带是最牢固的联系纽带。因为根据资本关系确定的利益关系为处理内外经济利益关系提供了基础，增强了企业集团的凝聚力；集团母公司能够控制各级子公司，形成企业集团统一的经营战略，优化企业集团内部资源配置，实现集团利益最大化；母公司以较少的资本控制了比自身规模更大的资本，形成了集团的规模，增强了集团的实力。

2. 其他纽带

除了资本纽带以外，企业集团成员之间还通过治理纽带、运营纽带、契约纽带、人事纽带和文化纽带等进行联结，但由资本纽带建立起来的企业之间的经济关系是最为稳固的，也是其他关系纽带的基础。

（1）治理纽带。企业集团的治理纽带就是依据母子公司之间的产权关系，通过对母子公司责任和义务的一系列制度安排，以便对子公司的经营活动进行指导和监控。母公司依据法律程序和公司章程，负有制定集团战略规划、协调成员关系、设计组织管理制度和监控子公司运行等职责。子公司的活动必须服从集团整体发展战略，自觉地接受集团总部的监督和指导，确保集团整体战略目标的实现。母公司对子公司的治理参与应当遵守产权管理的原则，以参与子公司法人治理机构（股东会、董事会、监事会）决策为主要手段。

（2）运营纽带。企业集团通过运营纽带实现多个成员企业在专业分工基础上的联合，依托产业链的上下延伸或横向拓展来实现业务扩张或规模成长。母公司通过对子公司的业务经营活动进行统一的规划和指导，提高对企业集团整体业务发展的控制力，能产生单个企业难以实现的产业组合效应，分散经营风险，获取规模经济和范围经济效益。

（3）契约纽带。在企业集团的运行中，通过建立稳固的契约关系有助于实现企业集团各成员企业之间的明确分工，确立母公司对各下属单位管理关系的合法化。例如，为实现对于参股企业的控制，母公司往往需要在参股的同时订立相关契约或协议，利用两种不同纽带关系的相互补充。再如，母公司与关联公司彼此之间不存在投资关系，通过契约对于双方的产权、业务和技术等事项加以界定，可以保证相互关系的稳定性，达到互惠互利的目的。

（4）人事纽带。人事纽带建立在产权关系基础之上，在不同层次的企业之间，对人事的控制力度与持有的股权相匹配，母公司可以对全资子公司的人事进行全面控制，对于控股子公司和参股子公司只能按持股额，通过股东会和董事会来间接对子公司的人事进行控制。

（5）信息纽带。为满足成员企业在生产经营决策时对信息的需求，母公司凭借自身的实力在企业集团内部建立信息中心及完善的信息网络，广泛收集内外部相关信息，为成员企业提供决策信息支持。

（6）文化纽带。企业文化是企业集团的经营理念和群体意识，是在融合各成员企业文化差异的基础上，实现全体成员企业对集团文化的认同。文化纽带能够对成员企业行为形成无形的约束，是最高层次的联结纽带。

（二）法律意义下的企业集团

在法律意义上，由资本纽带形成的产权控股关系是母子公司存在的唯一纽带。也就是说，只有通过控股才能使在法律上原本独立的两个公司成为“母子”关系。正是由这种控股关系，形成了母子公司间在经营管理上的控制与被控制关系。因此，从这个意义上讲，所谓母子公司就是指直接或间接控股所形成的，存在实质性控制关系的两个公司。母子公司之间存在的产权关系构成了企业集团内部治理的运作基础。对于母子公司的关系，可以从以下 3 个方面去理解：

1. 母子公司都是独立法人

在法律上，母子公司是相互平等、相互独立的法律主体，具有独立的法律人格，母公司不能代替子公司对外进行经济活动。母子公司各自具有独立的法人财产，各自以自身财产对外承担民事责任，母公司不能也无权直接支配子公司的法人财产。母子公司具有各自独立的组织机构，母公司的管理机构不能直接对子公司进行管理决策。

2. 母子公司通过股权关系控制

企业的所有权决定控制权，投资者对企业出资部分的多少，决定了拥有多少所有权和控制权。谁是所有者，谁就拥有控制权；谁占有的份额大，谁的控制权就大。因此，只有通过资本纽带形成的股权关系，母公司才能对成员企业进行有效的控制。母公司对子公司的控制就是借助于对子公司的投资，取得所有者或出资人的资格，再凭借这种资格以及所有权赋予的控制权，对子公司进行战略、人事和财务控制。离开这些具体的控制，资本控制也就落不到实处，达不到建立资本纽带的目的。当然，离开资本纽带，利用契约或行政权力，或许也可以实现一个企业对另一个企业的控制或协调，但比其资本纽带上的控制或协调要脆弱得多，也很难持久。

3. “揭开公司面纱”

在有限责任制度下，母公司不需要对子公司承担出资额以外的责任，公司面纱是维持母子公司这一独立人格的法律外壳。但在企业集团母子公司间，由于产权关系形成的控制与被控制关系，子公司的业务经营活动已经由母公司掌握，子公司已经丧失了事实上的独立财产权，也丧失独立意志能力和独立法人人格，此时，母公司应该对子公司的经营活动负责。随着企业集团经营活动的日益复杂，母子公司之间的关系也变得日益复杂，出现了利用公司独立人格和有限责任制的保护进行业绩调整、逃避自身行为责任的现象，从而违背了有限责任制度的公平、正义的设计初衷，独立法人人格和有限责任制度对母子公司已经不再完全适用。国外在大量判例基础上建立的“揭开公司面纱”原则，是在处理企业集团中控制性公司对其他成员企业应负责任时所运用的重要方法。在这一原则下，当控制性公司过度操纵子公司，从而使子公司实际上丧失独立人格时，法律规定将否认子公司与其背后控制股东各自独立的人格及股东的有限责任，追溯公司背后操纵者的责任。

（三）管控意义下的企业集团

“家有千口，主事一人”，如前所述，企业集团成员之间的关系错综复杂，不仅包括资本纽带的联结，还包括通过各种纽带联结形成的组织间合作关系。因此，企业集团管控就是通过一套制度和方法来协调各成员单位间的责、权、利关系，保证集团的整体战略意图、发展目标和决策指令能够得以贯彻和实现，从而形成一个有机整体，并实现集团整体利益的最大化。同时，由于集团组织关系具有层级性，这使得企业集团的管控也呈现出层级性，特别是对企业集团中通过资本纽带、产权关系形成的母子公司体系的管控，在企业集团管控中占据核心地位。因此，企业集团管控不仅包括母公司、子公司各自的管控，也包括母子公司之间关系的协调。“企业集团管控是一项系统工程，需要考虑许多构成要素及其相互关系。”

从管控内容上看，企业集团管控既包括治理意义上的管控，也包括管理意义上的管控。前者是母公司根据其与下属企业的股权关系，对企业集团内有关董事会的功能、结构、股东的权利等做出的制度安排，通过组织设置、权力分配和制度设计，解决委托—代理问题，使各方利益主体相互制衡，追求利益共赢；后者是在日常运营过程中，处理企业集团成员企业间，特别是母子公司间权力分配、资源配置以及运营方式的方法和程序。两者的区别在于，治理关注董事会、监事会和经理层的制衡和联系，管理关注如何确定和实现目标；治理规定企业集团运作的基本架构，管理是在既定架构下实现战略目标；治理关注战略规划、投资决策等重大事项，管理关注战略实施、操作程序等具体事项。

（四）“法定的体制”与“事实的体制”

诺斯认为，企业中“存在着正规和非正规两种类型的制度安排”，而企业集团本身作为介于企业和市场之间的组织和制度形式，其运行同时依靠企业科层下的命令机制和市场条件下的价格机制，体现在其管控上就是“法定的体制”和“事实的体制”的并存。对于企业集团来说，“法定的体制”是基于资本纽带形成的股权关系。在企业集团中，母公司的基本角色是股东，母公司通过掌握成员企业的股权，可以行使公司法规定的股东权。这是法律赋予企业集团母公司的一种刚性的基本控制权。母公司作为子公司的唯一股东，可以依法直接取得子公司的重大问题决定权；或作为子公司的最大股东依表决程序间接取得子公司的重大问题决定权。具体表现为，母公司可以按照自己的意志决定子公司的经营方针和投资计划，选举和更换由股东代表出任的董事或监事，对子公司重大事项做出决议等。

在“法定的体制”下，母公司对子公司的管控主要是通过治理路径来实现的，母公司通过向子公司派遣董事、监事，将子公司的重大决策转化为母公司的内部决策，使母公司的意志得到贯彻。图 5 – 16 为企业集团的治理路径示意图。

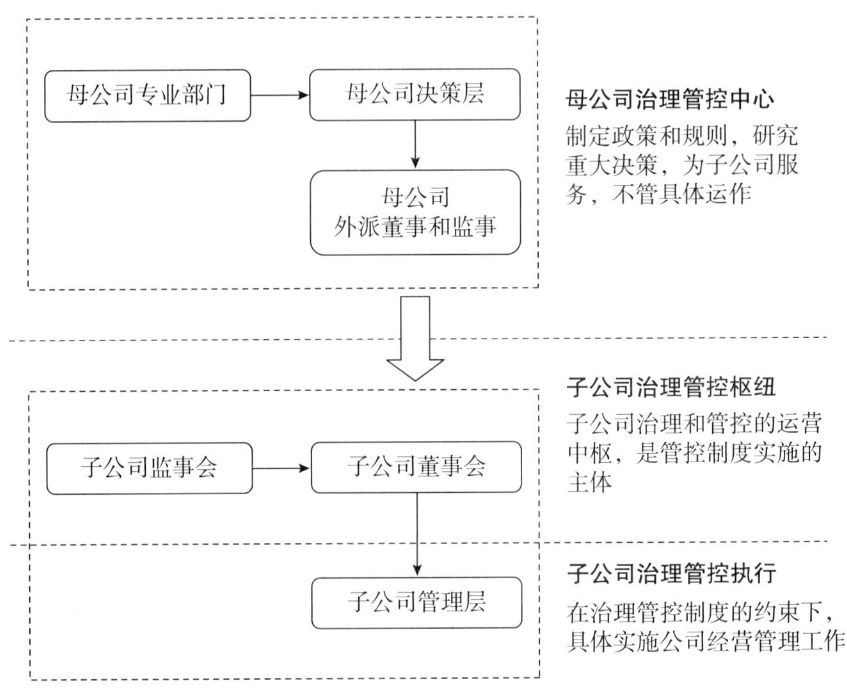

图 5 – 16　企业集团的治理路径

资料来源：段磊、张宏波，《企业集团管控：理论、实践及案例》，中国发展出版社，2012 年，第 83 页

为实现母公司通过派遣董事、监事对子公司进行管控的意图，首先需要在子公司章程上确定，重要事项的决策需通过子公司董事会。在操作上，子公司召开董事会做出重大决议前，需按照公司章程提前将决议事项提交给董事；母公司外派董事将子公司拟决议事项带到母公司，获取母公司专业部门的支持；母公司专业部门对子公司拟决议事项进行讨论研究，决策层做出如何在子公司董事会进行表决的决定；母公司外派董事和监事，将母公司意志贯彻到子公司董事会中，在子公司董事会上按照母公司意见表决。上述决策程序的具体流程如图 5 – 17

所示：

“事实的体制”的形成是基于企业集团内的长期形成的业务流程、企业文化、行为方式及相对固定的人际关系等。与一般的大股东相比，企业集团母公司对于子公司的管控不仅通过“法定的体制”，也通过“事实的体制”。基于“事实的体制”的管控路径主要有：通过业务流程的一体化管理；通过战略、人力、资金、信息及资本运营等的集中管理；通过预算、风险、审计稽核等的垂直管理等。

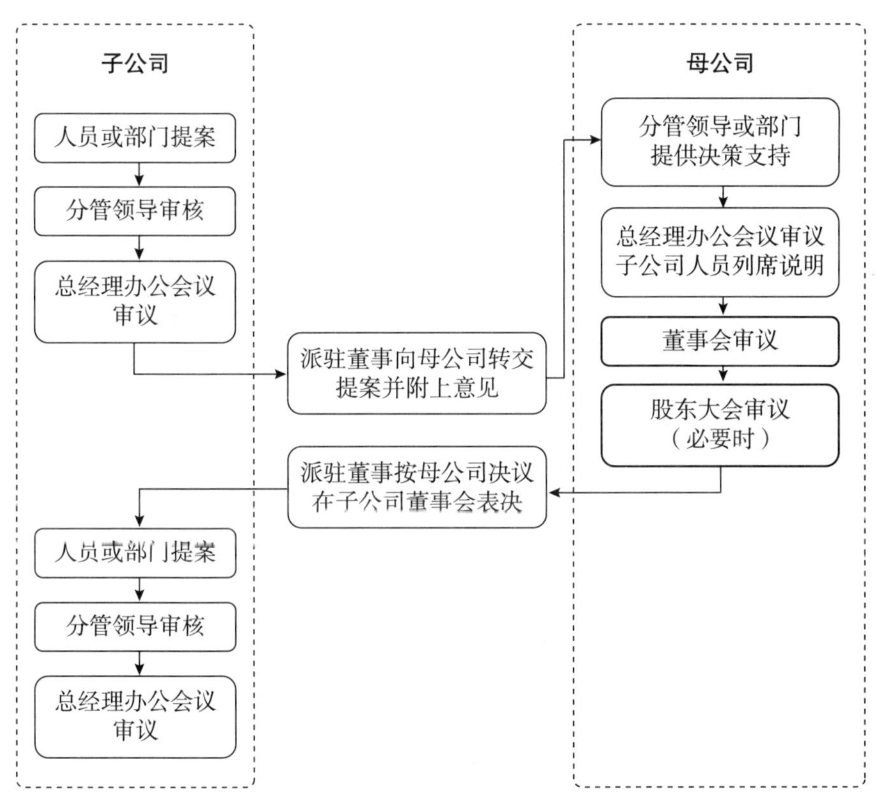

图 5－17　企业集团的决策程序

资料来源：段磊、张宏波，《企业集团管控：理论、实践及案例》，中国发展出版社，2012 年，第 85 页

（五）架构适应性分析

企业集团的组织和运行特点决定了在其母子公司之间存在着“信息不对称”和“双重代理”问题。一方面，子公司的经营者更了解子公司的业务、经营和管理情况，具有信息优势，而母公司则难以获得充分的信息；另一方面，母公司的经营者要将所有者委托的一部分经营权再委托给子公司的经营者。因此，子公司除了自身存在所有者与经营者分离产生的代理问题外，与母公司的经营者之间也存在代理问题。“双重代理”拉长了母公司的所有者到子公司的经营者之间的代理链条，从而容易产生责任不对等和利益不一致。

这种情况使母公司和子公司都处于一种两难的境地。对于母公司来说，由于其承担了较大的风险和责任，却无法掌握最充分的信息，因此，母公司通常希望通过加强对控股子公司的掌控，以控制可能出现的风险，保护其自身以及整个企业集团及其所有者的利益，国有企业集团还涉及国家的安全和利益。但在“法定的体制”下，控制权必须与所有权相匹配，母公司必须在子公司法人自治的前提下，通过治理路径对子公司进行管控。如此，母公司将很难控制双方可能出现的利益冲突，导致子公司“内部人控制”和母公司“边缘化”等困境的出现。对于子公司来说，其董事或高管人员由母公司派选，权威性和合法性由母公司赋予。作为母公司的代理人，子公司的董事或高管人员必须为控股股东尽心尽责，严格遵守母公司的行政指令。但在“事实的体制”下，子公司的董事或高管人员的尽职对象是子公司，不能按照有利于母公司而不利于子公司的标准行事，甚至不能在母子公司的利益之间寻求平衡。这种身份的摇摆，使得子公司的董事或高管人员很难衡量母子公司之间的利益，导致决策紊乱。而如果子公司的董事或高管根据个人自身利益需要来扮演不同的角色，则会损害母子公司双方乃至整个企业集团的利益。

实践中，“法定的体制”和“事实的体制”两者同时存在，此消彼长，随着企业集团的发展变化实现动态均衡。决定两者以何种模式实现均衡的因素有很多，例如企业集团的历史背景、发展历程、管理者风格、发展阶段及产业竞争结构等。从资本市场的角度看，企业集团控股子公司登陆资本市场变成公众公司，资本市场利益相关者进入企业集团的治理内边界，使得原本就具有公司法刚性约束的公司治理路径又加入了投资机构的参与、证监机构的监管以及舆论和社会的监督等。这无疑会加重“法定的体制”的砝码，打破“两种体制”原先的均衡。一方面，这有助于子公司减少来自“大股东的干预”，以及由此带来的对子公司利益的损害，有助于子公司完善治理结构、保持法人人格的独立性；另一方面，外部监督制衡力量的引入，将削弱“事实的体制”下母公司对子公司的控制手段。例如，母公司的经营计划、盈利指标等难以强制安排；母子公司之间的业务、资金安排将成为关联交易，需要依规进行披露或清理；母子公司之间的重大资产交易安排，要通过非关联股东大会投票等。具体到资本市场平台选择，在单平台架构下，企业集团能够相对完整地面对资本市场，将资本市场利益相关者置于企业集团治理内边界之外，企业集团原有的管控模式及母子公司间“两种体制”的均衡和“配比”格局不会发生重大变化；相应的，企业集团上市后所需进行的内部管控变革也较小。而在分平台架构下，子公司是上市主体，随着资本市场利益相关者介入企业集团内部治理，“两种体制”的力量对比关系也将产生较大变化，原有的管控模式开始对资本市场平台架构表现出不适应，企业集团将逐步进行适应性变革，直到“两种体制”达到新的均衡。

九、管控的模式：集权与分权的取舍

公元前221年，秦始皇扫灭六国，推行郡县制，统一文字、货币、度量衡，建立起中国历史上第一个中央集权的大一统帝国。15年后，西楚霸王项羽入咸阳城，秦亡！公元188年，东汉灵帝接受太常刘焉的建议，置州牧统领地方军政大权。仅1年后，灵帝驾崩，西凉太守董卓兵进洛阳，操纵废立，关东诸侯会盟讨伐，大汉王朝分崩离析，中国历史拉开了400年大分裂的序幕。

历史尽情地展示了它的吊诡，集权、分权犹如魔鬼的考题，考验着人类的智慧。几千年来，治大国者小心翼翼地游走于二者之间，操控着历史列车的行进。

集权与分权同样是企业集团管控中的核心问题。随着企业集团规模的膨胀，一方面，需要通过集权来统一指导、协调各成员单位的行动；另一方面，各成员单位的巨大差异和环境的快速变化又需要通过分权来灵活决策。但在实践中，企业集团往往无从把握集权与分权的时机和尺度，陷入由集权产生的“死”和由分权产生的“乱”两者的不断循环反复中。因此，集权与分权问题的处理不仅关系到企业集团管控效率的高低、成本的大小、内部关系的协调等，还是理顺母子公司关系、保证企业集团稳定和发展的关键。

（一）管控中的集权与分权

学者于左认为，企业集团的产生是对分权化的运营单位实施集权式控制的结果。无论分权化程度有多高，企业集团永远都是集权化组织。集权是分权的基础和先决条件，为了使集权型的组织框架更稳固，企业集团需要长期实行各种分权式的控制机制；但如果一味分权而没有考虑到集权，组织本身很快就会瓦解。①

所谓集权，就是把经营决策权集中在母公司，下属的事业部或子公司只拥有一定的业务决策权和具体执行权，母公司对下属单位的管控较严。集权的好处在于：首先，集权可以保证组织总体政策的统一性，防止政出多门，互相矛盾；其

① 于左，《企业集团的性质、资源分配行为与公共政策》，中国社会科学出版社，2009年，第36页。

次，集权可以保证决策执行的速度。任何事项在决策完成后，都能够借助集权体制下高度统一的行政指令体系，在整个企业集团范围内迅速组织实施。

所谓分权，就是把生产经营决策权分给下属事业部或子公司，母公司只集中少数关系全局利益和重大问题的决策权。分权的好处在于：首先，分权有利于调动下属单位的积极性和创造性，充分发挥其主观能动性，努力完成生产经营的任务；其次，分权有利于提高决策速度和工作效率。下属事业部或子公司自主决策可以节约信息上下沟通反馈的时间，提高快速反应能力；再者，分权有利于减轻母公司高层管理者的决策负担，避免陷入日常管理事务中，可以集中精力处理集团发展的重大问题；最后，分权有利于提升决策质量。下属事业部或子公司处于生产经营的前沿，具备信息上的优势，更能做出切合实际的决策。

（二）集权与分权的选择

事实上，集权与分权并不是绝对对立的矛盾双方，而是统一于企业集团的管控实践中，随着企业集团的发展阶段和外部环境的变化动态地达到均衡。集权与分权的选择，关键是要认清哪些资源和权力必须在整个企业集团层面集中配置，而哪些资源和权力可以配置到自主经营的成员单位。通过集权与分权的合理安排，企业集团要达到充分发挥两种管理方式的各自优势、促进企业集团整体利益最大化的目的。一方面，要充分发挥发挥集权管理在计划和协调上的长处，加强企业集团相对于单个企业特有的“团队作战”优势；另一方面，要通过合理的权限安排，让下属事业部或子公司承担部分经营问题的决策，有利于其发挥主观能动性，努力完成各项任务目标。

企业集团在集权与分权选择问题上需要考虑的因素一般包括：

1. 企业集团的规模

当企业集团规模不大时，母公司可以进行程度较高的集权管理。随着企业集团规模的扩大、成员单位的增多，母子公司间的配合协调工作也会迅速增加，企业集团的管理工作和内部关系开始变得复杂，上下信息沟通的速度开始减慢，信息延误和失真越来越多地出现。此时集权管理在效率和经济性上已明显不如分权管理，可以适当采取分权管理，使母公司高层管理者能够集中精力进行重要决策。

2. 企业集团的产品结构

如果企业集团涉足产业较少，产品单一且专业化程度较高，可以通过集权管理，对生产经营实行全程控制，保证质量和效率；而如果企业集团涉足多个产业，产品门类较多，母公司不易获取决策所需信息，可以向下属成员单位适度分权，降低决策难度。

3. 企业集团的产品关联度

如果成员单位之间在业务和产品上的关联度较高、分工联系比较紧密，需要母公司统一协调的，母公司可适当提高集权程度；而如果成员单位之间关联度不高、协作要求不高的，母公司可适当降低集权程度。

4. 决策的代价和重要性

决策所付出代价的大小，是决定分权程度的重要因素，如企业发展战略、投资并购、改制上市、融资担保等重大决策，决策失误的代价大，不宜交给下级单位处理，应由母公司集权；而一般日常经营的决策如生产销售、内部人力资源配置、薪酬奖惩等，可以向下级单位分权，授权下级管理人员处理。

5. 管理者的风格和要求

如果母公司高层管理者希望在整个企业集团采取统一政策，以便比较各部门的绩效，保证步调一致，则势必会提高集权程度；而如果母公司高层管理者允许各成员单位根据客观情况各自制定差异化政策，则会倾向于分权管理。同时，对于业绩好、管理者素质高的成员单位，母公司放权顾虑少，会提高分权程度；反之，母公司会倾向于进行集权管理。

（三）管控模式中的集权与分权

根据集分权程度和权责划分的不同，企业集团的管控模式可以分财务管控型、战略管控型和运营管控型 3 种。

1. 财务管控型

在财务管控型模式下，母公司完全依靠资本纽带对子公司进行控制，二者之间主要体现为投资者与被投资者的关系，是一种相对分权的管控体制。在管控方式上，母公司不直接控制子公司，而是凭借控股股东的地位，获得子公司股东会及董事会的人数优势或表决优势，在公司治理的框架下对子公司进行管控；子公司的股东会、董事会在子公司的经营活动中起核心作用。在管控目标上，母公司主要关注投资资本的增值水平，通过投资收益率对子公司进行考核。在权限分配上，母公司仅在人事和薪酬安排、重大融资事项、重大资产交易等方面具有一定的决定权；子公司可以在生产经营方面，如一般投资、财务管理、资金管理等方面自行决策，拥有较大的自主权。

由于采用高度分权的管控方式，在财务管控型模式下，子公司治理结构在经营中发挥核心作用，并在财务、投资及人事方面拥有很大的自主权，有利于增强子公司的经营能动性和市场反应能力。但这样的安排也放大了母子公司间的信息不对称，降低母公司对子公司的控制能力，容易造成子公司的“内部人控制”。

2. 战略管控型

在战略管控型模式下，母公司对子公司实施较为直接的控制，严格要求子公司与母公司协调战略立场，服从母公司战略安排，是一种相对集权的管控体制。在管控方式上，母公司通过对核心权力和重大决策的审批来对子公司进行控制；在权限分配上，母公司保留对子公司重大决策核准和评价的权力，成为整个企业集团的投资中心、决策中心、发展战略中心。子公司在战略、财务、人事等方面具有一定的权限范围，超出范围的事项须经母公司审批方可实施。母公司还建立为整个企业集团提供决策支持和基础服务的若干职能机构。

相对于财务管控型的高度分权，在战略管控型模式下，母公司通过保留对核心权力和重大决策上的审核权，对子公司进行严格控制，使子公司处于母公司的监控之下，避免子公司产生“内部人控制”。同时，通过集团总部的决策支持和其他服务平台，母公司能够集中人力、物力，保证决策正确、服务到位，也避免了子公司重复设置相关机构产生的成本。这种管控模式的主要问题在于，母公司对子公司进行分权的程度难以把握，一旦权责划分不当，会造成母子公司间管理程序混乱、效率低下，使子公司失去必要的经营自主权和能动性，影响企业集团的长远发展。

3. 运营管控型

在运营管控型模式下，母公司对子公司具有绝对控制权，对子公司的所有经营活动进行直接控制，子公司没有自主经营权力，只负责执行母公司决策，是最为集权的一种管控体制。

在运营管控型模式下，母公司的决策能得到最为全面、快速的实施，子公司也可以依靠母公司的资源优势获得迅速发展。但在这种模式下，母公司过度集权，子公司的所有权与收益权也归属于母公司，使得子公司只注重眼前利益，经营的自主性和能动性不足，公司缺乏长远发展的动力。这种模式适用于母子公司关系较为紧密的集团公司。

上述3种管控模式的比较见表5－4。

表5－4　三种主要管控模式的分析比较

	财务管控型	战略管控型	运营管控型
	分权 ——————→		集权
战略规划	子公司战略规划只需在母公司备案	母公司对子公司战略规划进行指导，子公司战略规划必须通过母公司审批	母公司负责战略规划的确定，子公司只负责执行
人力资源	管理子公司高层管理人员	管理子公司高层管理人员，管理中层管理人员、核心骨干、关键技术人员等	统一制定人力资源政策和流程，并监督子公司执行
预算考核	为子公司制定严格的财务目标并予以考核，但不参与具体的经营管理	为子公司确定财务目标和重要经营目标，同时考核其财务和经营业绩	制订详尽的经营计划、经营目标和财务目标，参与实际经营，并进行定期考核
资金融资	子公司有自主融资权，母公司有条件进行协助和支持	母公司集中融资权，子公司拥有一定的融资权	母公司集中管理对外融资业务，子公司不得对外举债和吸收外部资本
投资管理	母公司不干预子公司投资行为，有条件提供资金支持，并监控投资资本回报率	子公司重大投资必须经过母公司审批，母公司对投资项目资金使用进行控制	母公司全面负责投资事项，子公司只负责具体执行

资料来源：王吉鹏，《集团管控方略》，企业管理出版社，2009年，第44页

（四）架构适应性分析

企业集团作为法人的联合体，这种联合并非松散的联合，而是在产权、组织和管控等机制共同作用下进行密切协作、良性运转的统一体。这其中产权是基础、组织是形式、管控是实质，而集权分权代表的权力分配问题则是贯穿这三者的核心问题。产权所代表的资本投入程度是进行权力分配的前提，只有在全资和控股的子公司才有实施集权式管控的可能；组织结构一方面是权力分配方式的外在表现，另一方面也是权力分配的产物，母子公司间关系基础的核心问题仍是集权分权问题。对于管控而言，集权分权问题则是其最为核心的问题，管控模式构建的本质问题就是母子公司间权力划分的约定问题。因此，把握住集权与分权问题，也就把握住了企业集团管控的钥匙。

对于企业集团资本市场平台架构问题也同样如此，集权分权问题往往是平台适应性的最大影响因素。一个显而易见的结论是，集权的土壤开不出分平台的花朵。资本市场作为多元化的公开市场，投资主体的多元化带来了多元化的利益诉求，不同的利益主体在公司治理的框架下，通过董事会、股东大会等平台进行协商对话，统一各方诉求，进行重大事项决策。这种平等协商、对话交流、统一决策的机制设计本身就是利益多元化的产物，带有明显的分权特质。试想，在高度集权的运营管控模式下，母公司对子公司从战略规划管到生产经营，协商对话的空间很小，如何适应通过子公司上市形成的分平台架构？反之，高度分权的财务管控模式与分平台架构就具有良好的适应性。在这种管控模式下，母子公司产权关系清晰，子公司完全自主经营、自负盈亏，母公司通过投资收益率来考核和控制子公司；子公司决策依靠公司治理框架，大股东和小股东通过协商对话表达利益诉求，形成一致意见。同时，在分平台架构下，母公司可以方便地进行各类资本市场操作，如子公司的投资收益率较高时，母公司可以通过上市、注资等方式增加子公司资本，推动子公司发展；反之，母公司也可以将子公司股权通过资本市场出售退出。对于战略管控型模式来说，由于其相对集权的特征，对于单分平台架构的适应性往往取决于分权程度的大小。资本市场平台架构的选择对权力分配也起到一定的反作用，单平台架构会促使母公司更多地集中权力，而分平台架构会促使母公司更多地下放权力。因此，现实的结果是母子公司间通过磨合形成的某种一致，例如上市子公司的董事和股东认可母公司对于投资、融资等事项的审核，母公司也依据公司治理程序表达自己的意见。

例如，华润集团财务加战略型的管控模式，与其分平台的资本市场平台结构是基本适应的。在华润的管控体系中，子集团承担利润中心的角色，而总部职能机构整体把握集团的战略和价值最大化，根据利润中心的需要提供服务与支持。作为整个管理体系的起点，战略规划的职能由总部承担；在具体管控方式上，财务管控成为资源配置与考核的核心手段。华润集团总部对子公司在具体的经营管理方面不进行过多干预，在融资与投资行为方面进行有条件的支持。在考核方面，华润集团总部以资产收益率、占有资本回报率等业绩指标作为对子公司的考核要点，并通过预算等方式进行任务分配、刚性执行。华润集团多年根植于香港资本市场，其市场化的运作理念、对法人治理结构的尊重、对独立董事和小股东意见的尊重，使其获得了良好的资本市场形象，并在公司治理、职业经理人、考核激励机制等方面都积累了一些行之有效的经验。管控模式上的高效，有效地支持了华润集团在分平台架构下充分利用资本市场平台积极开展资本运作，成为资本市场上长袖善舞的玩家。

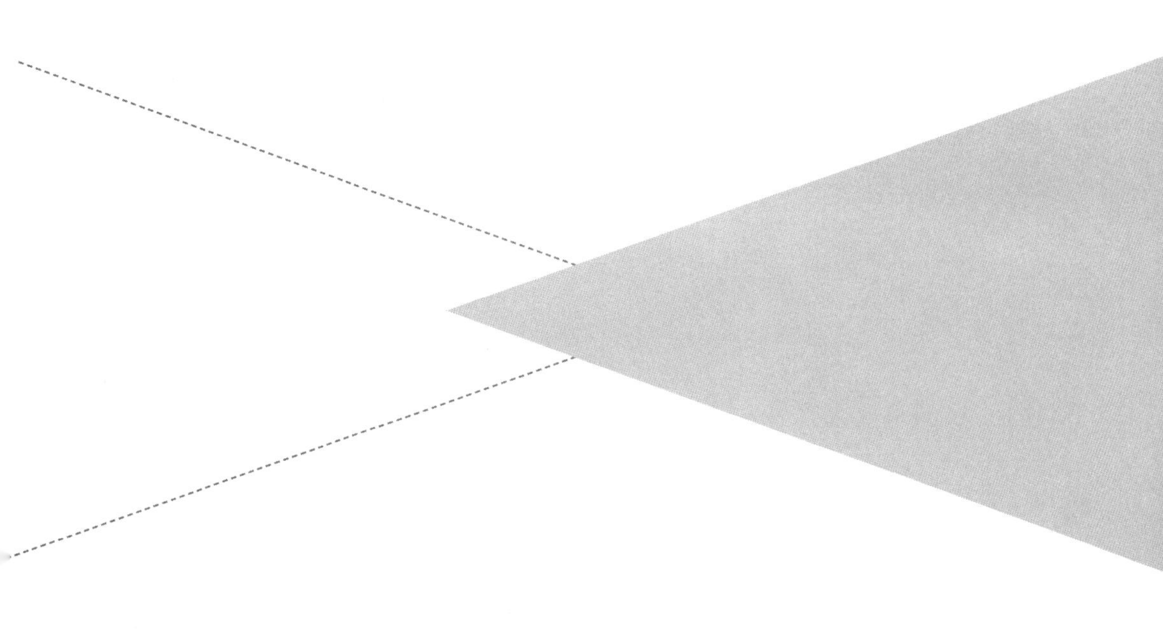

第六章 外部适应性选择

作为社会组织的一种，企业存在于外部社会环境的影响和制约之中。企业上市后，不仅和普通企业一样受到经济与产业环境的影响，还要履行公众公司的责任，进入“透明鱼缸”，充分披露信息、完善公司治理，接受监管机构、投资者和社会舆论的监督。

一、透明的鱼缸：外部适应性三大环境

公司上市往往被人称作是进入了“透明鱼缸”，道理很简单，因为透明鱼缸不论从哪个角度去看，都可以一目了然地观察到缸内金鱼的活动情况。“金鱼缸效应”原本是管理学中的一个说法，最早由日本最佳电器株式会社社长北田光男提出。北田光男将企业管理者的经济收入向职工公开，接受职工的批评建议，并根据职工意见对管理者予以奖惩，强调一种高度透明的民主管理模式。[①] 与透明鱼缸相似，公司上市进入资本市场后，作为公众公司，也同样将自身置入了外部环境的观察和监督之中。这些外部的监督主体不仅包括各类投资者，如上市公司的中小股东、资本市场的潜在投资

① 汪龙光、徐清照，《受益终生的101条管理定律》，中国经济出版社，2009年，第168页。

者等，还包括各类中介组织，如证券分析师、审计师、信用评级机构；不仅来自政府和市场的监管机构，也来自媒体和社会公众等监督力量。

企业集团的资本市场平台架构选择问题，其实质是企业集团业务特征、组织结构和管控方式三大内部结构与资本市场环境的匹配问题。选择单平台还是分平台架构，其实就是选择在哪个层级打开股权平台，引入资本市场利益相关者，接受外部的治理和监督。因此，企业集团也需要认真把握好影响企业集团资本市场平台架构选择的外部条件。这些外部条件可概括为三大环境，即经济与产业环境、资本市场环境和监管环境。

（一）经济与产业环境

经济与产业环境包括宏观经济环境、产业政策环境和产业竞争环境。经济与产业环境是企业生存和发展面对的基本面，宏观经济周期决定社会需求的涨跌、产业政策引导社会资源投向、竞争格局影响企业的行为方式。企业所在经济体中长期的走势如何，是高涨还是衰落？国家宏观调控的政策取向如何，是宽松还是紧缩？企业所在行业的产业政策趋势如何，是受到政策支持还是需要逐步被淘汰？企业所在行业的竞争格局如何，是竞争还是垄断？企业在行业内的地位如何，是行业龙头、跟随者还是挑战者？企业所处的竞争阶段如何，是守成期、转型期还是赶超期？这些问题构成的整体外部经济与产业环境是企业进行经营决策的出发点，决定了企业的战略取向以及为此采取的具体应对措施。例如，企业在战略上是应该扩张还是应该收缩？对于某一产业，企业是应该进入还是退出？企业在财务上应该采取怎样的资本结构，财务政策是应该激进还是稳健？企业在管控上是应该尽量“集中精力办大事”还是应该充分调动下级单位的积极性？以及由上述问题引发的一系列涉及战略规划、组织人事、财务资金、投资兼并等具体方面的问题。

（二）资本市场环境

资本市场环境包括资本市场的走势波动、投资者的投资偏好与认可度、中小股东的利益诉求与治理结构的完善等。资本市场的波动如何反映宏观经济的起伏？股票价格能否准确反映企业价值，是否有非理性的因素存在？多元化企业是面临“多元化折价”还是“多元化溢价”？投资者是怎样认识多元化企业的企业价值的？如何使投资者认可多元化企业中的协同效应及由此带来的超额收益？企业上市后股权结构的变化如何影响治理结构的变化？上市公司在完善公司治理结构上有什么要求？所有者与经营者、大股东与中小股东、老股东与潜在新股东之间是否存在利益冲突？如何通过规范公司治理程序使各类利益冲突具有较好的沟通方式？如何通过投资者管理工作，建立与既有和潜在投资者的沟通渠道，使企业能够获得与投资者进行充分的信息沟通与反馈？资本市场环境的影响和资本市场利益相关者的介入，是上市公司与非上市公司进行经营决策时在思考基础上的最大不同。对于企业集团来说，上市后如何适应资本市场环境给企业的经营管理带来的变化？如何利用资本市场波动进行市值管理，传达正面信息、引导市场价值？不同的资本市场平台架构在处理与资本市场环境相关的各类问题时的差异何在？例如，母公司扮演的角色有何不同？在不同的角色要求下如何完善治理结构？母子公司如何以何种方式进行互动与反馈，母公司如何对子公司施加影响？都是值得深入探讨的问题。

（三）监管环境

监管环境既包括一般企业需要接受的政府监管，如涉及投资、商务、工商、税务、环保以及国有企业面临的国资监管等；也包括因上市带来的证券市场监管，如来自证监机构和交易所的监管；还包括来自中介组织、媒体和公众的社会监督等。企业集团需要对在不同资本市场平台结构下，处理不同监管要求在方式方法和操作成本上的差别进行评估，做到心中有数。例如，在履行信息披露义务上，如何做到及时全面？如何按照规范运作的要求，解决同业竞争和关联交易，不同结构在方式上有何不同？如何协调企业重大商业信息的保密要求与充分信息披露之间的关系？如何协调不同监管要求之间的差异，不同结构在操作方式和难度上有何不同？如何履行企业的社会责任，回应媒体和公众的质疑？在出现负面社会舆论时，影响程度如何，处理方式有何不同？这些问题也在不同程度上影响企业的行为风格和管理取向，以及企业在资本市场上的形象和投资者认可度，都是企业集团进行资本市场平台选择时不容回避的问题。

二、产业与经济环境：变幻莫测的“大气候”

（一）宏观经济周期

经济的周期波动是与现代市场经济活动相生相伴的“孪生兄弟”，人们用“经济周期”对这种带有一定规律性的由积累性上升和下降构成的经济过程进行概括，用来描述商业的繁荣和萧条。古典经济学家认为，经济周期是一个经济体经济总量上升和下降的交替过程，例如，哈耶克则认为经济波动是对均衡状态的偏离，而经济周期是这种偏离状态的反复出现。但后来人们发现，一个经济体处于经济周期谷底时并不一定表现为产出的绝对量的下降，因此，经济学家们把经济周期的定义修正为经济增长率的周期性变动过程。例如，卢卡斯认为，“经济周期是经济变量对平稳增长趋势的偏离”，即经济周期是经济增长率上升和下降交替的过程。

完整的经济周期一般可以分为复苏、繁荣、衰退、萧条四个阶段，其中，复苏和繁荣阶段也称为经济扩张期，衰退和萧条阶段也称为经济收缩期。在经济扩张期，随着经济复苏和经济增长速度的持续提高，消费需求、投资需求持续增长，产量不断增加，市场需求逐渐旺盛，价格水平上升；与此同时，国内经济的扩张会导致对国外资源和产品需求的不断增加，带动对外贸易特别是进口的增长，导致贸易顺差下降或贸易逆差的出现。相反，在经济收缩期，经济衰退带来经济增长速度的持续下滑，投资活动萎缩，生产发展缓慢，甚至出现停滞或下降，就业机会减少，失业率上升，居民收入水平下降，消费需求不足，市场疲软，企业利润水平下降，因亏损停业甚至倒闭的企业大量出现；同时，国内经济收缩也导致对外贸易特别是进口规模的下降。

根据不同经济学家的论述，经济周期一般分为以下几种类型：

1. 基钦周期

基钦周期也叫短周期、短波循环或小循环，1923 年，美国经济学家约瑟夫·基钦根据统计资料，从厂商生产过多时就会形成存货、从而减少生产的现象出发，认为经济周期有大小两种。小周期只有 3～5 年，平均长度约 40 个月，大周期包括 2 个或 3 个小周期，基钦把这种平均长度为 40 个月的短期调整称为“存货周期”，认为这种经济周期主要是因存货等外生因素干扰而发生的变动，以后将重新回到均衡水平。

2. 朱格拉周期

朱格拉周期也叫中周期、中波循环或大循环。法国经济学家朱格拉在《论法国、英国和美国的商业危机以及发生周期》一书中首次提出这种周期现象，并通过对法国、英国和美国三个国家的银行数据、利率和物价的研究，提出了经济中存在着 9～10 年的周期波动。朱格拉认为，经济周期是发达工商业中的一种社会现象，在某种程度上，这种周期波动是可以被遇见或采取某种措施缓和的，但并非可以完全抑制。周期波动是经济自动发生的现象，与人们的行为、储蓄习惯以及他们利用资本与信用的方式有直接关系，而政治、战争、农业歉收以及气候恶化等并非周期波动的主要根源。

3. 库兹涅茨周期

库兹涅茨周期由美国经济学家库兹涅茨在《生产和价格的长期运动》中提出。库兹涅茨认为，现代经济体系是不断变化的，这种变化存在一种持续、不可逆转的变动。通过对多国工农业产品和价格变动的统计资料进行分析，库兹涅茨提出在主要资本主义国家存在长度为 15 ~ 20 年不等的“长波”的论点。库兹涅茨周期在建筑业中表现特别明显，因此也被他称为建筑业周期。

4. 康德拉季耶夫周期

康德拉季耶夫周期也称长周期或长波循环，是由苏联经济学家康德拉季耶夫在 20 世纪 20 年代的一系列论著中提出。康德拉季耶夫通过对英国、法国、美国等国家 36 个统计项目 100 多年的统计数据进行分析，提出在长达 140 年中，资本主义经济经历了两个半长波循环，周期的平均长度为 50 ~ 60 年。康德拉季耶夫认为，生产技术的变革、战争和革命、新市场的开发、金矿的发现等因素都不是导致长波运动的根本原因，长波产生的根本根源是资本主义经济实质固有的那些东西，特别是与资本积累密切相关。

5. 熊彼特的整合

熊彼特试图将上述几种类型的经济周期整合起来，他把短周期作为分析资本主义经济循环的一种方法，并认为 3 个基钦周期构成一个朱格拉周期或中周期，

6 个中周期或 18 个短周期则构成一个康德拉季耶夫周期。熊彼特还试图根据这一创新理论对长周期给出一个系统的解释，他在《经济周期》中将资本主义经济发展历史划分为 3 个长周期：第一个长周期从 18 世纪 80 年代到 1842 年，是"产业革命时期"，基本特征是手工制造或工场制造的蒸汽机推广到一切工业部门和工业国家；第二个长周期从 1842 年到 1897 年，是"蒸汽和钢铁时期"，基本特征是机器制造的蒸汽机成为主要的动力机并得到普及；第三个长周期从 1897 年到 20 世纪 50 年代，是"电气、化学和汽车时期"，基本特征是电动机和内燃机在工业部门中得到普遍应用。

熊彼特还意识到了周期振动同时发生的现象，"演化的周期性过程没有理由仅仅引起一次波浪式运动。相反，有很多理由可以预期，它会造成多次波浪式运动，这些波动会同时继续延伸，并且在此过程中相互干扰。"熊彼特相信经济运行中存在多个振动同时发生的现象，也就是经济周期的振动叠加，其中有强有弱，他认为多个周期的下降阶段趋于一致的情况将会导致萧条。[①] 图 6－1 为经济周期的振动叠加图示。

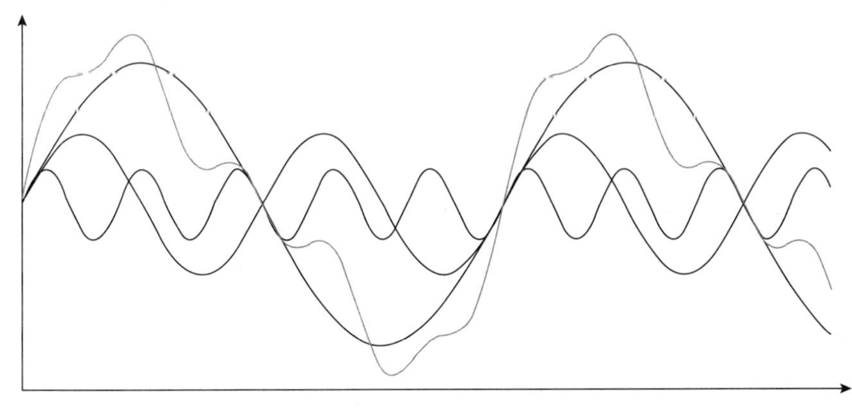

图 6－1　经济周期的振动叠加

① 拉斯·特维德，《逃不开的经济周期》，中信出版社，2012 年，第 144 页。

在上述几种经济周期的类型中，影响最大的是朱格拉周期，特别是他对经济周期波长的界定。目前宏观经济理论中所提到的经济周期一般都是朱格拉周期。以 1978 ~2013 年中国经济的运行情况为例，如图 6 –2 所示，从 1978 年改革开放以来，中国的经济运行具有明显的周期性。经济增长率最高的波峰年共有 4 个，分别是 1978 年（11.7%）、1984 年（15.2%）、1992 年（14.2%）和 2007 年（14.2%）；经济增长率最低的波谷年也有 4 个，分别是 1981 年（5.2%）、1990 年（3.8%）、1999 年（7.6%）和 2013 年（7.7%）。如果依据波峰年计算周期的长度，从 1978 年到 2007 年的 29 年间，共完成 3 个经济周期，平均长度为 9.66 年；若依据波谷年计算周期长度、从 1981 年到 2013 年的 32 年间，也完成了 3 个经济周期，平均长度为 10.66 年。可以说，自 1978 年改革开放以来，我国经济周期的平均波长是 10 年左右。①

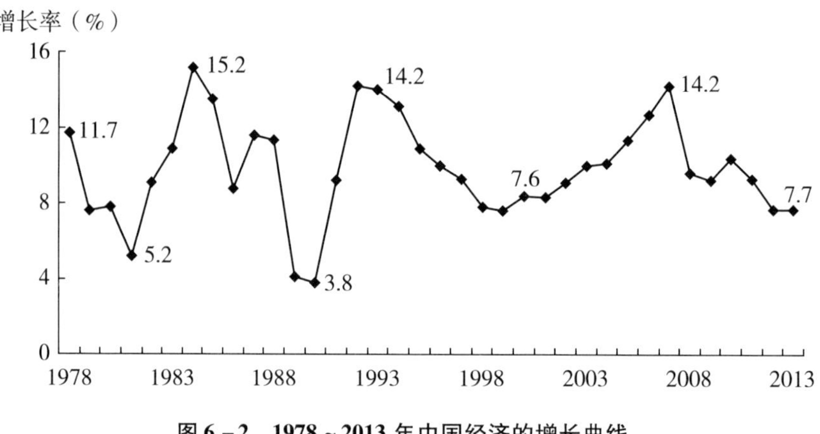

图 6 –2　1978 ~2013 年中国经济的增长曲线

同期世界经济的运行情况也是如此，如图 6 –3 所示，1978 ~2013 年间，世界经济在运行中出现了 4 个波谷年，分别是 1982 年（0.8%）、1991 年（0.8%）、

① 张连城，《中国经济增长路径与经济周期研究》，中国经济出版社，2013 年，第 155 页。

2001 年（1.5%）和 2009 年（-0.6%）。如果以波谷年计算，从 1982 年到 2009 年的 27 年间，世界经济已完成 3 个经济周期，平均长度是 9 年。同期，世界经济的波峰年分别是 1978 年（4.6%）、1984 年（4.6%）/1988 年（4.5%）、2000 年（4.2%）、2010 年（5.3%）。如果不考虑 2010 年各国政府在金融危机后刺激经济的扰动，仍把 2010 年作为波峰年的话，从 1978 年到 2010 年的 32 年间，世界经济也完成了 3 个经济周期，平均长度为 10.6 年。①

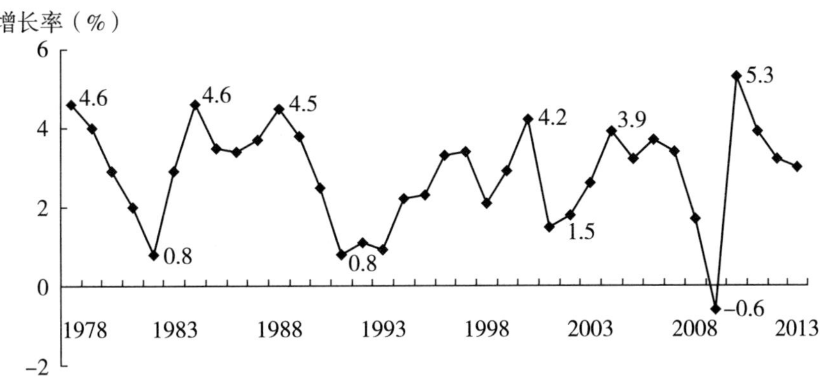

图 6-3　1978～2013 年世界经济的增长曲线

（二）产业政策环境

产业政策是政府为克服市场失灵，从国民经济全局性和长期发展出发，针对产业实体和产业关系采取的产业扶植、结构优化、布局调整、技术升级等方面的政策法令。实施产业政策的主要手段包括：一是法律规制，即通过立法对有关重点产业的投资者身份、股东成分、投资与经营方式进行刚性规定，达到地区产业保护、保证国家安全等作用；二是直接干预，即通过配额制、许可证制（审批

① 张连城，《中国经济增长路径与经济周期研究》，中国经济出版社，2013 年，第 225 页。

制）、政府直接投资经营等方式直接约定产业准入门槛、调节产业参与者构成；三是间接诱导，即通过提供行政指导、信息服务、税收减免、融资支持、财政补贴、关税保护、出口退税等行政与市场化结合的方式，引导产业布局调整，产业结构优化。

各国的产业政策因经济发展阶段、文化、历史、政治条件、国际环境不同有很大差异，即使在同一个国家或地区，也会因各产业的发展阶段和政府的发展导向不同，对不同的产业制定不同的产业政策。例如，针对电力、煤炭、钢铁、水泥等高耗能、高污染、产能严重过剩产业，2010 年 2 月，国务院出台《关于进一步加强淘汰落后产能工作的通知》，通过严格市场准入、强化经济和法律手段、加大执法处罚力度、加强财政资金支持等约束与激励机制，坚决推动淘汰落后产能工作。再如，为促进新能源汽车发展，国家在 2014 年密集发布《关于加快新能源汽车推广应用的指导意见》、《关于电动汽车用电价格政策有关问题的通知》、《关于免征新能源汽车车辆购置税的公告》等一系列支持政策，从充电设施建设、电费、税收等生产和消费多个环节提升新能源汽车的市场竞争力，鼓励消费升级。

产业政策是由国家在不同发展阶段的发展目标决定的，是政府对于资源配置流向的主动指导，在某种程度上代表了一个时期的国家意志。企业发展要顺应国家的政策导向，根据国家产业政策指导，制定适宜的发展方式与竞争策略。

（三）产业竞争环境

在《蓝海战略》一书中，作者 W · 钱 · 金和勒妮 · 莫博涅提出，企业与其在拥挤的“红海市场”中激烈竞争、不如开发新的、没有竞争的市场空间，即去寻找“蓝海市场”。实际上，“红海市场”和“蓝海市场”描述的是两种不同产业竞争环境下的市场，在“红海市场”，产业边界是明晰和确定的，竞争规则是固定的，市场空间狭小、竞争激烈，难以获得更大的市场份额和更高的利润；而“蓝海市场”是新的、没有竞争的市场空间，蕴含着庞大的市场需求，没有步步紧逼的竞争对手，利润丰厚而持久。

在产业组织理论中，产业竞争环境由产业的基本状况和产业的市场结构构成。产业的基本状况是由该行业中的产品及供需方特点等决定的，是一种内在的、不轻易受行业中的企业行为影响改变的基本特性，如航空业的季节性需求、食品业的低价格弹性等。决定产业基本状况的因素包括需求与供给两个方面，从需求方面看有：产品的基本属性如是消费品还是耐用品、产品的价格弹性、替代品的种类、产品需求的周期性和增长率等；从供给方面看有：产品的基本原料、产业的科技水平、产品的价值、产品的政策支持等。

产业的市场结构是对产业内竞争程度及价格形成等产生战略性影响的市场组织特征，决定市场结构的因素主要是市场集中程度、产品的差异化程度和市场进入退出壁垒的高低等。市场结构的核心是垄断与竞争的问题，市场结构的两个极端类型是完全竞争市场和完全垄断市场。在现实经济活动中，完全竞争和完全垄断市场几乎是不存在的，市场结构主要是以介于两者之间的垄断竞争市场和寡头垄断市场为主。

迈克尔·波特的“五力模型”（见图6－4）是对产业竞争环境影响因素的一种简化描述，用于分析产业的竞争状况和潜在利润。在该模型中，产业的竞争环境主要受到五种力量的影响：一是购买者的议价能力，如果购买者的议价能力强且具有进一步整合的可能，企业的利润就自然减少；二是供应方的议价能力，同样，如果供应方的议价能力强且具有进一步整合的可能，企业的利润空间也会受到压缩；此外，企业还必须与替代品厂商竞争，随时提防潜在竞争者的进入，以及与目前已经处于产业中的其他厂商竞争。在“五力模型”的基础上，波特提出了“产业吸引力”的概念，即在五力均衡的情况下，产业中企业的潜在平均盈利空间是高还是低，是否能吸引更多的企业进入该行业。“五力模型”可用于衡量产业的竞争环境，帮助企业在制定竞争战略时评估自身在产业中的相对位置，以判断能否获得高出产业平均水平的利润。

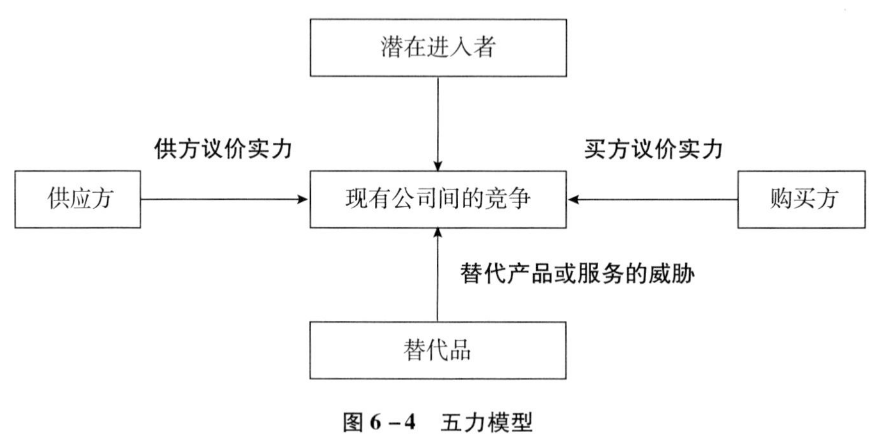

图 6－4　五力模型

（四）经济和产业环境对企业的影响

1. 对企业战略行为的影响

企业在战略方向和竞争策略上的选择过程，是企业在对内外部环境进行判断的基础上，解决企业“做什么”和“如何做”问题的过程。与内部环境相比，企业所面临的外部环境是其自身无法控制的，不仅如此，随着现代市场经济的发展，企业与外部的联系日益密切，企业的生产经营活动受外部环境的影响也越来越大。因此，企业在战略方向和竞争策略的选择上，以及在具体实施措施的执行上，都离不开对宏观经济周期和所在行业竞争环境的客观分析和准确把握。

在把握宏观经济波动方面，企业应对形成经济周期背后的政治、经济、社会、技术等因素有所认识，寻找应对周期波动的方法，趋利避害。在经济繁荣时，顺应经济大势，加大投资力度，实现规模经济和范围经济，提高竞争优势；

在经济衰退时，努力修炼内功，提高成本控制和技术研发能力，加强内部管理，整合行业资源。

在把握行业竞争环境方面，产业经济学认为产业的基本状况、市场结构、企业行为和企业绩效间存在着一连串的因果关系，即产业的基本状况决定市场结构，市场结构决定企业在市场中的行为，而企业行为又决定市场运行的经济绩效。例如，在竞争激烈的“红海市场”，市场空间十分狭小，企业时刻面临巨大的生存压力，只能通过恶性竞争、价格战等方式击败竞争对手，以攫取已知需求下的更大市场份额；而“蓝海战略”则要求企业转变思路，通过价值创新来提升客户价值，从而创造新的市场，最终创造新的增长。再如，互联网产业固定成本高但网络外部性明显，边际成本会随产出明显下降。这样的产业特性造成互联网产业“赢家通吃”的竞争环境，每一个细分行业的市场上只容得下一个行业龙头的存在。而在这样的竞争环境下，企业的竞争策略只能是“迅速做大、抢占市场”，只有在市场份额上独占鳌头，才能有生存的空间。[①] 这也是为什么互联网产业会经常出现不管企业是否盈利，也要通过烧钱大战争抢客户和流量的根本原因。

2. 对企业融资行为的影响

经济和产业环境对企业的资本结构与融资方式选择也有直接影响。在经济繁荣时，市场资金充裕，企业盈利前景好，无论是债务融资还是股权融资，各种融资渠道都比较通畅，但投资者更希望参与股权融资获得更大的投资回报；此时，企业可以通过增发股票获取股本资金、改善资产负债结构。而在经济衰退时，市场资金缺乏，投资者对企业的盈利前景也普遍看淡，此时，银行借款、债券、股

① 汤玥哲，《策略精论（基础篇）》，中信出版社，2013 年，第 88 页。

权融资的难度都会加大，只有资本结构稳健的企业才能获得融资。同时，由于资本市场存在着一定的融资摩擦，即税收、交易成本、信息成本以及代理成本等对融资行为带来的约束，宏观经济的繁荣还是萧条也通过这种摩擦影响企业的融资行为。经济环境越差，这样的交易成本、信息成本和代理成本就越高，融资难度就更大，企业调节自身资本结构的速度就会更慢。反之，在经济繁荣时，市场活跃着大量的机会，信息传递也比较顺畅，无论是投资者还是融资者都希望在更短时期内完成投融资行为，企业融资也相对便利一些。

从产业环境看，即使在经济周期的同一阶段，不同的产业环境对企业融资行为和资本结构的影响也不一样。在波特的“五力模型”中，购买者的议价能力、供应商的议价能力、既有厂商、潜在进入者和替代品的威胁决定了一个产业的吸引力和潜在利润空间。产业中的企业必须通过降低成本或提高产品差异化水平来打造竞争优势，从而获得高出产业平均水平的利润，这其中，资金成本是降低总成本中的一个关键环节。例如，在高度集中的市场结构下，少数企业寡头掌握了产品或服务的定价权，对产业资源的分配具有较高的控制能力，这些企业寡头就比剩余的受支配企业更具融资优势，这种融资优势会进而加强企业的成本优势，构筑产业壁垒。同时，在少数企业寡头之间，融资方式与资本结构的选择也是竞争成败的关键因素。在产业总体向好的时期，较高的财务杠杆能够帮助企业迅速扩大市场占有率与影响力；但当行业环境发生变化时，高负债容易导致企业的后续投资能力不足，进而导致企业在产品价格竞争中的财务承受能力不足。因此，企业必须维持一个健康的资本结构，或者保持调整资本结构的能力，以便在后续的竞争中占有竞争优势，抵御产业环境变动的影响。

3. 对企业管控行为的影响

对于企业集团来说，不同的产业竞争环境对于管控方式的要求也有所不同。

在竞争激烈的产业中，企业需要对快速变化的市场环境保持迅速反应的能力。如果子公司的权限较小，企业的日常经营事项仍需要母公司决策，必然降低决策效率和反应速度。此时，应通过适当分权，使更了解市场以及自身运行状况的子公司管理者掌握更多的经营和管理权限，满足市场变化对决策时效性的要求。而在竞争程度较低、垄断程度较高的产业中，市场环境比较稳定，对经营决策的时效性要求降低。为防止母子公司间信息的不透明，以及由此带来的委托代理成本增加，甚至由此引发的内部人控制问题，母公司可以采取相对集权的管控方式。

（五）架构适应性分析

对于单个企业来说，经济与产业环境是企业生存和发展的基本面，直接影响企业在战略、融资和管控等方面的行为选择；对企业集团来说也同样如此，经济和产业环境通过对企业集团上述行为的影响，也会影响集团内资源配置的方式和手段，进而影响企业集团资本市场平台的选择。

从战略行为上看，企业集团的战略不是下属子公司战略的汇总，而是需要母公司以集团整体利益最大化为出发点，统筹协调各子公司的利益，充分发挥协同效应，在资源的配置上对各项具体业务做出“有进有退”，“有保有压”的取舍选择。如果企业集团所在行业竞争格局仍不清晰，需要实施赶超战略、加速发展时，单平台架构有利于企业集团在战略层面的协同统一，有利于调动优势资源，“集中力量办大事”。在经济扩张时扩大业务规模、提高竞争优势，在经济下行时集中资源、抵御风险。

从融资行为上看，无论是在单平台还是分平台架构下，企业集团都应保持一个良好的资本结构，将债务规模控制在合理的范围，以适应内外部环境变化，便于灵活调节。在分平台架构下，如果遭遇宏观经济下行、产业竞争升级等外部环境恶化的情况，导致企业集团整体融资环境恶化，个别经营状况良好的上市子公司仍有可能保留公开市场的融资渠道，企业集团也会借此改善总体资本结构；而在单平台架构下，如果单一旗舰平台的股权融资功能被削弱，企业集团将失去调整资本结构的灵活性。

从管控行为上看，如果企业集团处于高度竞争的产业环境中，子公司管理者需要更多的精力关注市场的供需情况波动和产品的销售表现，需要更大的经营权限应对市场变化，分平台架构对这种相对分权的要求更为适应。而如果企业集团所在产业产品差异化程度小，垄断因素较多，少数寡头控制着定价权和话语权，子公司管理者掌握更多的权限和信息更易带来委托代理成本的提高以及内部人控制等问题，这样就可以考虑相对集权的单平台架构。

三、资本市场波动：经济的“晴雨表”

（一）宏观经济与资本市场波动

因为能够快速地反映宏观经济周期变化和运行状态，提前反映实体经济未来的发展趋势，资本市场常常被人们称作“宏观经济的晴雨表”。这说明，一方面，资本市场不能离开特定的宏观经济环境，宏观经济周期决定了股市周期。尽管存在短期偏差与时滞，但从中长期看，资本市场与宏观经济运行的方向是基本一致；另一方面，资本市场能够对宏观经济产生一定的反作用。资本市场服务于国民经济，是国民经济的重要组成部分，资本市场的起伏也能影响国民经济的运行状态及其预期。

由于资本市场交易的是金融资产这类特殊的商品，而金融资产定价往往包含投资者对未来经济走势的预期，通过对某些反映经济趋势和周期拐点的先行指标进行分析，理性投资者一般能够具备一定的事前识别判断能力。投资者的这种对经济走势的理性预期反映在资本市场上就是，在经济触底、低位运行但尚未回升之时，股市先行出现反转行情；而在经济持续过热、高位盘整但又未出现明显下滑之时，股市先行出现下跌行情。

对于资本市场的这种“晴雨表”功能，可以从宏观和微观两个层面进行分析。在宏观层面，由于资本市场是一个资金融通的市场，资金面是资本市场走势的决定因素，而资本市场资金供求情况则取决于实体经济的发展情况。当经济繁荣时，社会资金供应充足、投资需求增加，银行也会放松银根增加流入资本市场的资金，从而推动资本的繁荣；而当经济萧条时，社会资金供应不足、投资需求减少，银行资金供应紧张，资本市场流入的资金减少，甚至出现资金流出，从而导致资本市场的下跌。在微观上，实体经济的变化对上市公司的业绩也会产生重大影响。当经济繁荣时，消费者可支配收入增加，消费意愿强烈，导致市场需求旺盛，商品价格上涨，上市公司生产增加，从而利润出现大幅度的增长，对股价形成支撑，促使股价上升；而经济萧条时，消费者手中可支配收入减少，消费意愿减弱，导致上市公司生产经营出现困难，利润减少甚至出现亏损，对股价造成利空。

（二）资本市场的非理性波动

作为宏观经济的晴雨表，尽管资本市场的走势与实体经济的走势总体上是一致的，但这并不意味着资本市场与实体经济的变化完全同步。如果用 GDP 的变化来衡量实体经济的波动，那么一个正常经济体的 GDP 增长或者下降的幅度都只是在几个百分点范围内，而资本市场的波动幅度要比这大得多，有时甚至会出现成倍的涨跌波动幅度。不仅如此，在一些特殊时刻，由于存在过度投机和非理性预期因素，资本市场的走势还有可能产生与实体经济的背离。在这里，资本市场又表现出它非理性的一面。

这一现象解释起来并不困难，无论是资本市场对于宏观经济的反映，还是股价价格对公司价值的反映，都建立几个假设基础上，即资本市场的有效性、信息完全对称、投资者的绝对理性。只有在这些前提下，才能从市场交易的完备性、公平性和对等性等角度形成一个公允的市场价格，才能够反映众多的投资者基于未来现金流预期进行风险收益率贴现后形成的均衡价格，才能够充分有效地反映出市场上全部历史的、公开的和未公开的信息。遗憾的是，信息不对称是长期存在的，即使是发达的金融市场也难以达到真正的强有效市场；投资者是有限理性的，不可能做到完全理性，尤其是在不发达的资本市场中非理性的成分会更多。而在行为金融学理论看来，资本市场中存在着大量的噪声交易，这些噪声交易基本上是随机和非理性的，投资者怀着投机心理进行盲目跟风、追涨杀跌，而这些噪声交易又往往能带来明显的羊群效应，进一步加剧了市场的反应程度。这些都会导致股票价格和资本市场的非理性波动。

（三）架构适应性分析

资本市场的非理性以及由此带来的股票价格非理性波动，往往也蕴含着机会。当资本市场对上市公司股价高估时，可以发行股份融资或者以股份作为支付对价用于购买资产，享受高溢价的红利；而在资本市场对其低估的时候则可以用现金回购公司股份以缩小股本规模，增加上市公司价值。对于企业集团来说，这样的操作无论是单平台架构下的上市母公司，还是分平台架构下的上市子公司，都可以择机进行。但不同之处在于，由于上市公司股价被严重低估时，往往也伴随着宏观经济和产业环境的恶化，企业的经营处境、财务状况都比较困难。此时，不仅公司难以保有大量的现金，甚至融资能力都会受到限制，因而很难具有进行回购股份的能力。但对于企业集团来说，同样在遇到资本市场低估的情况时，周转的余地就大了很多。多元化的业务分布为企业集团形成了一个更加稳定的现金流，企业集团可以将多元化的业务资产放置在不同的上市公司中，各类业务所在产业都有不同的产业周期特点和市场竞争格局，即使在某一公司陷入困境的时候，其他公司也受到同样的影响。此时，凭借其他子公司的利润分红、历史积累的内部资金池以及集团整体的融资能力，企业集团仍然具有进行资本市场运作的资金实力。

对应到资本市场平台选择，在分平台架构下，尽管各下属上市公司在自身股价不振时难有运作的空间，但企业集团母公司可以借此进行市值管理操作，如增持下属公司的股份、向股价被低估的上市公司进行资产注入获取对价股份等。这样，一方面可以引导市场对于公司发展的预期，刺激股票交易；另一方面也可以低成本获取更多的上市公司筹码、提高控制力，便于进行后续运作。而在单平台架构下，母公司可能会缺乏进行市值管理的有效手段，约束了这方面功能的发挥。总之，在利用资本市场的波动进行市值管理和灵活发挥资本运作功能方面，分平台架构可能更为便利。

四、投资者偏好："混合果汁"效应

（一）定价的难题

在中信集团2 200多亿借壳中信泰富进行整体上市的计划发布后不久，骨感的现实便扑面而来。中信集团在整体上市的操作中的一个巨大难题便是定价问题，对于拟注入资产中信股份的定价，许多分析师提出质疑，认为中信集团绝大部分资产已经在上市公司内，集团税前利润约有80% ~90%来自金融业务，其中主要是来自上市公司中信银行和中信证券。根据市场表现，贡献最多盈利的子公司中信银行，市净率（PB）也只有0.9倍，而根据国内对于国有资产转让的规定，国有资产转让价格不能低于净资产，即中信集团上市定价的市净率不能低于1倍。在这种情况下，多数投资者会认为与其花更高的价格买入新中信，倒不如把中信旗下上市公司的股票逐一买进，这样还可以根据各上市的经营情况和市场表现，对权重比例进行适当的调整，获取更好的收益。①

对于市场的这种反应，中信集团董事长常振明先生并不讳言，他在解释为什么没有将中信股份单独进行IPO时曾谈到，“股份公司下面已经有很多上市公司了，我们再上市投资者会觉得很困惑。”但他也认为，“集团结构复杂，市场需要时间理解”，并强调整体上市后的中信集团作为“香港最大的综合企业”这一卖点，认为“综合性企业”可以增加企业的价值。例如，原本相互竞争的子公司，将通过并购、剥离处理产生新的价值；公司内部的资本多元配置，也可以平衡风险，如在人民币贬值时，某些子公司利润下降，另一些会利润上升。

中信集团整体上市遭遇的定价困扰，反映的是资本市场上久已存在的一个争论，即多元化经营的上市公司是面临“多元化折价”还是“多元化溢价”。

（二）折价还是溢价？

“混合果汁”效应是对多元化折价现象的一个形象说明。作为一种产品，混合果汁的尴尬之处在于：如果消费者喜欢混合果汁中的某一种口味，例如橙汁，那么他不一定会因此去购买一瓶混合果汁，因为他只需要购买一瓶橙汁就足够了；可如果消费者不喜欢其中的某一种口味，例如苹果汁，那么他一定不会去购买这瓶混合果汁；而如果消费者同时喜欢橙汁和苹果汁，他也很有可能出于对两种口味混合起来的口感不确定而不去购买混合果汁。

多元化经营的企业集团在资本市场上的处境与混合果汁十分类似，资本市场

① 改编自：彭琳，《中信赴港整体上市计划惨遭吐槽》，新浪专栏文章，2014年4月23日。

上的分析师和投资者并非企业集团的内部人员，甚至多数没有实体经济的从业经验，只能依靠公开信息和独立分析进行投资决策。“围城之外”的投资者难以评估企业集团整体是否能够创造大于单个子公司收益加总的超额收益，出于谨慎，他们一般只能将企业集团的收益视为各子公司收益的简单相加。同时，多数资本市场投资者只是专注于特定行业或领域，更容易理解他们所擅长领域内公司的盈利模式。对于企业集团下属的某一专业化子公司，投资者很容易找到合适的估值方法和衡量标准，并做出投资价值判断。而对于多元化企业庞杂的业务门类和众多子公司，投资者难以做到面面俱到、样样精通。因此，无论是从行业经验、信息获取还是价值判断，投资者对于多元化企业进行把握的难度要远远大于某一专业化子公司，投资者对“纯果汁”有天然偏好也就并不奇怪了。这就导致了多元化企业在资本市场上往往遭遇“混合果汁”的命运，投资者不会因为青睐某个特定行业而去选择企业集团的股票，却会因为规避或不熟悉某一特定行业而不去购买企业集团的股票。对于投资者来说，购买多元化企业集团的股票不如直接购买自己更为熟悉的下属子公司股票，从而避开那些不擅长或不看好的行业，还能够自由地配置投资组合的权重。

当然，对此也可以换个角度去看待，混合果汁能够提供更全面的营养，既含有维生素 C 又含有胡萝卜素，或许还能提供更好的口感。而如果企业集团能够通过有效的组织和管控，统筹协调好各项业务的发展，使各成员单位间发生正向的“化学反应”，在整个企业集团内部形成良好的协同效应，产生超越各成员单位效益加总的超额效益，就能为投资者所认可，并在市场价值上予以体现。正如前面所提的中信集团，如果能够让投资者意识到，中信集团是一家具有超强实力的综合企业，凭借多元业务互补、超级集团管控能力，高效内部资本市场和资源配置可以常保企业大旗不倒，创造出“1 + 1 > 2”的协同效果，其上市定价的难题也就不复存在了。但要做到这一点，不仅需要企业集团自身具有较高的组织、协调和管理水平，还需要通过持续的市场沟通来影响投资者，使投资者能够获得更为深入和理性的认识。

（三）多元化折价的理论依据

20 世纪 60 年代，在美国市场经历过一轮大规模混合并购以后，人们发现，一些通过混合并购形成的联合公司，不仅没有降低经营风险，而且经营状况明显恶化，公司股票的市场价值急剧下降。例如，1968～1974 年，美国进行混合并购最积极的 11 家混合联合公司股价平均下降 66.9%，这反映了当时的混合并购存在着盲目扩张的嫌疑。[①] 而在第四次并购浪潮中出现了大量的多元化企业剥离的现象，也在一定程度上说明了多元化对企业价值的损害致使企业回归核心业务。例如，施勒菲与维什尼（Shleifer & Vishny）[②] 认为，20 世纪 80 年代的接管运动在很大程度上是对企业多元化的负面反映，这一时期的价值收益主要来自专业化和集中战略。关于“多元化折价”的产生原因，学术上的解释有以下几个：

第一，低效的内部资本市场。一种普遍的看法是，多元化企业能够利用多样化的现金流建立起一个高效的内部资本市场。这样，一方面，企业可以凭借内部资本市场获取较低成本的项目融资，避免外部募集资金的交易成本和潜在风险，也可以避免因加入过多股东和债权人而带来的管理协调成本；另一方面，多元化企业可以统一掌握内部资本市场，按照项目预期收益的高低来分配资本，将资金分配给最优的部门，提高资金的使用效率。但事实上，多元化对公司价值的损害表明，建立内部资本市场的收益可能不足以弥补它带来的负面效应，为此，学者们提出了“低效内部资本市场假说”。该假说认为，多元化企业在资源配置上并

① 韩忠雪，《中国上市公司多元化折价：代理问题与治理优化》，经济科学出版社，2013 年，第 15 页。

② Shleifer A., Vishny R. W., The Takeover Wave of the 1980s [J]. *Science*, 1990, 249 (17), 第 738～783 页。

不是按照投资项目收益高低来进行分配，而是呈现出一种“平均化”现象。即一个部门的投资支出并不完全依赖于本部门的现金流大小，而是依赖整个公司内其他各部门的现金流情况，这使得多元化企业内部的资金流趋于从投资机会较多、净现值项目为正的部门流向投资机会少，净现值项目为负的部门，形成高效行业对低效行业的跨行业补贴。这种结果必然造成过度投资和投资净现值为负的低效项目，从而进一步损害公司整体价值。

第二，信息不对称。信息不对称假说认为，多元化加剧了企业的信息不对称程度，导致多元化折价。原因来自两个方面：首先，在多元化企业中，各部门的内部人可以很清楚地了解各自单位的状况，而外部人只能通过公开市场获得这些信息，信息的真实性在此过程中不免受到干扰。因此，通过公开渠道获得的信息并不能完全反映与企业价值相关的真实情况，造成内部人与外部人之间信息获取上的不平衡。其次，多元化企业涉及行业领域众多，外部分析者一般只具有精确分析有限数目行业的能力，而且一个特定的分析者跟踪的行业数目越多，其精确性就越差。因此，与单一公司相比，对于多元化公司的信息预测更容易产生偏差，从而导致市场流动性的降低、企业资金成本上升，降低公司的投资效率。

第三，代理成本。代理成本假说认为，因部门管理者、公司管理者和股东各自追求个人利益最大化产生的目标不一致，以及由此带来的广泛存在于现代企业中的代理成本问题，在多元化企业变得更加突出。在多元化的不同目标下，各利益相关者之间存在的矛盾不可协调，造成内部市场低效，导致多元化折价产生。

（四）多元化溢价的理论依据

20 世纪 80 年代以来，尽管大量的多元化企业纷纷剥离整合，实行“归核化”、“集中化”经营，但多元化战略并没有就此消失，多元化企业仍在不断涌现并持续存在。这种似乎有些悖论的现象使人们重新去思考多元化和公司价值的关系。

与多元化折价相反，另有一部分学者认为，多元化不一定对公司价值造成损害，反而能够助推公司价值提升，即存在多元化溢价。有学者通过实证研究发现，许多多元化企业在进行多元化之前就已经存在着价值下跌的趋势，因此，多元化折价只是表面的现象，实际上企业价值并不是因为多元化而下降，而是企业在原有业务贬值的情形下通过多元化的业务战略来谋求转型。坎帕与凯迪（Campa & Kedia）①发现，多元化公司在实行多元化战略前就已经折价出售有贬值倾向的原有业务资产，而且多元化公司在规模、资本支出、EBIT、产业增长率和 R&D 等方面不同于单一公司，通过对这些差异因素的控制，可以使多元化折价下降或完全消失。还有部分学者认为此前的多元化折价研究在数据库选择和衡量指标的测算方面有误，通过对这些错误的纠正，多元化折价将会消失甚至出现溢价。维拉伦格（Villalonga）②通过纠正以上所述的选择性偏差来考察多元化价值，发现多元化公司存在着较大程度的溢价，而不是折价。

事实上，企业在谋求多元发展道路上的步伐从未停止，许多成功的多元化企业也获得了资本市场的认可。如香港市场上的太古（00019. HK）和长江实业（0001. HK）。太古集团成立于英国利物浦，有超过 140 年的历史，经营地产、航空、饮料、海洋服务以及贸易和实业部门，业务多元化一直是其长“盈”不“亏”的秘密武器。例如当石油价格上升的时候，太古旗下国泰航空等业务受到压力，但是海洋开发服务业务则受惠，周期性行业之间可以互补长短。而李嘉诚旗下的长江实业集团在这方面也颇为人们称赞，长江实业的业务横跨地产、公

① Campa J. M. , Kedia S. , Explaining the Diversification Discount [J]. *The Journal of Finance*, 2002 (57), 第 1731 ~1762 页。

② Villalonga B. , Diversification Discount or premium? New Evidence from BITS Establishment - level Data [R], Working Paper, University of California, 2000.

用、港口、能源、电信、零售等众多领域。通过不断调整在全球不同地区的投资比重，长江实业数十年来确保无论顺境、逆境，甚至在经济危机中都能保持持续盈利。

（五）架构适应性分析

资本市场投资者对多元化企业的认可程度是企业集团资本市场平台选择的重要考量因素。从企业集团的角度看，坚持集团整体价值最大化是考虑问题的基本出发点，因此，无论采取何种资本市场平台，是单平台架构还是分平台架构，都应以不损害集团整体利益最大化作为基本依据。也就是说，多元化企业集团应尽力挖掘多元化战略的价值，在管理、财务、业务等各个方面发挥协同效应，提升管理效率，降低管理成本，通过建立高效的内部资本市场引导集团资金和资源的有效配置，改善信息传递效率和准确性，最大限度地提升与外部市场投资者的信息交换与沟通水平。从外部资本市场投资者的认可程度看，如果企业集团之前实施多元化战略的能力和取得的业绩能够被投资者所认同，即投资者认为企业集团作为一个综合企业起到了整体上平衡盈亏、抑制风险的作用，能够提供单个企业价值简单加总之外的附加值，那么单平台的架构也能够得到投资者的高度认可，并获得较高的定价水平。而如果多元化企业集团作为一个整体的协同价值并没有在以往的经营实践中得以体现，或这种企业集团多元化的溢价效应并不清晰显著，无法使投资者获得直观认知或得到数量化的支持，那么采取分平台架构能够使下属子公司仍然获得关注相关业务领域的投资者的认同和参与。当然，为获得投资者的认可而采取分平台架构可能牺牲企业集团整体协同效应的发挥空间和便利性，两者之间也存在一个平衡的问题。

五、治理博弈：茶壶里的风暴

（一）谁说了算?

昔日的家电连锁巨头国美电器曾在2010年时上演过一场波澜起伏的控制权之争。故事始于2008年，曾经风光无限的国美董事局主席黄光裕因涉嫌经济犯罪锒铛入狱，辞去了董事会主席一职，由时任公司总裁的陈晓兼任。此后，肆虐的经济危机使家电行业进入寒冬，国美也遭遇了此前从未遇到过的资金问题。为缓解资金压力，2009年6月，国美电器与贝恩资本签订合作协议，由贝恩资本购买国美电器发行的15.9亿元可转换债券人民币，作为条件，贝恩资本获得了国美董事会的三个非执行董事席位。

2009年7月，在陈晓的主持下，国美电器推出“管理层股权激励计划”，黄光裕家族推荐的4名董事皆在“被激励”之列，通过股权激励，陈晓管理层与国美电器绑到了一起，对董事局的控制力逐渐加强。意识到自己的控制权受到威胁，黄光裕开始发难，2010年8月5日，国美电器突然停牌，黄光裕要求举行临时股东大会，并甩出他准备好的一串牌：请求撤销前股东大会给予董事会增发20%股权的授权；撤销陈晓国美执行董事及董事局主席职务；提名两位黄氏家族成员为国美执行董事。以陈晓为首的国美董事会立即做出了反应，当晚，国美电器发布董事会决议，起诉黄光裕于2008年1月22日至2月5日期间回购公司股份中“违反公司董事的信托责任及信任行为”，并寻求赔偿。紧随其后，2010年9月15日，贝恩资本宣布将持有的国美电器可转债提前全部转换为普通股，转股完成后，贝恩资本占公司扩大后的股本约9.98%，成为第二大股东。此时，陈晓及其一致行动人与贝恩资本合计持股比例为15.1%，仅次于黄氏家族的

32.47%。此后，剑拔弩张的双方纷纷发布公开信，争取股东及公司员工的信任和支持。

2010年9月28日，国美电器临时股东大会如期召开，出乎黄光裕意料的是，在其提出的议案中，除了取消董事会增发授权外，其他的均未通过，董事局主席陈晓得以留任。正当人们以为这场控制权大战以黄光裕的失意告一段落时，11月10日，国美电器发布公告称双方已达成谅解备忘录，国美董事会同意大股东提名两名董事，董事会成员将从11人扩大至13人。然而“谅解”的局面并没有维持太久，2011年3月，国美电器董事局主席陈晓宣布离职，由原大中电器创始人张大中接任。这场历时两年多、一波三折的控制权之争以这样的结局终告散场，除令人大跌眼镜外，或许还有对现代公司治理的深深思考。

（二）治理的基础

从理论上讲，公司治理有狭义与广义之分，广义的公司治理是对包括股东在内的所有利益相关者进行的利益界定和权利安排；狭义的公司治理核心在于确保股东的利益，解决因所有权与控制权分离产生的代理问题。因此，从狭义公司治理的角度看，由投资与被投资行为形成的股东所有权关系是公司治理的基础，现代公司治理与产权的清晰界定和明确安排是紧密相关的。公司治理结构本质上就是围绕产权关系所做出的一系列制度安排，即在产权关系所界定的责任和利益边界下，各相关利益主体在参与公司治理的过程中，相互间通过各种联系和作用，达到一种动态的平衡状态。

在现代企业制度下，企业的出资人和实际经营者并不总是重合的，企业的股东往往会把企业交由具有管理才能的职业经理人进行管理，此时便产生所有权与控制权相互分离以及由此带来的委托代理关系。在委托代理关系下，企业的经营者受股东委托负有对其资产的管理责任，但职业经理人与股东的利益诉求并不总是保持一致，反而会在很多情况下出现利益冲突，如股东可能更加关注企业的长期价值，而职业经理人则可能更关心能直接影响其薪酬与激励的短期业绩。公司治理结构的产生，就是为了更好地处理委托代理关系，减小这些不可预料的利益冲突，解决难以通过商业契约来实现的企业管理。因此，公司治理很大程度上是对出资人、代理人双方不完备契约的补充，股东会、董事会、监事会等的工作程序和工作内容都是这种补充的具体表现。具体的治理结构设计和效率发挥往往是投资者和经营者博弈的结果，而且因双方在企业建立、发展过程中所处地位的变化，治理结构也会随之改变。企业的产权结构决定了股东性质与股东构成，股东的性质与构成不同，利益取向就会有所差别，而这些差别最终都将反映到公司治理上，造成治理结构和治理机制上的差异。

因此，产权关系是公司治理结构的前提和基础，产权结构在某种程度上决定了公司治理结构。在不同产权关系的基础下，股东和经营者决定的治理结构以及治理结构的效率发挥都有很大的差异。

（三）上市公司治理

相比一般的公司，上市公司的产权结构更加复杂，股东结构也更加分散。在股东性质上，上市公司的股东可能包含国有股东、企业法人股东、机构股东和自然人股东等，而且股东的结构也随着市场交易处于不断的变动之中。这样的产权结构特点决定了上市公司的利益格局更加多元，利益协调的难度也更大，因而在上市公司的治理结构安排中涉及的委托代理问题链条更长、复杂性也更大。在股东层面，大股东与中小股东形成决策上的博弈；在董事会层面，外部董事的加入提高了决策达成一致的难度；同时，监管环境也要求上市公司的治理程序更加公开透明，这些都对上市公司的治理结构和治理机制提出了更高的要求。不仅如此，上市公司作为公众公司，处于资本市场的“众目睽睽”之下，资本市场对上市公司治理的约束表现为：当公司经营不善时，投资者可以选择“用脚投票”，导致公司股价下跌，进而引发现有股东的不满，促使其联合起来调整公司治理结构和治理机制；此外，在资本市场上还活跃着众多“虎视眈眈”的竞争对手，可以在企业经营不善时，随时通过并购接管公司，对公司治理结构形成威胁，因为一旦公司控制权发生转移，公司现有的董事会和管理层都将面临被替换的风险。因此，资本市场可以对上市公司治理施加压力，而这种来自外部的压力，其效果也取决于资本市场的有效性。

对于企业集团来说，资本市场平台架构的选择将决定在哪一个层级改变集团现有的产权结构进而改变治理结构。上市后，企业集团对于上市主体的管理方式将逐步切换到公司治理的框架下，遵照上市公司治理的游戏规则确定公司的经营方向、财务战略、人员选聘等重要决策事项，不仅需要花费精力处理与中小股东之间的关系，还需要承受来自资本市场的治理压力和控制权转移的威胁。例如，在单平台架构下，企业集团在母公司层面开放股权平台，重要子公司主要由母公司全资控股或引入少数战略投资者和财务投资者，股权分散程度有限；而在分平台架构下，企业集团将旗下重要子公司的股权平台向高度分散的社会股东开放，更加分散的股权结构必定带来更为复杂的公司治理要求。

（四）典型治理模式①

1. 英美模式

在以美国和英国企业为代表的“英美模式”下，企业依托于发达的资本市场，股权结构高度分散，成熟的机构投资者成为企业的主要股东。由于绝大多数

① 于潇，《美日公司治理模式差异形成的历史根源及其对我国的启示》，吉林大学人文社会科学研究项目，2003 年。

股东持有公司股权的占比很低，持有期限也不长，同时，发达的资本市场也为公司股票提供了较强的流动性，因而，投资者参与公司治理的意愿并不十分强烈，往往依靠资本市场的退出机制“用脚投票”。从公司治理的角度看，股权的高度分散、股东的频繁更迭，削弱了股东对企业长期发展的关注，在这样的股权结构环境下，需要一个强大的董事会作为代理人，发挥为股东行使出资人权利的作用。在“英美模式”下，董事会是股东大会的常设机构，由股东大会授予职权，董事会内部设立不同的专业委员会，如执行委员会、薪酬委员会、审计专门委员会等。在人员构成上，董事会成员分为内部董事与外部董事，内部董事是指在公司任职的董事，是公司经营管理层的核心人员；外部董事一般不在公司任职，但是占董事会的多数成员。在管理层方面，分散的股权结构使得股东对公司业绩和经理人的评价更加市场化，在英美公司中，公司董事会主席兼任首席执行官是一个普遍的现象，但这种双重身份也常常使董事会丧失独立性，难以发挥监督职能，导致所谓的“管理层控制”。在监督机制上，英美公司没有监事会，而是由公司聘请专门的外部审计机构负责有关审计工作。

2. 德日模式

与英美模式下的股东结构不同，日本和德国的企业股东相对集中、持股也比较稳定。在日本，企业之间相互持股的现象非常普遍，其中金融机构特别是大型银行位于法人持股的中心，而个人股东的持股比例非常低。由于法人股东掌握着绝大多数股权，且持股非常稳定，因此日本企业的股票流动性不强，极少发生大规模的股权流动或转移情况。在治理结构上，日本企业董事会架构与美国企业类似，但在功能上却相去甚远，在美国企业中，董事会任命首席执行官和其他高管并监督他们的工作；但在日本，董事多数从公司中层管理人员中选拔，作为对中层管理人员的一种认可和晋升，但是这种安排使得董事会的决策权力下降，真正的决策权掌握在董事会主席和少数资深董事手中。历史上，日本企业崇尚公司本位，法人大股东垄断集权，对股东的权益比较漠视。但在经历了“失去的10年”后，日本也开始反思其公司治理中存在的问题，逐步推动股权分散化、减少交叉持股、引入外部董事等，向英美模式靠拢。

德国企业的股权结构与日本类似，银行同样处于中心地位，通常是公司的直接控股股东，同时又兼任个人股东的股份保管人并代为行使投票权。由于股权十分集中，德国公司高度依赖大股东的直接控制，股东主要通过一个能信赖的中介组织（通常是银行）代替他们控制和监督公司经理的行为。德国公司的业务执行职能与监督职能相分离，并成立了与之对应的两种管理机构，即执行董事会和监督董事会。这种双层董事会是德国法律的要求，德国公司非常重视监事会的作用，无论是组织机构形式上，还是授予的权利上，都保证了股东确实能发挥其应有的控制与监督职能。同时，德国有职工参与决定的制度，通过选派职工进入监事会，参与公司重大决策，一方面使公司的决策比较公开，另一方面也减少了公司被兼并收购的可能性。

“英美模式”与“德日模式”的差异，表面上看是源于股权集中度的高低、股权流动性的强弱、股东地位的高下等，但根本原因还在于两者在投资者的构成与性质上的不同。具体来说：“英美模式”下，资本市场的机构投资者主要是保险公司、退休基金、共同基金及各种基金会，其持股的目的在于最大限度地获取投资收益，因而更加注重短期效益，导致其投资稳定性较差、投资周期较短，流动性强、股权结构多变等特点。而“日德模式”下，资本市场的机构投资者主要是银行、企业法人和保险公司。这些法人持股的目的主要不是投资收益的最大化，而是在于强化企业间的资本结合和对企业的控制力、影响力等，更注重长远利益。因此，股东一般会长期持有企业股权，投资稳定性较高、投资周期较长、结构固定。英美的机构投资者是个人投资者的代理人，与中小投资者保持着高度密切的联系，以获取高投资收益为目的，因此会要求公司增加分红；而德日企业的大股东并不重视中小股东的利益，在公司治理中利用控股优势排挤中小投资者，不仅不把分红作为目的，反而有压低分红的倾向，致使中小股东参与资本市场投资的热情不高。

3. 我国的上市公司治理结构

我国公司治理的产生和演进，伴随着国内经济体制由计划经济向市场经济的转变，以及资本市场从无到有、从小到大的发展，是我国企业由行政附属产物向现代公司制度迈进的内在需要。[①]

1978 年以前，我国企业大多数为计划经济体制下的国有企业，其治理机制的主要特点是集中统一的行政性治理。企业按照规模大小和隶属关系分为不同的行政级别，企业管理人员按照行政级别高低由政府主管部门任命；企业生产计划由国家宏观计划层层分解，企业管理者没有自主权也不分享企业的经营成果。

1978 年以后，我国的国有企业改革先后经历“放权让利”、“利改税”、“承包经营责任制”等经营机制改革阶段，尽管企业的生产积极性得到调动，企业效益也得到稳定增长，但这些措施都没有从根本上改变政企不分的问题，更谈不上现代企业治理。

20 世纪 90 年代初，深交所与上交所的成立以及资本市场的出现，推动了国有企业的股份制改造，但“为国企脱困”的初衷最终导致我国上市公司股权过分集中，国有股“一股独大”的现象突出。“一股独大”的股权结构在日后成为我国上市公司众多治理问题的根源，如先后出现的德隆系、格林柯尔系、鸿仪系、ST 猴王、三九药业、大庆联谊等事件，都是控股股东利用大比例分

① 中国证监会，《中国上市公司治理发展报告》，中国金融出版社，2010 年，第 2~7 页。

红无偿占用上市公司资金，或通过关联担保、增发股票等各种方式“掏空”上市公司的恶性事件，极大地损害了中小股东的利益。据统计资料显示，2004年，全国1334家上市公司中，有702家存在被大股东及关联方占用资金的问题，年内占有资金发生额共计965.90亿元。截至2004年年末，上市公司被大股东等关联方占用资金的净占用额为262.3亿元，相比2003年增幅高出113.6%。

在这样的背景下，我国在2005年启动了股权分置改革，赋予各类股东平等的股份上市流通权和股价收益权。2006年，《公司法》和《证券法》修订完成并同时实施，奠定我国公司治理的基本架构，使之朝着更加市场化的方向迈进。随着股权分置改革的完成和“两法”的修订实施，2007年3月，中国证监会启动了为期三年的专项治理活动，使得我国上市公司治理水平有了很大提升，上市公司独立性、董事会、监事会和股东大会运作规范性、内部控制制度、信息披露制度和投资者关系管理等都进一步完善和提高。

目前，我国上市公司形成了由股东大会、董事会、监事会和管理层“四足鼎立”，在公司中行使不同的权利并达到相互制衡的治理结构体系。其中，股东大会是公司的权力机构，有权决定公司的重大事项。董事会是公司的经营决策机构，对股东大会负责，并在股东大会授权范围内对公司重大事项拥有决定权；董事会可以按照股东大会的有关决议，设立战略、审计、提名、薪酬与考核等专门委员会。管理层对董事会负责，行使对公司日常经营管理的职权。监事会是公司的监管机构，行使对公司董事及管理层履行职责的合法性及公司财务等的监管职权。基本治理结构如图6－5所示。

（五）上市公司治理冲突

与一般企业相比，上市公司由于股权分散、出资者众多，因而在公司治理上

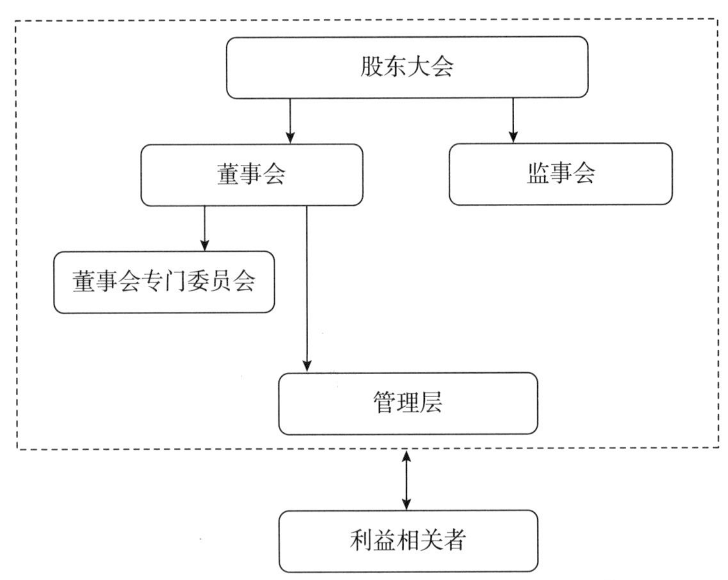

图 6－5　我国上市公司基本治理结构

的冲突也更加多元，这些冲突大致可分为两类：①

一类是所有者与经营者之间的利益冲突，包括股东与董事会之间的一级代理、董事与高管之间的二级代理两层委托代理关系中的利益冲突。委托代理理论针对美英等国上市公司股权较为分散的实际，认为由于股东的持股比例低且流动性较强，所有权与控制权完全分离，因而容易形成管理层对公司的实际控制。此时，上市公司面临的最突出问题就是全体股东与经营者之间的利益冲突，即如何保证股东可以有效地控制经营者，如何让经营者从股东利益最大化角度出发，如何保证经营者不窃取股东的资源或将资源配置在很差的项目上，而建立公司治理结构就是解决这一系列问题的有效途径。

另一类是控股股东与中小股东之间的利益冲突。在股权结构较为集中的情况

① 申尊焕，《中国上市公司大股东治理的理论和实证研究》，中国经济出版社，2009 年，第 70 页。

下，大股东在董事会、高管层的人员任免、重大事项的决策等方面占有表决优势。此时，大股东与小股东之间的利益冲突会表现得比较突出，传统的委托人与代理人之间的矛盾让位于大股东与小股东之间的矛盾。这一点，在“德日模式”中有比较典型的体现，我国上市公司的治理中也有类似的问题。因此，我国上市公司治理的核心问题是如何处理大股东与小股东之间的利益冲突问题，即平等对待股东的问题，如何使股东能够平等参与公司治理，禁止或规制大股东关联交易，保护中小股东权利等。

上市公司治理过程中的利益冲突问题是客观存在的现实问题（见图6－6），而无论是“英美模式”下所有者与经营者之间的利益冲突，还是“德日模式”下控股股东与中小股东之间的利益冲突，只是这一问题在不同的股权结构下的不同表现而已。学者吴敬琏（2001）[①] 对于股权集中度与公司治理的研究表明，公司股权集中度与公司治理有效性之间的关系曲线呈倒U型，股权过于分散或过于集中都不利于建立有效的公司治理结构。前者会造成股东“搭便车”的心理，对公司的经营状况不闻不问，对经营者的监督变得软弱无力；而后者将造成控股股东擅权独断，高管经理人员唯大股东之命是从。

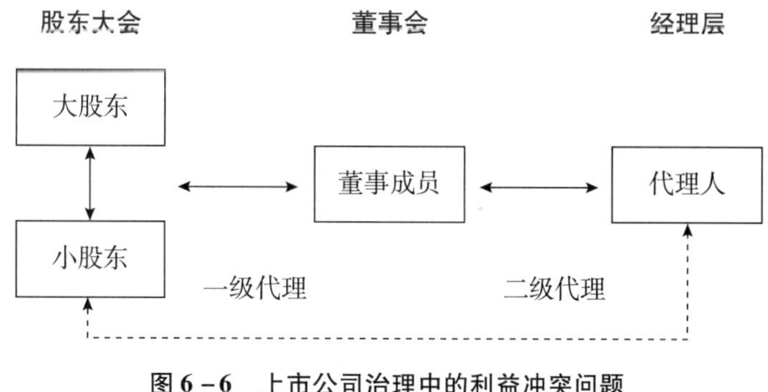

图6－6　上市公司治理中的利益冲突问题

① 吴敬琏，“控股股东行为与公司治理”，《中国审计》，2001年第8期，第23页。

（六）投资者关系管理

上市公司治理的核心问题是处理好股东与经营者之间的委托代理关系，这里的股东，不仅包括已投资于上市公司的现有股东；同时，由于上市公司的股权有较高的流动性，潜在的股东也是需要考虑的对象。因此，除了传统的股东大会、董事会、监事会和管理层，投资者关系管理也是上市公司治理的一项重要内容。通过与潜在的战略投资者、财务投资者以及其他投资者建立良好的沟通渠道，能够及时获得来自资本市场的反馈和建议，从而改善公司的经营管理和治理结构，提高上市公司的核心竞争力，有助于提升公司的市场价值。

投资者关系管理源于对投资性资本的竞争，仅以美国为例，在纽交所和纳斯达克交易所上市的公司多达上万家，投资者在投资目标的选择上非常广泛。在如此充满竞争的市场环境下，是否能够获得投资者的关注和认可，关系到上市公司的市场价值能否获得提升以及能否便利地获得市场融资。要做到这一点，仅有经营上的业绩亮点并不够，上市公司还需要与现有及潜在的投资者积极沟通，使其能够更多地了解关于公司竞争力和发展潜力的信息。

正确认识投资者关系管理还要把握以下三个方面的特点：首先，投资者关系管理是“股权文化”的重要组成部分。投资者关系管理的出发点是“股东至上”，是对投资者知情权的尊重。其次，投资者关系管理是上市公司创造价值的过程。在这一过程中，上市公司不仅向投资者传递了信息，也会获得投资者向公司的反馈，形成信息互动，有助于提高投资者对上市公司的认同度和忠诚度，进而提高公司价值。最后，投资者关系管理是以充分的信息披露为基础的。虽然各国证券监管部门和证券交易所对上市公司的信息披露进行了严格的规定，但随着资本市场不断地扩大和全球金融、投资的一体化，投资者与上市公司建立信息沟通机制的愿望会更加强烈，上市公司也需要通过主动的信息披露，吸引更多投资者的关注。

具体的投资者关系管理工作，[1] 包括上市公司定期报告的编制、设计、印刷和寄送等工作；汇集上市公司及控股子公司生产、经营、财务等相关信息，及时进行披露；通过电话、接待来访等形式回答投资者日常咨询；年度股东大会、临时股东大会、董事会的会议筹备、材料准备；定期或者在出现重大事件时组织分析师说明会、网络会议、路演等活动；加强与财经媒体的合作关系，安排公司高级管理人员和其他人员的采访与报道。此外，针对首次公开发行、再融资、并购重组等重大事件，还需做好披露和协调工作；在面临媒体重大负面报道、监管部门处罚等情况下进行必要的危机公关等。

总之，投资者关系管理是提升公司价值和股东价值的重要手段，良好的投资者关系管理，不仅能够提高上市公司的再融资能力、降低上市公司的资金成本、提升上市公司在资本市场的形象，也有助于上市公司治理结构的完善。

（七）架构适应性分析

首先，分析产权结构对资本市场平台架构选择的影响。产权结构是公司治理结构的基础，公司产权结构的重大变动，必然伴随着股东性质和股权结构的变化，导致公司治理结构的相应调整。对于企业集团来说，无论采取何种资本市场平台架构，进入资本市场就是以牺牲一定的决策自由度为代价，换取资本市场在融资渠道、价值发现、股权支付等方面的功能。因此，无论是选择单平台架构还是分平台上市架构，企业集团都要通过对原有的治理结构和管控模式进行调整，来适应公众公司的身份，这是因上市引发的股权结构调整带来的必然要求。

其次，从上市公司的治理冲突看，企业集团在进行资本市场平台选择时，

---

① 杨桦，《众信之道》，中国财政经济出版社，2012 年，第 162 ~ 177 页。

应该从减少上市公司治理中存在的所有者与经营者、大股东与小股东之间利益冲突出发进行考虑，保证企业集团整体价值的最大化。在维护上市公司独立性的前提下，企业集团应考虑如何使已有的管控模式与上市公司的治理要求能够较好地进行衔接和融合，减少治理结构变化带来的调整，降低内部管控与上市公司治理的协调成本和难度。在分平台架构下，整体上市完成后，企业集团的大部分资产将实现与资本市场的全面对接，母公司将主要扮演上市子公司“大股东”的角色。随着旗下重要子公司陆续引入机构投资者、自然人投资者等社会股东，股权结构逐步分散。在上市公司治理规范的要求下，如果母公司对上市子公司采取集权的管控模式，无疑将会遭遇较大的挑战。作为“大股东”，母公司将更多地通过股东层面的投票表决与派出的董事会成员对子公司进行治理，尽管控股股东的地位可以保证母公司在多数时候获得决策上的投票优势，但中小股东作为制约力量的存在，还是会使大股东与中小股东之间的利益冲突不时出现。同时，一旦上市子公司出现重大经营决策失误，资本市场的控制权争夺还有可能会使母公司失去控股地位。而如果选择单平台架构，企业集团将在母公司层面开放股权平台，上市公司的治理难题转移到了母公司层面，而企业集团内部的管控模式能够在较大程度上得以保留。对于重要的控股子公司，母子公司之间的产权关系没有发生变化，因而可以延续原有的治理结构和管控方式，只需针对上市母公司的治理要求进行有限的适应性调整，在企业集团内部并不存在因上市而带来的利益冲突问题。

最后，分析投资者关系管理的影响。上市公司的投资者关系管理是一项复杂全面的系统性工作，不仅包括法定的信息披露义务，还需要上市公司主动与投资者进行信息沟通。因此，要做好投资者关系管理，不仅需要上市公司投入大量的人力、物力及其他资源，还需要具有科学的管理手段和较高的沟通技巧，如果方式方法不正确，反而会使效果适得其反。投资者关系管理的工作量与上市公司数目直接相关，上市公司数目越多，企业集团为维护上市公司运行的成本更高。因此，对于企业集团来说，上市公司数量也绝非“多多益善”，应该量力而行，否则必将陷入日常工作的汪洋大海，疲于应付，难以确保投资者关系管理工作的运行效率和实施效果。

六、监管环境：显微镜与放大镜

（一）万福生科

2012 年 5 月，上市的锣声仿佛还犹在耳畔，万福生科便接到了证监会堪称史上最严厉的罚单，由于上市信息涉及财务造假，造成投资者严重损失和恶劣的市场影响，万福生科被责令整改，并处罚款 30 万元；董事长龚永福、财务总监覃学军各处以 30 万元罚款，终身市场禁入；其余 19 名高管分别被处以 5 万 ~ 25 万元的罚款。包括创始人“湖南农民首富”龚永福在内的多名责任人被移交司法部门处理。

万福生科全名万福生科（湖南）农业开发股份有限公司，主要从事稻米精深加工系列产品的研发、生产和销售，并于 2011 年 9 月成功登陆创业板市场。但好景不长，湖南省证监局上市公司检查组在对万福生科的例行检查中发现公司预付账款的重大异常，万福生科财务造假事件逐渐浮出水面。2008 ~ 2011 年，通过自有资金体外循环，虚构粮食收购和产品销售业务，万福生科虚增营业收入 7.4 亿元，虚增营业利润 1.8 亿元、净利润 1.6 亿元。扣除 2011 年虚增的 2.8 亿元收入，上市前三年（2008 ~ 2010 年）万福生科虚增营业收入约 4.6 亿元，数字惊人。随着万福生科造假案持续发酵，公司股价一路下滑，投资者损失惨重，证监会迅速展开调查并进行了处罚。

在处罚名单中，证监会并没有放过造假案的“帮凶”。其中，万福生科上市保荐机构平安证券被暂停三个月保荐资格，罚款7 575万元；两名上市保荐人被处以罚款30万元，并取消其保荐资格和证券从业资格，终身禁入市场。中磊会计师事务所、湖南博鳌律师事务所也被责令改正，没收业务收入并处以罚款；涉案注册会计师与签字律师给予警告和罚款，终身禁入市场。证监会此次对保荐人、会计师、签字律师的处罚都堪称“顶格”。为挽回名誉损失，平安证券设立了3亿元的补偿专项基金用以补偿投资者的损失，此举也开创了A股市场的先例。

短短两年，从绿大地、阳煤化工，到万福生科、天能科技，超过10家上市公司因财务造假问题遭到监管机构处罚，严刑峻法打击市场欺诈，证监会正在路上。

（二）资本市场监管

1. 市场监管的国际比较

企业通过上市对接资本市场成为公众公司，在产权层面上引入了社会股东，由于股权分散，中小投资者获取信息的难度很大，在公司治理和企业经营管理上处于劣势地位。因此，为保护投资者权益特别是中小投资者的权益，维护资本市场的健康发展，各国都会针对上市公司和资本市场设立专门的监管机构，出台相应的规章制度并建立起配套的管理体系。由于各国法律体系和监管习惯的不同，以及各国资本市场在发展历史、成长途径和成熟程度上的差异，各国对资本市场的监管方式也存在较大的差异。典型的资本市场监管模式有集中行政监管、行业自律监管和综合间接监管三种。

在集中行政监管模式下，政府积极参与资本市场监管，由政府下属部门或者直接隶属于立法机构的证券监管机构，对资本市场的运行进行集中统一的监督与管理，而行业自律性组织的监管仅起辅助作用。目前，美国、日本、加拿大、韩国等国都是采用这一监管模式，以美国为例，美国证券与交易委员会（SEC）是专门实施联邦证券法的政府监管机构，是美国证券投资交易活动的最高管理机构。SEC 集准立法权、执法权和准司法权于一身，可以独立对资本市场实行强有力的管理而无须依赖其他行政或司法机构，直接对国会负责，这突出了政府行政机构在资本市场监管中的主导作用。美国对资本市场的监管属于法定型监管体制，国家通过立法对证券的发行、交易的整个过程进行监督和管理。1933 年《证券法》和 1934 年《证券交易法》是美国证券法律体系的核心。

在行业自律监管模式下，政府一般不设专门的证券监管机构，资本市场的运行交由证券交易所、证券业协会等民间行业性组织进行自律监督与管理。英国、新加坡、马来西亚、新西兰、荷兰、中国香港等国家和地区大都采用这一模式。以英国为例，英国有一套完善的金融行业自律管理体制，对资本市场的监管主要由独立于政府机构的自律组织负责。自律组织由证券交易所协会、接管与合并专门小组和证券业理事会三个机构组成。1986 年颁布的《金融服务法》，成立了半官方的监管机构证券投资委员会，形成了“法律框架内的自律”体制。中国香港证券监管的最高机构是 1989 年成立的证券及期货事务监察委员会（香港证监会），它是独立于政府公务员架构外的法定组织，负责监管香港的证券期货市场运作。香港联交所负责执行《上市规则》，是批准公司上市的审批机关。

综合间接监管模式是以法规为基础，由多个分散的监管主体共同对资本市场运行施以间接监督与管理。德国、意大利、卢森堡、比利时、瑞士、瑞典等国家大都采用这种模式。以德国为例，德国证券法律是多层次的，通常没有统一的证券立法，有关证券的各种规范散见于多种法规中。德国有关上市股票发行和交易的规定，在《证券交易法》、《证券交易条例》、《银行法》、《投资公司法》和

《外国投资法》中均有体现；有关证券投资及其投资者权益保护的规定，则体现在《贸易法》和《刑法》等法律中。德国等国家资本市场的监管主体是由多方自律性的监管主体共同组成，德国联邦储备银行可制定和执行有关法规，有权干预资本市场；证券交易所委员会、批准上市委员会、官方经贸人会社、证券交易所理事会等多种社会性机构从某些方面对资本市场进行监管。

2. 我国的资本市场监管

经过多年建设，我国的资本市场监管现阶段形成以《公司法》、《证券法》为基石，以中国证监会为监管主体，一系列法规制度为依托的集中行政监管模式。在对A股市场的监管上，证监会对拟上市公司在资产、人员、财务、机构、业务方面的独立性有严格要求，对公司首发上市、再融资、重大资产重组等事项实行实质审核，并对上市公司独立地位、规范运行、信息披露等事项实行持续督导。[①]

在公司发行与上市制度上，我国目前实行的是核准制下的“保荐制度”，由证监会成立发行审核委员会对包括主板、创业板在内的拟上市公司进行上市资格审核。在新股发行定价上采取询价制度，通过向机构投资者累计投标询价确定新股发行价格。但证监会也对定价进行指导，如果发行价格的市盈率高于同行业上市公司平均市盈率的25%，发行人应分析讨论发行定价的合理性因素和风险性因素，并进行补充披露。

在同业竞争与关联交易方面，为防止上市公司控股股东、实际控制人或其他关联人通过同业竞争与关联交易行为损害中小投资者利益，中国证监会原则上要求禁止同业竞争；对于关联交易也规定了严格的披露要求，关联交易达到一定金

① 中国证监会，《中国资本市场二十年》，中信出版社，2012年，第220~318页。

额或占净资产一定比例，就应按照规定履行必要的决策程序和信息披露义务。

在信息披露制度上，2007 年颁布的《上市公司信息披露管理办法》规范了上市公司及其他信息披露义务人的所有信息披露行为，依照重要性与及时性标准确定须予披露的事项，规定凡是对投资者作出投资决策有重大影响的事项，都需要在招股说明书、定期报告、临时公告中加以披露。

总体来说，我国的资本市场监管仍处在市场化改革的探索过程中，现阶段对于拟上市和已上市企业的各项要求比较高。十八届三中全会以后，在深化改革的背景下，中国证监会也推出一系列改革措施，逐步推进股票发行注册制改革、取消各项行政审核，让市场成为价值判断的主体，让监管机构回归监督者的本来身份，更加注重以信息披露为中心的监管，加大对违规行为的处罚力度。

（三）国资监管

2014 年 7 月 15 日，国务院国资委宣布启动“四项改革”试点，并选定 6 家中央企业作为改革试点企业。一是在国家开发投资公司、中粮集团有限公司开展改组国有资本投资公司试点。二是在中国医药集团总公司、中国建筑材料集团公司开展发展混合所有制经济试点。三是在新兴际华集团有限公司、中国节能环保集团、中国医药集团总公司、中国建筑材料集团公司开展董事会行使高级管理人员选聘、业绩考核和薪酬管理职权试点。四是在国资委管理主要负责人的中央企业中选择 2 ~ 3 家开展派驻纪检组试点。“四项改革”试点的推出，标志着党的十八届三中全会后，国有企业在探索“管资本”和“混合所有制”的改革中，在中央企业层面迈出了实质性的一步。

2003 年，国务院国资委的成立和《企业国有资产监督管理暂行条例》的颁布，确立了各级出资人代表“权利、义务和责任相统一”与“管资产和管人、管事相结合”的国有资产管理体制。

从国资委成立10多年来的实践看，“管资产和管人、管事相结合”的国有资产管理体制，对落实出资人职责、推动政企分离发挥了切实作用，盘活了国有资产，减少了国有资产流失，保证了国有资产的保值增值，对我国国有资产近些年的快速发展起到了保驾护航的作用。但10多年来，社会对于国有资产管理体制争议之声也一直没有间断，焦点主要集中在国资委的定位上，认为国资委成立的初衷是解决国有资产所有者缺位的问题，因此，国资委应该承担国有企业“老板”的功能，即行使“资产收益”、“参与重大决策”和“选择管理者”等出资人权利。而现实却是社会舆论认为国资委行政色彩逐渐浓厚，加大了对企业的直接干预，工作重心向行政性监管倾斜，越过“老板”的边界当了“婆婆”。

党的十八届三中全会决议中对于国有资产管理体制改革的核心词就是“混合所有制”和“管资本”。为此，中央及地方相继推出了一系列改革举措，例如上海率先推出《关于进一步深化上海国资改革促进企业发展的意见》，提出“经过3~5年的持续推进，基本完成国有企业公司制改革，除国家政策明确必须保持国有独资外，其余企业实现股权多元化，发展混合所有制经济”。其他许多重点城市也已经出台或准备出台相关改革方案，国务院国资委也推出了前述“四项改革”试点。

发展混合所有制，推动股权多元化；加强重组整合，推动资产证券化，国企改革大幕拉起对国有资产监管也提出了新的要求。从“管人、管事、管资产”到“管资本”，不仅仅是一个文字上或说法上的变化，更是一种管理理念上的更新，即管理视角从低端转向顶端，管理重心从微观转向宏观，管理导向从过程转向结果。在具体的操作方式上，此前各方面讨论比较多的有“淡马锡模式”和“汇金模式”，在淡马锡模式下，淡马锡公司由新加坡财政部全资拥有并负责监管，财政部主要通过推荐董事成员参与淡马锡的公司治理，不干预淡马锡在营运或商业上的各种决策。淡马锡最高权力机构是董事会，董事成员依照其工作职能行使高级管理人员任免、财务考核等监管职责。在汇金模式下，汇金公司作为国家对重点金融企业的出资人代表，坚持“只做股东，不做婆婆”，不以行政命令影响子公司的决策，按照市场化的履职行权方式，参与公司治理。

国有资产管理体制改革不能简单照搬过往的成功模式，许多现实的问题仍需要进一步通过试点进行探索，在实践中持续推进。例如，我国的国有资产无论规模体量还是行业领域范围都比新加坡大得多，“无为而治”的淡马锡模式能否在我国进行推广？建立在金融国资管理基础上的“汇金模式”，如果应用于实业资产是否需要进行相应的调整，如何调整？再例如，在国有企业资产跨行业、跨领域分布的现状下，如何进行梳理整合并对国有企业进行科学分类？国有资本运营公司和国有资本投资公司两类公司的区分界限和职能范围是什么等等？国有资产管理体制的改革只能在实践中持续探索推进。

但无论如何，对于国有大型企业集团来说，国有资产管理体制向“管资本”的转变也意味着企业在思维和行为方式上的相应转变。例如，在“管人、管事、管资产”的管理体制下，国资委对国有企业集团在管控上要求细、刚性高，为保证管控要求的顺利贯彻，国有企业集团往往需要对各级子公司保持绝对的控制力，在持股上采取全资或绝对控股的方式，在管控上也趋于行政化、集权化，同时在与非国有主体的合作过程中也很难具有相应的灵活性。随着国有资产管理体制的改革，政府对于国有企业的监管将更加注重以市场为导向，行政干预会越来越少，企业经营将更依赖于自身的商业能力。在经营空间和灵活度大大增加的同时，对企业的决策能力、内部管理水平等也提出了更高的要求。

（四）其他政府监管

企业上市后，除了作为公众公司受到证券监管机构的监管，也要接受和其他非上市企业一样的政府监管，包括在工商、税务、商务、安全、环保、土地、矿权等方面的监管和审批要求，以及针对特定行业的特殊监管要求等。但对于上市公司，这些政府监管的特殊之处在于，某些审批文件和行政许可往往会成为诸如首发上市、资产重组和并购重组等重大资本市场运作事项的前置条件，影响企业对于上述事项在决策与执行上的时间和成本，甚至能对事项成败起到“一票否决”的作用。因此，一方面，需要企业平时“勤练内功”、规范运作，不断完善基础资产的合规性，消除在土地、房屋、矿权、下属企业股权等资产权属上的瑕疵，并严格执行国家、地方以及行业内各项法律法规和规章制度，做到各项证照齐全、账务和涉税事项明确、经营管理行为规范；另一方面，也需要政府借助全面深化改革的契机，简政放权，减少行政审批事项、提高审批效率，服务企业、便利企业。

在政府监管对商业环境和企业行为的影响方面，考夫曼（Kaufman）① 认为有5个方面的衡量因素：一是政府的效率，这是企业与政府打交道过程中需要承受的隐性成本。二是监管的负担，包括规章的种类、数量、管理的市场多少、竞争政策、价格政策等，用以衡量政策效果，经商环境，以及政府对市场的友好程度。三是法规的执行，主要看各种法律、法规执行的力度和效率。四是腐败问题，用以衡量非正常付费的频率和规模。五是政治和社会的稳定情况，如果政治和社会不稳定，那么也会影响企业经商环境。根据考夫曼的理论，王水林在《中国投资环境的国际比较》（2003）中，从时间成本、非正规付费及其他的交易成本等方面，对中国政府的效率和监管带给企业的负担进行了研究。其中一个结论是，中国企业管理人员大约要花9%的时间与政府官员打交道，这一指标比OECD国家要差，与欧洲转型国家、拉美国家大致相同，但要远远好于印度等国。

① Kaufmann, Daniel, Aart Kraay, and Pablo Zoido - Lobaton, “Governance Matters”, “World Bank Policy Research Working Papers: Washington”, 1999.

（五）社会监督

在政府监管之外，社会监督也是约束资本市场和上市公司行为的一股力量。同时，由于社会监督主体众多、监督范围广泛，往往能够起到政府监管不能替代的作用。

在社会中介的监督方面，与上市公司直接打交道的社会中介有投资银行、会计师事务所、律师事务所、评估公司、信用评级公司。各类中介机构是为投资者把关的第一道防线，其执业道德、工作质量直接关系到资本市场的健康和上市公司的规范程度。

在媒体的监督方面，媒体因其具有广大的受众和巨大的社会影响力，是资本市场上活跃的监督力量。例如，2010 年 7 月 3 日，紫金山铜矿湿法炼铜厂污水池发生了严重的污水渗漏事故，然而紫金矿业（601899. SH）并未及时向社会披露该事故的具体情况，而是等到事发后的第 10 天，才由福建省环保厅通报污水渗漏事故的发生。随后，紫金矿业 7 月 16 日又发生第二次污水渗漏事故。据事后统计，两次污染事件共对社会造成直接经济损失 3 188 万元。媒体对于紫金矿业瞒报污水渗漏事件进行了持续报道，其违背社会责任、破坏生态平衡等方面的劣行遭到了社会谴责，公司股价也应声下跌。随后，紫金矿业对社会公众诚恳道歉并彻查事故原因，才挽回资本市场形象。

由于社会监督的广泛性和较大的社会影响，对于企业在社会责任和资本市场形象方面也提出了更高的要求。为此，深交所 2006 年发布《上市公司社会责任指引》，指出上市公司应在追求经济效益、保护股东利益的同时，积极保护债权人和职工的合法权益，诚信对待供应商、客户和消费者，积极从事环境保护、社区建设等公益事业。在资本市场中，具有社会责任感的企业不仅可以树立良好的企业形象，得到供应商和客户的信任，优化外部治理环境，吸引优秀的员工，巩固核心竞争力；而且有助于企业建立健康的资本市场形象，更容易得到投资者的认可和信赖，从而使企业获得更为便利的市场运作环境和更高的市场价值。查克·麦克安克（Chuck Mc Peak）和尼娜·图利（Nina Tooley）① 在对具有较高的社会责任履行程度的56家美国上市公司研究时发现，这类公司不仅当期财务业绩出众，股票涨幅（101%）也远超标准普尔500指数涨幅（66.07%），资产回报率更是高达38%。企业履行社会责任与自身发展的良性互动关系不言而喻。

（六）架构适应性分析

由于资本市场监管机构对于上市公司独立性、公司治理以及重大事项等方面有严格的监管要求，许多在上市以前可以在企业内部进行决策的事项，上市后不仅需要履行公司治理程序，在董事会、股东会层面形成决策意见，还需要依照监管要求报请证券监管机构进行审批；众多企业经营管理的重要信息和重大事项也要按规定履行信息披露要求。对于企业集团而言，在分平台架构下，企业集团内的上市公司家数众多，涉及的审批事项和信息披露事项更为分散、庞杂，作为实际控制人，集团母公司也需要对相应事项进行管理，分平台架构下多上市公司的局面会导致此类事项在工作量和协调成本上的成倍增加；而在单平台架构下，集团母公司只需对一家上市公司的审批及披露事项进行管理，相关事项将大大减少，协调上更为便利。此外，监管机构对于资产交易事项“重大性”的认定，一般是依照收入或资产规模占比来判断，因此，单平台下上市公司规模较大，“重大”事项认定的标准也较高，需进行审批的重大事项在数量上也会大为减少，企业各类经营活动中须进行信息披露事项的压力也会小一些。

---

① Mc Peak C, Tooley N., Do Corporate Social Responsibility Leaders Perform Better Financially? [J], Journal of Global Business Issues, 2008, 2 (2), 第1~5页。

对于国有企业集团来说，若在“管人、管事、管资产”的国有资产监管体制下，集团母公司只能选择将监管压力向下传导，即将上层的管控模式向子公司进行复制，将承接的考核指标向子公司层层分解。这在客观上也造成了国有企业集团为保证母公司的政令畅通，对下属子公司或投资企业往往采取全资或绝对控股的方式，以确保绝对的控制力，在管控上也偏向于集权甚至带有行政指令的色彩。在这种情形下，单平台架构可能更适应这样的监管现实。同时，国资监管机构对国有资产履行出资人职责，国资监管体系无论从身份定位还是现实情况上看，都带有明显的“大股东”思维。而证券监管机构的职责是确保上市公司的独立性、保护中小投资者权益，是信息和治理弱势方“小股东”的保护者。对于国有企业集团和国有上市公司来说，需要同时面对国资监管体系和证券监管体系这两种出发点完全不同的监管要求，往往需要付出较大的协调成本。而在这一点上，企业集团内部的上市公司家数越少，这种涉及大股东与中小股东利益冲突的情况就越少、所处的层级越高，出现需要同时协调国资监管和证券监管局面的机会就越少。因此，单平台上市架构更便于国有企业集团的监管协调。

随着国有资产监管体制向“管资本”为主转变，相信国有企业集团的内部管控体系也会随之发生改变，会朝着更加市场化、更加遵循公司治理的要求去运行。在这种情形下，对于国有企业集团和国有上市公司来说，国资监管体系和证券监管体系会逐渐趋同，因此，企业集团进行上市平台架构选择时，单分平台之选的余地将会变得更大，至少这一点将不再会成为一个重要考量因素。

第七章 最优化：顶层设计原则的再思考

尽管对于适应性各因素的分析详尽地展示了顶层设计中所要关注的各方面问题，但仍需再度审视企业集团的本质，从企业集团的管控和财务视角出发，找出指导上市顶层设计的基本准则。

一、内外协调：适应性因素间的相互影响

前面几章，通过对内外部条件集的构成条件进行逐一论述，展示了企业集团资本市场平台架构选择的一个基础框架。但企业集团是一个需要各构成部分相互协调配合、平稳运行的有机整体，因此，上述各种条件及结构之间也需要像咬合的齿轮一样协调和匹配。这里面既包括各种内部结构之间的协调，如业务特征与组织结构、管控模式的协调；也包括外部条件与内部结构的协调，如宏观经济周期、产业竞争环境、监管环境等与组织结构、管控模式等的协调。这种协调的意义不仅在于确保整个集团步调一致，正如一个人，如果头脸已经转向，而身体还在原地不动，就会呈现出一种滑稽的“拧巴”状态；更为重要的是，如果这种不协调的状态通过资本市场加以固化，那么这种“拧巴”的状态就更

加难以调整，如同带着镣铐跳舞，舞技再高超，优美的舞姿恐怕都要大打折扣。

（一）业务与管控的协调

首先是企业生命周期与管控模式的选择。在初创期，企业规模小、盈利能力低、资金来源缺乏，经营风险最高；在管理上企业规范化程度低，各种制度和机制尚未建立健全，主要依靠创业者个人能力来管理和运作，适合采用相对集权的管控模式。在成长期，企业规模扩大、效益提升、资金来源渠道拓宽，企业的规章制度也初步建立和完善。此时，企业权力仍主要集中于企业最高层，下层管理人员只有很少的权力，企业仍然适合采取相对集权的管控模式，但随着业务链条的拉长和组织层级的增多，也逐渐产生了分权的需要。在成熟期，企业经营效益稳定，管理步入正轨，组织架构日益庞大，规章制度也趋于完善，为解放高层管理者，使其有更多的精力投入日益繁重的战略决策事务，可以逐渐将权力下放到较低的管理层来行使，采取适当分权的管控模式。企业进入衰退期，经营效益逐渐下降，甚至出现亏损，企业进入了转型变革的阶段，解决存在的官僚主义，避免危机的产生，推迟衰退进程的开始，为转型重生赢得时间。此时，企业可以采取集权与分权相结合的管控模式，已经成熟的传统业务可以逐步放权，甚至逐步退出；而在转型方向的拓展和新兴业务的进入方面则需要适当集权，以求集中力量、快速突破。①

业务的多元化对企业特别是企业集团管控模式的选择也有较大影响，对于业务专业化的企业集团，各子公司之间的业务相同或相似，实施相对集权的经营和管理措施有利于快速进行经营决策、降低生产成本。对于业务多元化的企业集团而言，由于经营品种多样，生产复杂性大大增加，相对集权的管控方式不能适应

---

① 周宇，《现代企业集团财务战略研究》，西南财经大学出版社，2009 年，第 87～88 页。

企业集团的进一步发展，适当分权是一种必然选择。但不同类型的多元化企业集团，需要分权的程度不同，在管控模式的选择上也有所差别。对于相关多元化的企业集团，母公司与子公司、子公司之间的业务联系十分密切，为实现协同效应，一方面，需要集中力量制定和实施整个企业集团的经营战略规划；另一方面，也要充分调动成员企业的积极性和主动性。因此，相对集权、适度分权的管控模式能够很好地满足这样的要求。而对于无关多元的企业集团，各成员企业在业务领域上存在着很大差别，适合采用相对分权的管控模式，以保证各子公司有足够的活动空间，以根据本行业特点来从事生产经营，增强其灵活性。例如，五粮液集团从单一的酒业生产企业逐步壮大，目前已发展成为“以酒为主、多元发展”，涉及包装印刷、玻璃制品、光电产品、精密模具、商贸物流、生物工程等十多个多元化领域的大型企业集团，主业以外的多元化业务已实现产值近半的业绩。随着生产规模和行业多元化的迅猛发展，五粮液集团的管控模式也随之变化，由单纯的集权管理转变为对主业子公司的集权管理和对多元化子公司的分权管理相结合的二元管理体制。对主业子公司实行集权化管理，如负责酒业生产的五粮液股份公司，除与日常生产活动紧密相关的一些管理职能如生产、质检、财务等放权给子公司，自行设置职能部门进行管理外，其他的经营职能都上收到集团公司集中管理；另一方面，对于多元化经营领域的子公司则实行分权化管理，除战略、人事、财务较为集权外，其余则分权由各子公司自行管理。①

（二）管控与组织的协调

企业集团是垂直型的组织结构，管控模式在组织结构上的不同主要体现在母子公司职能分配和职能部门的设置上。

---

① 王凤彬等，《企业组织与管理制度》，机械工业出版社，2012 年，第 127～135 页。

在财务管控型模式下，企业集团母公司侧重于投资和财务管理，母公司的主要职能部门是规划发展部门、投资管理部门、资本运营部门、人力资源部门和财务部门，主要职责在于管理企业集团的战略规划、财务和资产、投资管理和监控、收购兼并等。财务管理型企业集团呈现高度的分权管理特点，母公司关注的是资产经营，而不是日常的经营管理事务，各子公司根据各自的年度财务目标组织生产经营。母公司人员很少，与子公司业务的相关性也很小，主要是法律和财务专业人员。

在战略管控型模式下，企业集团母公司关注的是企业集团的战略规划管理、业务组合管理、资产和投资管理、人力资源管理、财务资金管理、企业文化及战略协同管理等。母公司的主要职能部门是战略管理部门、人力资源部门、企业文化部门、财务部门等。战略管理型企业集团的特点是集权与分权相结合，主要通过对子公司战略规划、年度经营计划和财务预算进行管理，协调子公司要求、平衡资源配置等，并通过战略管理、财务管理、人力管理及部分重点业务管理等对子公司施加影响，从而实现经营目标，但对具体经营层面涉足不多。

在运营管控型模式下，企业集团母公司的各种智能管理非常深入，不仅包括战略、财务、人力、投资等母公司基本管理职能，还包括营销采购、生产技术等经营职能，在职能部门的设置上，不仅包括战略管理部门、人力资源部门、财务部门等，还包括销售部、采购部、生产部和技术部。运营管控型企业集团往往采取的是一种彻底的集权管理模式。

（三）外部环境与管控的协调

宏观经济周期性的繁荣和萧条对企业集团的经营会产生重大的影响，经济周期的不同阶段表现出不同的特点，带给企业集团的机遇和威胁也不同。企业集团也可以通过管理上的微调，在经济周期的不同阶段把握各自的机遇、应对可能出现的危机。例如，在经济复苏和繁荣期，社会就业、收入和消费支出会随着生产的增加而增加，企业集团必须抓住机遇扩大投资，采取扩张型发展战略。此时，企业集团可以更多地采用分权模式，加大分权力度，让各个子公司分头出击，把握市场机会，扩大经营规模，取得更好的经营效益。而在经济衰退期和萧条期，企业经营困难，生产设备大量闲置、存货大量挤压、失业严重，企业集团应严格控制投资支出，采取收缩型防御战略。此时，企业集团可以更多地采用集权模式，总体压缩开支，积累现金，以求安全过冬。

不同的产业竞争环境对于管控的要求也不一样。例如，在高度竞争的产业中，需要企业能够对快速变化的市场环境快速响应。对于企业集团来说，如果母公司对子公司的日常经营事项采取高度集权的管控方式，必然导致决策效率的下降，难以适应市场竞争的要求。此时，应适当分权，让更靠近市场、更了解自身情况的子公司管理者掌握更多的经营和管理权限。而在竞争程度较低、垄断程度较高的产业中，决策效率要求低，如果子公司管理者掌握更多的权限和信息，会带来委托代理成本增加，导致内部人控制问题，所以母公司应采取更加集权的管控方式。

企业集团的管控模式选择还要适应所处的监管环境。例如，对于经营自然资源的企业，政府往往会通过提高企业的准入标准、主体资质、业务牌照、进出口配额等，以促进产业集中，形成大企业主导的市场格局。在此类产业和监管政策下，母公司需要采取相对集中的管控方式，避免资源分散，形成整合合力。对于监管相对“宽松”的行业，相对分权的管理有助于激发子公司的积极性，提高生产效率。再例如，我国“管资产与管人、管事相结合”的国有资产监管体制偏于严格细致，也在客观上造成了国有企业集团在管控上偏于集权，便于推进国资委的各项管理要求，推进全面预算管理，承接和分配考核任务，以及承担政策性任务或社会责任等。

二、核心关系：企业集团中的母子公司关系

尽管企业集团上市架构选择需要把握好内外适应性原则，这种适应性框架也有助于企业集团考虑如何进行上市顶层设计，但在众多的内外部影响因素之中，我们究竟应当如何把握这些因素的权重呢？这似乎又取决于管理层的主观选择，甚至会更多地取决于企业集团决策者的管理偏好。那么，在企业集团上市顶层设计的问题上，究竟有没有更为底层的依据可把握呢？要回答这个问题，就必须回到企业集团最基本的属性，把握企业集团中最核心的关系即母子公司关系。

（一）母公司与子公司

1. 母子公司关系的确定

母公司又可称为集团公司或集团总部，是企业集团中的核心企业，母公司作为法人对外代表企业集团。母公司在企业集团中起主导作用，并通过多种联结纽带对子公司实施战略、人事、财务、文化等方面的管理控制，影响企业集团成员企业的发展战略、经营领域、重大投资等方面。子公司是由母公司出资形成的法人企业，母公司是子公司的投资者，子公司的资本金全部或部分来源于母公司的投资。根据投资级次，子公司还可分为一级子公司、二级子公司乃至三级四级子公司。由一级公司再投资设立的公司为二级公司，以此类推。

两个法人企业形成母子公司关系的界定原则有两种，一种是按照控制股权比例超过半数原则；另一种是拥有权益性资本基础上的实际控制原则。这里，母公司对子公司的实际控制体现在三个方面：首先，母公司对子公司主要的经营活动能够实施控制，通常表现为能够对子公司的重大经营决策施加影响和控制，

以贯彻母公司的经营战略；其次，母公司对子公司的控制是一种主动性的控制，即母公司能够支配子公司；最后，母公司对子公司的控制是持续、永久和有计划的，而非偶然和暂时的。对于实际控制的界定，我国财政部颁布的《合并会计报表暂行规定》指出：一种是绝对控制，即母公司拥有被投资企业过半数以上权益性资本，包括直接拥有被投资企业过半数以上权益性资本、间接拥有被投资企业过半数以上权益性资本、直接和间接方式拥有被投资企业过半数以上权益性资本。另一种是相对控股基础上的控制，即在相对控股的基础上具备以下条件：一是实际拥有子公司董事会的决策权；二是能够实际控制子公司的财务和经营等重大决策；三是实际有权选派任免子公司董事会的多数成员。母子公司之间存在控制与被控制的关系，这是母子公司关系与一般公司关系之间的区分原则。

2. 母公司的类型

企业集团母公司根据自身是否从事产业经营以及对于产业经营的参与程度，大致可分为三种类型：①

一种是非产业控股公司，属于纯资本经营型控股公司。这种类型的母公司不从事任何生产经营活动，子公司之间的经营活动没有相关性或相关性很小，整个企业集团没有特定的产业领域。母公司的经营目标单一，即实现投资回报率最大化，获得资本增值等，这类公司如基金型控股公司、信托投资公司等。

其他两种类型都具有明显的产业特征，有特定的产业领域，子公司的业务之间具有一定的相关性，集团公司的经营目标既有资本增值目标也有经营业绩目标，属于资本经营与产业经营相结合的产业经营控股公司。

---

① 陈志军，《母子公司管理控制研究》，经济科学出版社，2006 年，第 8 ~9 页。

其中，一种是管理型产业控股公司，其特征是母公司不直接进行生产经营，主要从事战略决策、资本经营等活动。母公司是控股公司，主要资产体现为对子公司的投资，通过持有子公司的股份而实现自身经营目标；母公司一般设有与战略规划、人力资源、财务、技术开发等职能部门，而与生产经营有关的部门如供应、销售、质量、生产计划等在子公司设置。

另一种是混合型产业控股公司。其特征是母公司既从事战略决策、资本运营等活动，又直接从事生产经营活动，主要资产既有对子公司的投资，又有直接占有使用的大量实体性资产。母公司的机构设置，分为直接负责生产经营的专业职能部门和负责集团战略规划、人力资源、财务等综合职能部门。

3. 子公司的类型

根据在企业集团内承担的责任不同，子公司也被赋予不同的权力、扮演不同的角色，常见的做法是将子公司定位成成本中心、利润中心和投资中心等。[①]

成本中心只对成本或费用的发生状况承担责任，而不对收入经营活动负责。这类子公司只对成本或费用开支负责，而对于支出一定量的成本或费用是否能够实现以及能够实现多少产出并不承担责任。成本中心的负责人必须对原材料、劳动力、资金和技术等投入资源的花费进行控制，以便符合预算要求。对于这类子公司，母公司重点关注的是子公司的运营流程和成本控制。

利润中心不仅要对成本承担责任，还要对收入状况承担责任。这类子公司不仅要对投入资源的使用消耗负责，还要对产成品的销售负责，争取以既定的花费获得更多的销售收入，或者在销售收入一定的情况下降低花费水平。因此，利润中心的权限范围包括了从产品设计、物资供应、生产制造到市场营销等的生产经

① 陈志军，《母子公司管理控制研究》，经济科学出版社，2006 年，第 10 页。

营全过程。利润中心的负责人对获得的利润大小负有责任，而且同时被赋予生产和销售的职责，他们可以决定生产哪种产品、如何生产、质量水平、价格等。对于这类子公司，母公司不仅需要控制子公司的运营过程，还需要控制其最终的产出绩效。

投资中心不仅对成本和收入承担责任，而且还要对开展经营活动所涉及的营运资本和实物资产承担责任。与利润中心相比，投资中心不但要为利润负责，还要对从投入到产出整个生产经营过程的全部资产的配置和使用负责，对资产的保值与增值负责。投资中心的负责人决策权力更大，他们在负责本部门成本和利润的同时，还要对资本支出决策、存货质量决策、应收账款管理等经营活动负责。对于这类子公司，母公司关心的只有其最终的产出结果，需要给子公司充分的经营自主权。

4. 企业集团的核心关系

基于母子公司独立法人间的产权关系是企业集团存在的基础，这种产权关系以及由此衍生出的其他关系构成的母子公司关系，也很自然地成为企业集团内部各种关系的核心。

首先，基于母子公司的产权关系是企业集团形成的基础。尽管在实践中，存在着财团型企业集团和母子公司型企业集团两种形态，但母子公司型是企业集团组建的主要方式。以母子公司层层垂直持股形成的法人联合体也是企业集团区别于单体大企业和松散产业联盟的重要特征。

其次，母子公司关系是企业集团组织结构设计的出发点。与单体企业不同，企业集团是一种多法人的结构。在组织结构上，无论是通过成员企业交叉持股形成环状结构的财团型企业集团，还是以母公司为核心通过控股、参股等手段形成的垂直结构的母子公司型企业集团，都是对多法人经济联合体进行组织结构安排的一种体现。特别是在母子公司型的企业集团中，母子公司关系更是组织结构设计的出发点和重要考虑因素，例如，母子公司间的产权关系及其调整的便利程度会影响企业集团如何进一步进行组织设计，如引入事业部制、子集团制等，以及采取何种具体的实施方案等问题；母子公司的管控关系即母公司对子公司采取什么程度的管控措施，会影响到如何设置母公司职能部门以及如何在子公司设置相应的部门等问题。

最后，母子公司关系是企业集团管控面临的核心问题。与单个企业经营不同，企业集团在经营上不是单打独斗，单个成员企业甚至每一个成员企业经营的有效性都并不意味着企业集团整体经营活动的有效性。因此，企业集团的一个重要任务就是通过有效的母子公司管理，实现战略、财务以致文化上的协同效应，达到整体利益的最大化。与之相对应，企业集团管控的核心问题也就在于根据企业集团的实际情况，将涉及企业经营管理的产供销、人财物等重要权限在母子公司间进行合理划分。而所谓的各种管控模式，也就是在不同的权限匹配下形成的具有不同集分权特征的管理方法组合。

（二）母子公司的治理关系

由于母公司对子公司出资而产生的产权关系，是企业集团母子公司之间的第一重关系。产权关系是母子公司关系确立和企业集团形成的基础，当母公司的出资达到能够控制子公司的权益资本时，两家公司间的母子公司关系就形成了。在母子公司的产权关系中，母公司是子公司的出资人和股东，根据法律规定，母公司按照投入子公司的资本额承担有限责任，并享有所有者资产权益、重大决策和选择管理者等权利。

企业集团确立母子公司关系的方式是通过母公司的投资、兼并和收购实现的。具体方式有：第一，分立，即根据经营需要或隔离母公司风险，从企业中分离出一部分实体资产，成立一个子公司，与母公司形成母子公司关系。第二，投资，即母公司为建设新的经营项目或在异地设立新公司，以资金、实物、土地使用权或无形资产等作价出资，独资或与他人合资设立一个法人企业，这个新设的企业与母公司构成母子公司关系。第三，收购兼并，即母公司或子公司通过出资、承担债务或换股等方式取得另一家法人企业全部或部分产权，并通过重组整合使其成为母公司的子公司，形成母子公司关系。此外，在我国国有企业集团的组建过程中，还存在大量的通过行政划转方式形成的母子公司关系，即由政府将一个企业的全部或部分国有产权划转给集团母公司持有，将原来没有隶属关系的企业转化为产权关系，形成企业集团的母子公司关系。

在产权关系确定的基础上，母公司可以依据法律通过董事会、股东大会等公司治理途径参与子公司重大事项的决策，体现母公司的控制力，这构成了母公司与子公司在治理意义上的关系。

（三）母子公司的管控关系

母公司与子公司之间还存在着管理与控制关系，实际上，企业集团通过母子公司管控实现协同效应和整体利益最大化，是企业集团区别于单体企业和松散产业联盟的一个方面。因此，母子公司是企业集团管控的核心问题，企业集团不同的管控模式实际上就是在母子公司之间进行不同的权限划分。根据母公司权限的大小，母子公司之间的管控关系也可以大致分为集权、分权和统分结合三种方式。

在集权方式下，母公司统一经营、统一核算，企业集团的一切生产经营活动都要集中在母公司的统一指挥下进行，整个集团实行统一核算，子公司的产供销、人财物都由母公司统管。集权方式下，母公司对子公司的管控更多地体现为一种行政管理，即母公司越过子公司董事会直接对子公司行使管理权。子公司虽然从法律意义上是与母公司地位平等的法人机构，但实际上子公司没有独立的决策权。子公司董事会的设立只是为了符合法律规范的要求，并没有实际作为。母公司对子公司的管理控制几乎等同于单个企业对分公司、分厂的管理控制。母公司对子公司的所有职能部门实施直接控制，包括对子公司的人事任免、财务、投资及经营活动的各方面进行控制，子公司由总经理负责，子公司的收益全部归母公司所有。

在分权方式下，由母公司统一领导，实行分级管理、分级核算。不仅母公司自主经营、独立核算，各子公司也有经营管理自主权限，是独立的核算单位。分权方式下，母公司对子公司的管控体现为一种自主管理，即母公司对子公司的管理通过子公司治理实现，子公司董事会对子公司运营享有完整的决策和控制权，经理层享有子公司运营权。子公司的法人治理结构是完善的，子公司董事会对子公司有实际控制权，子公司董事会完全负责对经理层的聘任与解聘，母公司较少干预子公司的经营业务，子公司有较大的经营决策权；母公司派往子公司的董事有相对独立的话语权，母公司对子公司经营业绩不满，主要通过改组董事会实现对子公司经营权的干预。

统分结合方式的特点是相对集权、适度分权。由集团母公司统一核算，由所属子公司分级经营的管理模式，是集权和分权方式的一种结合。母公司对整个集团的经营好坏和盈亏负全责；母公司与子公司在经营管理职能方面则各有分工，供产销和人财物的重要经营管理权力集中在母公司，而生产和销售等具体业务权限下放给下属子公司，子公司拥有一定的相对独立的权利。在这种方式下，母公司对子公司的管控是在尊重其独立法人地位前提下通过完善的子公司治理实现的。母公司与子公司高度合作，母公司对子公司保持必要的管理控制，子公司又有决策的自主权；母公司在拥有信息的前提下参与子公司决策，董事会的核心工作在于改善决策。

以上几种母子公司的管控关系只是理论上的区分，实际情况要复杂得多。在实践中，彻底集权和彻底分权的方式都比较少见，企业集团的管控选择更多集中在中间状态，即采取统分结合的方式，只是根据企业集团实际情况的不同在具体权限的划分上有所区别，有的集权多一些、有的分权多一些，或在某些职能上集权多一些，在另一些职能上分权多一些等。同样，由于企业集团子公司众多，规模、效益、业务相关度以及所处的发展阶段都有所差异，也很难对所有的子公司在管控方式上采取“一刀切”，更多的是针对不同子公司的具体情况，有的采取集权一点的方式，有的采取分权一点的方式，不一而足。

（四）母公司与上市子公司

在我国，企业集团特别是国有大型企业集团的早期上市过程，通常不是将企业集团整体资产打包上市，而是通过资产重组，剥离非核心资产，将核心资产优先上市。由此，在以后的发展过程中便形成了企业集团母公司与上市子公司的关系以及对上市子公司的重组等问题。

上市子公司的特殊性在于它的双重身份，它既是企业集团母公司的下属子公司，在发展战略、重大决策等方面都要受到母公司的控制和影响；同时，它又是一个公众公司，有责任保护中小股东的利益不被大股东及其关联股东，即企业集团母公司与其他子公司侵占。对于这种双重身份的正确认识应该是，上市子公司首先是一个公众公司，其次它才是企业集团母公司管控下的一个子公司。对于这一顺序的正确认识是处理企业集团母公司与上市子公司关系的基础。

企业集团母公司与上市子公司之间首先是一种投资关系，母公司是上市子公司的大股东，与其他股东一样追求投资回报的最大化；同时，作为上市子公司的大股东，母公司比一般股东更关心上市子公司的经营状况。但母公司大股东与其他股东在权利和义务上同股同权，不能为了自身利益或企业集团利益损害其他股东利益。母公司与上市子公司之间还存在管控关系，母公司是整个企业集团的决策管理层，同时也是上市子公司的控股股东，必须对上市子公司的重大经营决策、重要人事任免、投资及收益进行管控，但不能直接干涉上市子公司的日常经营活动。产业型的企业集团的母公司与上市子公司之间往往还存在关联交易的关系，由于上市子公司的公众公司身份，母公司或其他子公司与上市子公司之间发生的关联交易也必须做到定价公允、披露充分，即按照市场公允价格确定关联交易定价且交易过程必须公开透明。母公司不能为了自身或企业集团的利益通过关联交易损害其他股东利益。

在企业集团与上市子公司的关系中要避免两个极端，一个极端是过分强调上市子公司“子公司”身份带来的母公司过度控制甚至行政干预问题，这种过度控制表现在母公司掌握企业集团的资金、品牌等强势资源和人事、投资、考核等核心权力，对包括上市公司和非上市公司在内的子公司在重大事项和日常经营等方面进行严格控制，甚至沿袭计划经济体制下的行政管理思路。另一个极端是过分强调上市子公司“上市公司”身份带来的内部人控制问题，表现在企业集团内部是上市子公司经营者将上市公司身份的特殊性，作为与母公司的谈判筹码，对于母公司的管控要求讨价还价，甚至抗拒母公司的管控要求，造成对上市子公司的实际控制，出现经营者错位到所有者的“内部人控制”现象。在处理与上市子公司的关系时，母公司要按照法律法规和监管机构的要求，完善上市子公司治理结构，在法律法规的框架内，以上市公司治理效率的高低作为标准来衡量对上市子公司的控制程度，做到既不缺位也不越位。

（五）基于母子公司关系的最优化原则

企业集团的特殊性在于其介于市场和企业之间的中间形态，因此在企业集团中，母子公司之间总是存在着治理和管控的双重关系，而由此产生的治理成本与管控成本便是为维持企业集团运行所要付出的成本。对于单个企业集团来说，在某一阶段是治理成本多一点还是管控成本多一点，取决于企业集团当时所面临的内外部环境。但从长期看，企业集团总是要追求运行成本的最小化，企业集团中不时进行的管理变革便是这一动机的体现，这种管理变革要么是通过分权降低管控成本、要么是通过集权降低治理成本。在资本市场环境下，上市子公司的存在整体提高了企业集团中的治理成本，因此从管理视角去看，上市顶层设计就是企业集团基于运行成本最小化对上市架构所做出的最优化选择。同时，母子公司均是独立的法人实体，从单个企业发展的角度看，二者都具有独立发展的现实性和合理性，因此也都具有补充资本的现实需要。但在资源约束的条件下，究竟应该优先在哪个层面去补充资本呢？企业集团的存在前提就是母子公司关系的维系，而母子公司关系维系依靠的是母公司对子公司的控制力，而控制的前提则是母公司对子公司保持一定的持股比例。因此，母公司资本补充的最大化是企业集团语境下的应有之义，也是财务视角下上市顶层设计的最优化原则，这与资本魔方分析中的结论也是一致的。

三、运行成本最小化：顶层设计中的管理视角

（一）治理战争①

2013年9月18日晚间，A股上市公司上海家化发布公告，宣布“公司董事长葛文耀先生因年龄和健康原因提出辞职申请”。随后，9月22日晚间，上海家化发布董事会决议公告，接受葛文耀的辞职申请。一场大股东与上市公司之间火

① 改编自：范博宏、周冠年，《上海家化与格力内讧：母子公司如何权衡集权或分权》，《新财富》，2014年4月。

药味十足的控制权争夺战曲终人散，上海家化堪称教父般人物的葛文耀离开了这家在他手上成长为行业巨无霸的百年老店。有着浓重葛氏色彩的上海家化在“后葛文耀时代”将何去何从尚需时间观察，但资本市场给出的回应是，上海家化的股价在达到2013年8月底的高点后，一路下行，至今也未能回复旧观。

而在此之前的2011年11月，当平安信托以51亿元从上海国资委手中受让上海家化集团100%的股权时，不仅被当作是上海国有经济转型的一个代表性事件，平安集团的入主也被资本市场视为产融结合的典范之作，一切都似乎预示着上海家化将迎来发展的新时代。然而事与愿违，在经历了短暂的“蜜月期”之后，上海家化的大股东和管理层矛盾频出，双方不仅在经营方向上产生分歧，大股东也逐渐在管控中显露强势，一改先前“暂无改变上海家化现任董事会成员或高级管理人员的计划”的初衷，不但要另外派一名董事，还要指定一名独立董事，直接干预家化的日常运营，令管理层十分恼火。在逐步升级的重重矛盾中，双方的控制权之争已在所难免，最终演出了开头的一幕。

无独有偶，在10年前的一桩旧案中，作为子公司的格力电器发布公开声明，影射其母公司格力集团借用“格力电器”和“格力空调”的品牌和良好形象来宣传自己及产品，严重误导了投资者和消费者，是一种对格力电器品牌的侵权行为。但格力集团认为“格力”品牌归母公司所有，即格力集团下属企业包括格力小家电均得到格力集团的商标授权，都有权使用“格力”商标。母子公司间的明争暗斗在世人面前展露无遗。

事实上，作为格力集团旗下的唯一上市公司，格力电器对格力集团的利润贡献已达到90%以上，在集团中一直占据主导地位，在某些方面甚至已凌驾于集团之上。格力电器在财务、人事、经营上已经独立，是格力集团无法掌控的“独立王国”。尽管如此，作为格力电器的绝对控股方和投资主体，格力集团对格力电器仍具有强大的产权约束力，可以依法决定下属公司主要负责人的人事任免和企业的战略决策。正常情况下，旗下子公司根本不具备与控股母公司抗衡的资本，不可能出现所谓的“品牌”之争。但这一事件最终的结局却充满了戏剧性，2004年1月格力集团董事长离任；2004年9月，格力电器收购了母公司持有的压缩机、小家电等经营资产；2006年，格力电器股改时，格力集团承诺向格力电器无偿转让“格力”商标；2006年8月，格力电器董事长兼任格力集团董事长、法定代表人、总裁、党委书记四职。这场引人注目的母子之争，以母公司的“被迫”妥协，子公司的强势胜利宣告结束。

（二）运行成本最小化原理

治理战争的背后是企业集团中治理与管控两种力量的博弈与平衡。事实上，由于企业集团是介于企业与市场间的一种中间形态，在企业集团的母子公司间既有基于行政的管控关系，又有基于产权的治理关系。而无论是管控关系还是治理关系的维持都需要付出一定的成本，即管控成本和治理成本。其中，管控成本包括决策成本和控制成本。决策成本是企业集团为做出最合理的选择需要付出的信息搜寻成本、信息上下流转成本、调查研究成本、协调成本、决策者与支持人员的劳务成本以及有助于提高决策效率的其他成本等。控制成本是企业集团在战略落地的过程中，为协调各子公司分工协作、行为一致而进行的计划、预算、考核等一系列行为产生的成本。而治理成本既包括企业集团内部为设立董事会、股东会、监事会等治理机构及确保这些机构得以正常运转所必须耗费的组织成本，也包括股东与管理层之间以及股东之间利益冲突与博弈所产生的代理成本，还包括为执行内外部规章制度、法律条文、必要程序等所发生的成本，如按要求履行披露义务并为此聘请外部机构、按规定格式制作报表并进行信息发布等活动发生的成本。

管控成本与治理成本共同构成了企业集团的运行成本，一般而言，偏行政化运行的企业集团管控成本更高而治理成本较低，偏市场化运行的企业集团治理成本更高而管控成本较低。上述关系如图7－1所示。

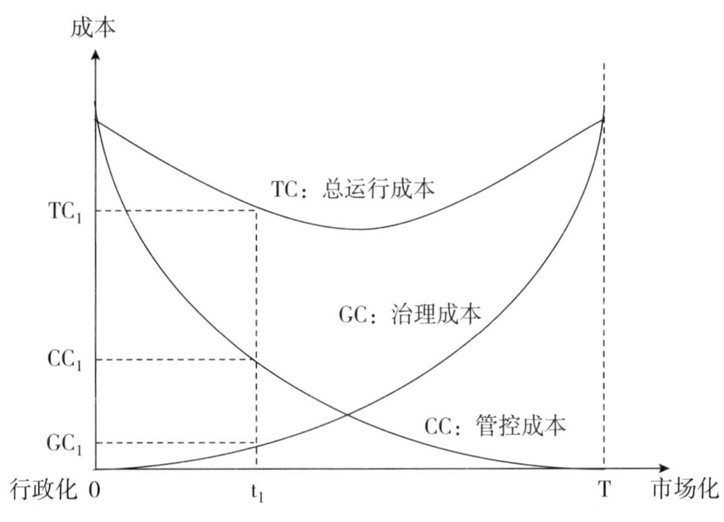

图7－1　企业集团运行中的管控成本和治理成本

在图7－1中，对于企业集团来说，其管控成本表现为一条由左上方向右下方倾斜的曲线CC，而治理成本体现为一条由左下方向右上方倾斜的曲线GC，两者叠加产生的曲线TC为企业集团的运行总成本。原点0表示企业集团的行政化程度最高，越靠近原点，企业集团的管控成本越高而治理成本越高；在原点处，企业集团管控成本最大而治理成本为零。处于原点处的企业集团本质上是一个单一大企业，只是出于法律、政策或经营上的便利而具有了母子公司、产权联结等企业集团的形式，在其运行成本中只有管控成本没有治理成本。T点表示企业集团的治理化程度最高，越靠近T点，企业集团的治理成本越高而管控成本越低；在T点处，企业集团的治理成本最大而管控成本为零。处于T点处的企业集团，母公司完全依靠治理结构参与子公司重大事项决策，没有对子公司的管控措施，例如某些以财务收益为目的的资本经营性控股公司就比较接近T点处企业集团的运行模式。在实际运行中，多数企业集团的运行模式处于上述两种极端情形之间，区别只是更偏向行政化一些还是更偏向市场化一些，或者说在企业集团运行总成本的构成中，是管控成本更高一些还是治理成本更高一些。对于具体的某一企业集团来说，其运行模式总是处于0点和T点之间的一个具体位置，且在短期内不会发生变化，其在总运行成本曲线上的位置为该运行模式下企业集团的总运行成本，在短期内也同样不会发生改变。例如，图7－1中运行模式处于t_1的某一企业集团，其对应的管控成本为CC_1，治理成本为GC_1，总运行成本为TC_1。

从长期看，企业集团可以通过内部变革使运行模式沿横轴在0到T之间移动。例如，运行模式偏行政化的企业集团，母公司可以通过向子公司下放部分管理权限，更多依靠治理方式参与子公司决策，使图7－1中的企业集团运行模式向T点移动，获得运行总成本的下降。同样，运行模式过于偏市场化的企业集团，也可以通过加强管控来统一集团号令、提高决策效率，避免程序拖沓、内部人控制、治理战争等问题带来的成本提升。在图7－1中就表现为企业集团运行模式向0点移动及与之对应的运行总成本下降。

在企业集团对接资本市场的过程中，上市行为作为一种外生变量，其影响表现为对运行成本曲线特别是对治理成本曲线的冲击，并由此带来治理成本曲线的整体移动。同时，对于单平台整体上市的企业集团来说，因上市带来的治理层面的变化更多地体现在外部股东之间以及外部股东与母公司之间，而企业集团母子公司间原有的运行模式可以在很大程度上得以保留，因而对治理成本曲线的影响很小。而对于子公司上市或采取分平台整体上市的企业集团来说，由于上市会导致强势的资本市场利益相关者进入企业集团的治理内边界，削弱母公司在治理中的博弈能力，因而会带来治理成本的整体上升，表现为治理成本曲线向左上方移动，如图7－2所示，由上市带来的治理成本曲线的移动并不是均匀的平行上移，而是在靠近0点的位置上移的较多，在靠近T点的位置上移的较少，在T点处没有上移。这也易于理解，完全通过市场方式运行的企业集团，其运行模式在上市前后变化不大，治理成本的增加也因此并不显著。而对于完全行政化运行的企业集团来说，即使仅为满足上市后在监管要求下所必须保证的治理结构及程序要求，如设立三会、组织相应的决策会议等，也依然会带来一个显著的治理成本增加。

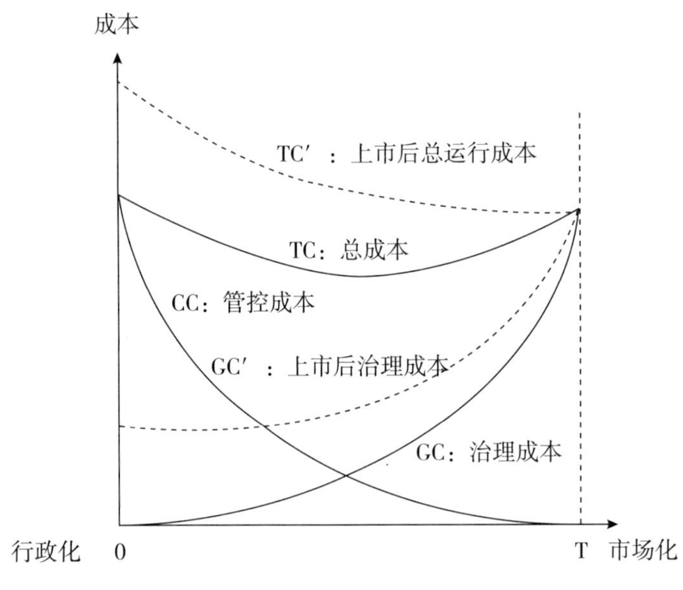

图 7－2　上市对企业集团运行成本的冲击

如图 7－3 所示，对于偏行政化运行的企业集团，子公司上市或分平台整体上市将使企业集团的治理成本显著增加，进而显著增加企业集团的总运行成本，这些成本增量就是企业集团为对接资本市场付出的代价。此时，该企业集团需要比较以这种方式对接资本市场获得的收益是否能够补偿这些成本增量。如果能够补偿，则该企业集团可以考虑以这种方式对接资本市场；如果不能补偿，则该企业集团应考虑放弃子公司上市或分平台整体上市的方式，采取单平台整体上市的方式对接资本市场，使企业集团的运行成本维持在现有水平。而如果尽管企业集团获得的收益不能补偿成本增量，但出于市场环境、外部压力或长期考虑等其他因素不得不采取这种方式对接资本市场，或即使企业集团获得的收益能够补偿成本增量，但企业集团仍感觉运行总成本过高，这时，该企业集团只能通过管理变革即减少行政化方式而增加市场化的方式来降低总运行成本，表现在图 7－3 上就是企业集团的运行模式由 t_1 点向 t_2 点移动，对应的运行总成本由 TC_1' 沿曲线 TC' 下降到 TC_2'。

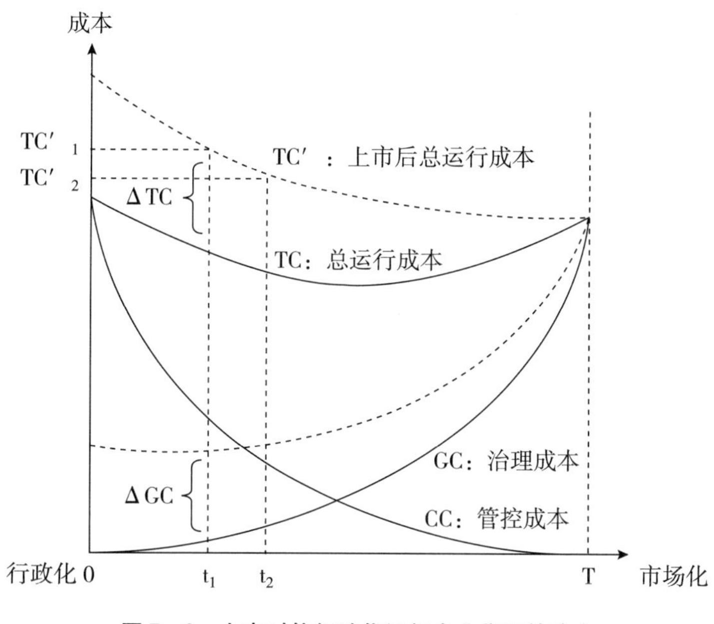

图7　3　上市对偏行政化运行企业集团的冲击

同样的方法，如图 7－4 所示，对于偏市场化运行的企业集团，子公司上市或分平台整体上市也将使企业集团的治理成本增加，进而增加企业集团的运行总成本。但与偏行政化运行的企业集团相比，这种增量成本要小很多。此时，该企业集团要做的仍然是对对接资本市场获得的收益和为此付出的增量成本进行比较后做出适当的决策。但由于增量成本较小，其选择灵活性比偏行政化运行的企业集团要大一些，既可以选择单平台整体上市，维持现有的运行总成本；也可以承担相对小的增量运行总成本，选择让子公司上市或分平台整体上市，而不用进行管理变革；还可以选择通过管理变革，适度向行政化方向移动，如对董监事会人员、议事流程、决策意见表达方式进行一些统一的、集中化管理，来降低管控成本，从而降低总运行成本。

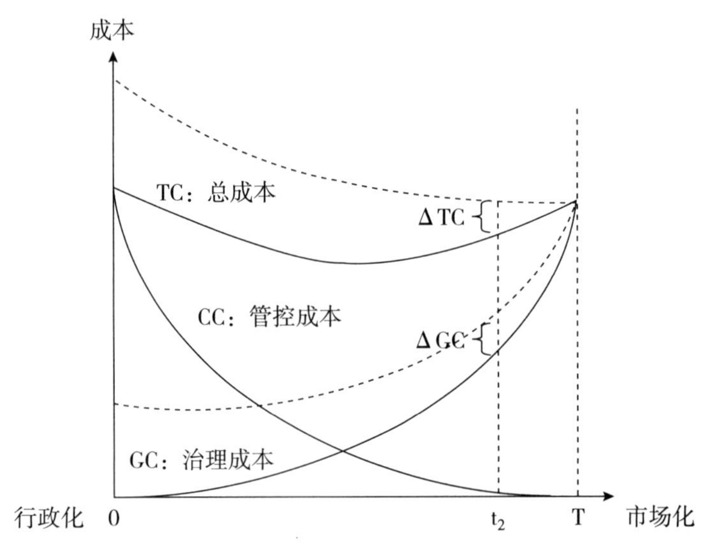

图7－4　上市对偏治理化运行企业集团的冲击

（三）架构选择分析

单平台整体上市能够将企业集团原有管控和治理方式封装在上市平台之内，因而上市前后企业集团的运行总成本不会产生明显的影响。分平台整体上市会在子公司的治理层面引入资本市场利益相关者入，从而提高了母子公司之间的博弈难度，也提高了企业集团的治理成本及运行总成本，而这种治理成本及运行总成本的提高在偏行政化运行的企业集团身上体现得更为显著。因此，偏行政化的企业集团对于单平台整体上市架构总体适应性更好，而采取分平台整体上市架构则意味着要进行较大的管理变革。而偏治理化的企业集团对两种整体上市架构的选择具有一定的灵活性，既可以选择单平台整体上市架构，从而保持运行总成本不变；也可以承受相对小的运行总成本增量而选择分平台整体上市架构。具体选择哪种平台架构需要结合上市时的情况权衡收益成本。

四、资本充实最大化：顶层设计中的财务视角

（一）救与不救

中国远洋控股股份有限公司（简称“中国远洋”），是中国最大的航运企业、号称中国航运市场“船长”的中国远洋运输（集团）总公司在内地和香港的A+H旗舰上市平台，拥有集装箱运输、散货运输等核心业务资产。金融危机后，国际航运市场一蹶不振，到2012年，波罗的海综合运费指数从最高时的11 793点跌到只剩647点。受此冲击，2011年和2012年，中国远洋连续出现巨额亏损，累计亏损额超过了200亿元。连续两年的亏损，让中国远洋带上了ST的帽子，根据A股的退市规定，如果2013年公司再度亏损将从A股市场退市。为避免这一尴尬局面的出现，大股东和实际控制人中远集团对中国远洋开展了一系列的救助：2013年3月，中国远洋将旗下中远物流公司出售给中远集团，获得19.6亿元的收益；5月，中国远洋将旗下的中远集装箱工业有限公司出售给中远集团，由于该公司直接持有上市公司中集集团21.8%的股份，交易对价达到75.4亿元，中国远洋获得收益29.07亿元；11月，中国远洋又将位于青岛和上海的两处大楼向中远集团出售，获得收益36.8亿元。短短一年内，三次资产交易，总计超过200亿元，中远集团为助中国远洋扭亏摘帽，可谓倾囊相助。

尽管案例中的情形比较特殊，但子公司上市后，企业集团中原本产权、组织和管控合一的母子公司关系转变为治理意义下的大股东与上市公司之间的关系。这样

的转变在产权关系上容易实现，但组织管控、人员传统乃至道义责任等却难以随之断然分开，那么在上市子公司陷入财务困境时，出现救与不救的问题便不可避免。

（二）资本充实最大化原理

企业集团的形成基础是独立法人在产权上的结合，因而无论母公司还是子公司都是可以进行自主经营、独立核算的主体。从个体企业的角度看，为了企业的成长和发展，母子公司都具有充实资本的必要性和合理性。但企业集团不同于单个企业之处在于，通过组成企业集团，个体企业之间可以通过内部协同降低交易成本，从而实现企业集团整体利益的最大化，体现在财务成果上就是企业集团合并报表的增长。同时，企业集团母子公司关系成立的前提是母公司对子公司的控制力，而这种控制力是建立在产权关系的基础上，一旦母公司对子公司的所有权消失或者所有权份额下降到一定程度，子公司就会脱离母公司的控制，从而也脱离了企业集团的并表范围。因此，尽管作为独立经营的法人实体，母子公司都有充实资本的需要，但两者之间的这种资本充实的关系应以不失去子公司并表地位为前提，否则，一旦子公司脱离企业集团的并表范围，也就脱离了我们所讨论的问题的范畴。

在母子公司都需要充实资本的情况下，根据是否能够充实资本，我们可以归纳出以下四种可能的组合。

第一种情况，母子公司都能够充实资本。企业集团能够在保持原有控制力水平的基础上实现稳步发展。

第二种情况，母公司能够充实资本，子公司不能充实资本。此时可以根据母公司的意愿，选择增加对子公司的控制力、投资新业务或者利用盈余资金获得理财性收益。

第三种情况，母公司不能充实资本，子公司也不能充实资本。此时，一旦子公司出现经营或其他方面的问题，母公司就缺乏对其进行救助的手段。极端时只能卖出优质资产或其他优质子公司股权对问题子公司进行财务救助，导致母公司持有的优质资产和子公司股权减少、问题子公司股权增多，出现“财务救助困境”。

第四种情况，母公司不能充实资本，子公司能够充实资本。此时，当下属子公司发展好，资本需求旺盛时，母公司同样会面临困境。由于不能相应跟进子公司的资本需求，就会导致对子公司的持股比例和控制力的持续下降，最终失去对子公司的控制和并表，出现“股比摊薄困境”。

从以上四种情形可以看出，无论子公司是否能够充实资本，一旦母公司失去充实资本的能力，即母公司缺乏充实资本的渠道或该渠道不能正常发挥，企业集团就会陷入发展的两难困境，即左手“财务救助困境”，右手“股比摊薄困境”。因此，是否能够最大化地充实资本，关系到是否能够维系企业集团存在的产权基础，一旦因母公司资本不足导致子公司脱离企业集团，也就谈不上企业集团的整体发展了。在这个意义上，尽管母公司与子公司都具有充实资本的要求，但是子公司的需求更多地体现为出于发展目标的主动需要，即“想要发展就补充，不发展就不补充”；而母公司的需求则更多地具有维系企业集团的防御性需要，即“发展不发展都要补充”。

企业集团的母公司充实资本常见的方式有：第一，负债，即以母公司为主体借款充实债务资本，并以注资或股东贷款形式提供给子公司；第二，其他子公司的分红，即通过向其他子公司收取分红来支持某家子公司；第三，非公开市场股权融资，即通过母公司老股东注资或母公司引入新股东投资；第四，减持股权或出售资产，即母公司通过减持其他上市公司股权或出售未上市资产获得资金。但这几种财务资源的筹集方式也各有其限制，例如，负债方式受到集团整体资产负债率的制约，过度借款也会带来财务成本和流动性压力；分红方式在规模上受制于子公司可用于分配的经营性净利润，能否获得分红还受制于子公司的其他股东；非公开市场股权融资操作周期较长、附加条件多、规模和成本也有一定的不确定性；而减持股权或出售资产取决于母公司是否拥有具有市场价值且易于变现的优质资产，此外这也是极端情况下的最后选择。通过以上分析可以看出，能否通过公开资本市场补充资本，将决定母公司资本充实渠道的稳定性，这对于企业集团保持整体控制力、获得稳定发展机会具有重要意义。

（三）架构选择分析

资本充实最大化原理最直接的推论就是揭示了母公司上市的必要性，企业集团资本充实最大化的核心就是母公司资本充实最大化。由于其他渠道的局限性，能够通过资本市场充实资本可以在很大程度上缓解母公司的资本压力，减少遭遇“两类困境”的可能。

根据这一推论，企业集团在进行上市平台架构选择的过程中，应首先考虑母公司上市的平台架构，如单平台架构和分平台架构中的双层上市架构。但二者也有所不同，在单平台上市架构下，母公司是主要的上市平台，只要维护好上市平台的融资功能就可以从公开资本市场获得稳定的资本充实渠道；而在双层上市架构下，尽管母公司具有上市平台，可以通过公开资本市场充实资本，但若要保证资本筹集的高效性、投向的准确性以及资本在母子公司间流动的顺畅性，仍需要一套完整的配套运行机制。

实际上，在双层上市架构下，企业集团的母子公司间需要更加明确的分工定位，采取战略管理型产业控股集团的运作方式，例如复星国际和整体上市后的中信集团就是如此。在这类产业控股集团中，母公司负责战略管理和投资控股，子公司进行产业经营。作为产业控股集团的母公司，更加需要突出的是以下职能：[①]

① 盛毅等，《中国企业集团发展的理论与实践》，人民出版社，2010 年，第 221 页。

一是战略管理职能。母公司作为企业集团的核心，需要负责组织制定、调整和实施整个企业集团的发展战略和中长期规划。在母公司的各种职能定位中，战略管理是首要的任务，包括战略分析和研究、战略方案的制定和选择、战略方案的实施和控制以及调整等。通过战略管理，一方面，母公司为各子公司规定了业务范围和发展目标以及实现目标的基本方法等，从而使各子公司的战略活动能够服从和服务于集团的整体发展和整体利益；另一方面，母公司能够寻找并抓住新的业务发展机会，尤其是行业机会，从而实现企业集团的跨越式发展。

二是资本运营职能。企业集团的资本运营工作可以分为两个层面：第一层面是企业集团整体的资本运营工作，由母公司负责，即根据企业集团总体发展战略需要，通过股权融资、兼并收购、资产置换、租赁转让等有效的资本运作手段，获取发展资本、实现产业进退，逐步调整和完善企业集团产业布局，确保实现资本的保值增值和利润最大化。第二层面是各子公司的资本运营工作，活动领域主要限制在子公司各自的经营领域内，一般需要母公司审批。具体分工是：母公司统筹管理和组织实施整个集团的资本运作，各子公司在母公司的指导下开展资本运营活动，子公司涉及股权变动事项、重大投融资事项和重大资产处置事项均需报母公司审批。

三是财务控制职能。母公司通过财务组织设计、预算控制、资金控制、利润控制、投资控制、费用控制、财务信息控制等措施对子公司进行财务上的控制。这样做的目的，一是通过实施监督和控制，控制各成员企业的财务风险；二是通过组织协调，使各成员企业获得财务协同效应。例如，母公司可以组织融通集团内外部资金，通过财务公司或是结算中心等部门运筹内部资金和向国内外金融市场融资，按经营需求合理分配满足子公司对资金的需求；同时通过建立以预算为核心的预算体系调控集团的现金流量，形成风险预警机制。再如，以企业集团为整体与金融机构建立密切关系，为规模经营以及跨国经营构筑有力的金融依托，也为实现产业资本与金融资本的结合创造条件。

此外，为有效地实现母公司的战略落地，母公司还需要在人事和考核方面进行相应配套。例如母公司负责各子公司领导班子的选聘、配置、考评和培训等工作；母公司设计一套科学合理的考核评估体系，对各子公司的经营绩效进行考核和评价等。

对于母公司为非上市公司的分平台架构来说，由于在这种架构下，企业集团的母公司不具备通过公开市场充实资本的渠道，因此对其在资本筹集、运营和管理方面的能力也提出了更高的要求。在这种上市平台架构下的母公司，已不只是一个简单的控股公司，而是应成为专业的产业资本管理公司。这类母公司不仅需要具备一般产业控股公司战略管理、资本运营、财务控制等基本职能，还需重点培育股权融资能力、产业培育能力、资产组合和盈余分配管理能力等核心专业能力；能够处理好产业领域进退的规划、战略性的并购与退出、核心资本的筹集、子公司分红的获取、子公司持股的增减持等问题。具有这样定位和专业能力的母公司，无论是否为上市公司，均能较好利用各类渠道筹集和运用资本，能够通过资本在产业中的进出获得增值，利用自身积累充实资本。

例如，华润集团备受推崇的“孵化注资”模式，在将集团范围内的资产进行梳理并经过专业化重组形成几大业务单元后，华润集团母公司凭借集团的整体优势和产业培育能力，获取具有发展前景的早期项目，等项目孵化成熟以后，再注资进入上市公司，促进上市公司股东价值提升的同时实现母公司的投资回报和现金回流。通过“孵化注资”，华润集团在母子公司间业务和资金的互动，实现了产业资本与金融资本的结合，不仅提升了母公司的回报，也使得华润置地、华润电力、华润燃气等旗下上市公司的市值规模不断提升。华润集团“孵化注资”模式如图 7-5 所示。但无论如何，由于资本充实最大化原理的存在，分平台架构下的母公司迟早都会面临母公司上市的问题，这一点从中信股份公司上市以及中航工业先进行专业化整合再实现整体上市的规划路径中都有所体现。

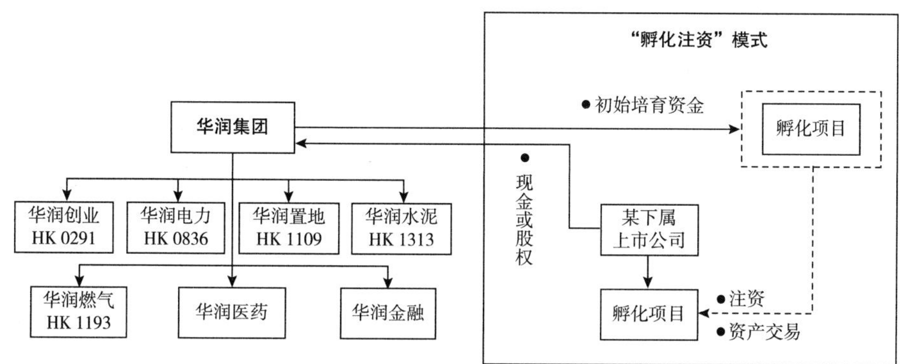

图7-5　华润集团"孵化注资"模式

由此也可以看出，分平台架构下的母公司，并不只是一个简单的控股公司，而应成为专业的产业资本管理公司。在这种定位下，母公司需要在具备一般产业控股公司战略管理、资本运营、人事考核、财务控制等基本职能的基础上，重点关注产业领域进退的规划、战略性的并购与退出、核心资本的筹集、子公司分红的获取、子公司持股的增减持等问题；重点建设股权融资能力、产业培育能力、资产组合和盈余分配管理能力等核心专业能力。具有这样定位和专业能力的母公司，无论是否为上市公司，均能较好地适应分平台架构的要求。

第八章 案例分析：没有终点的旅程

企业集团和资本市场，两个同样复杂的研究对象，有限的案例不能穷尽企业集团上市顶层设计的种种可能，对二者之间关系的研究注定将是一个长期持续的过程，是一段没有终点的旅程。

一、形散神不散：嘉能可国际

（一）基本情况

嘉能可公司是全球最大的金属矿产品综合生产商和贸易商之一，最大的原油和炼油产品的实物贸易商之一，也是最大的农产品实物贸易商之一。公司在40多个国家设有50多个办事处，贸易业务雇员超过2 000人；在13个国家开设了15家工厂，生产业务雇员超过5万人。在2014年《财富》世界500强企业榜单中，公司位列第10位。

嘉能可公司主要从事金属矿产品、能源产品和农产品的生产、加工、仓储物流、融资等。公司由马克·里奇于1974年创建，最初名为马克·里奇公司（Marc Rich & Co.），总部设在瑞士巴塞尔。公司成立时主要专注于钢铁、有色金属、矿产和原油的贸易业务，是一家纯金属商品贸易商。创办之后不久，公司业务开始扩展至炼油产品，1981 年公司收购荷兰粮食贸易公司后形成农产品业务板块，后来又将煤炭业务纳入能源产品业务中。1993 ~ 1994 年，公司创始人马克·里奇将该公司出售给包括现任管理层在内的前合伙人，公司更名为“嘉能可”。2011 年，嘉能可公司在伦敦和香港两地上市；2013 年 5 月，香港上市公司嘉能可国际（Glencore International plc）和斯特拉塔（Xstrata plc）完成全股份平等合并，公司更名为嘉能可斯特拉塔公司（Glencore Xstrata Plc）（简称“嘉能可”）。通过多年的重大收购、矿产资源项目开发，冶炼及加工产能扩张，嘉能可已从一家单纯贸易企业发展成为拥有上游资源的综合公司。图 8 - 1 为嘉能可公司的发展历程。

图 8 - 1　嘉能可的发展历程

（二）业务与组织结构

嘉能可公司的业务主要涵盖三个领域，一是金属与矿产品业务（锌、铜、铅、氧化铝、铝、铁合金、镍、钴），二是能源产品业务（石油、煤、焦炭），三是农产品业务（大麦、玉米、向日葵、油菜籽）。此外，围绕业务涉及领域的产业链各环节，嘉能可公司也为生产商、贸易商和客户提供融资、物流、风险管理及其他服务。因此，嘉能可公司的主营业务又可以根据经营类型的不同分为贸易业务和工业生产业务两类。嘉能可公司具有突出的产业链整合能力，在物流、风险管理、融资等方面都有较强的核心竞争力。目前，嘉能可公司已经形成全球领先的商品销售网络，公司在金属矿产品、能源产品与农业产品的经营上高度协同，共享基础设施、市场信息。

在组织结构上，嘉能可采用事业部制，成立了金属矿产、能源、农业三大事业部，分别对应三大业务领域，对相关商品的工业生产、贸易及其他服务业务进行专业化运营与管理。图 8－2 为嘉能可的业务与组织结构图。

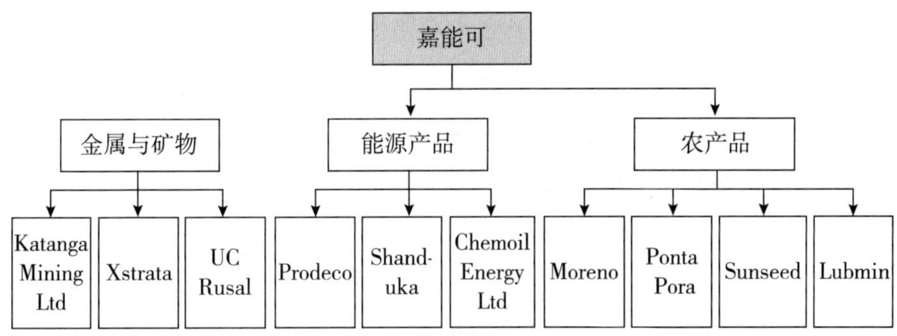

图 8－2 嘉能可的业务与组织结构

（二）财务情况

2013 年，嘉能可公司实现营业收入 2 327.7 亿美元，较 2012 年增长 8.6%，实现营业利润 44.2 亿美元，较上年增长 50.9%。由于 2013 年嘉能可在完成对斯特拉塔公司的全股份对等合并后，计提巨额商誉减值 74.8 亿美元，导致 2013 年公司亏损 74.02 亿美元。[①] 2008～2013 年嘉能可的收入和利润状况详见图 8－3。

在公司 2013 年的收入中，能源产品业务贡献 1 391.7 亿美元，占总收入的

① 资料来源：Wind 资讯。

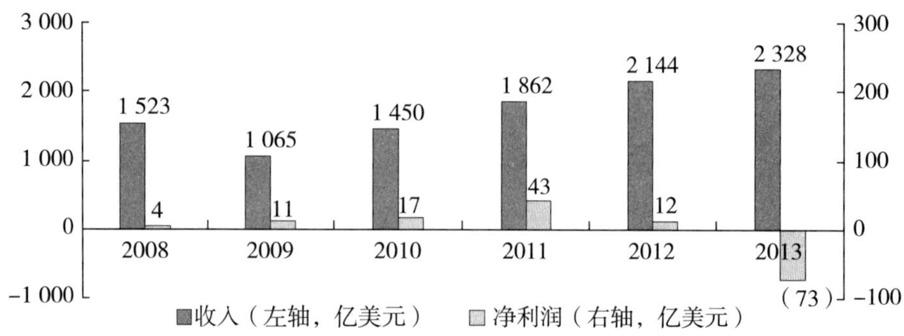

图 8－3　2008～2013 年嘉能可的收入和利润状况

60%；而金属及矿产品业务贡献了 633.5 亿美元，占总收入的 27%；农产品业务贡献了 300.4 亿美元，占总收入的 13%。从地区分布看，嘉能可在欧洲、亚洲、美洲、非洲、大洋洲的收入占比分别为 34%、29%、23%、11% 和 2%。图 8－4 为 2013 年嘉能可的收入来源结构。

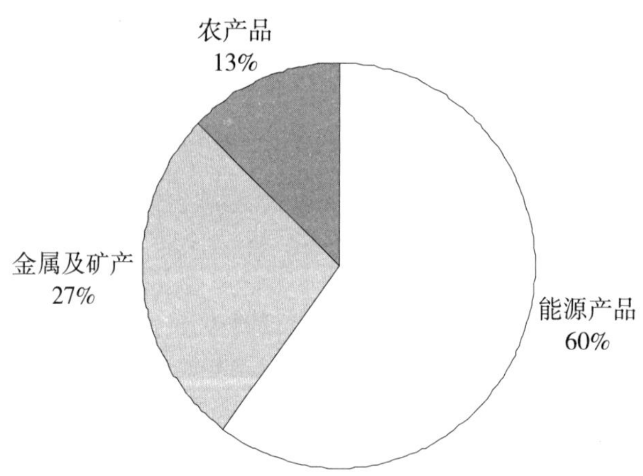

图 8－4　2013 年嘉能可的收入结构

（四）资本魔方

截至 2013 年 12 月 31 日，嘉能可公司总资产达 1 549.3 亿美元，净资产为

531.49 亿美元，资产负债率为 65.69%。其中，归属于母公司的所有者权益为 499.57 亿美元，少数股东权益 31.92 亿美元。截至 2014 年 8 月 20 日收盘，嘉能可国际（0805.HK）公司总市值为 811 亿美元。

从四大杠杠的使用情况看，嘉能可国际的股比杠杆为 1.06，权益杠杆为 2.92，周转杠杆为 1.50。由于 2013 年净利润为负值，无法直接计算市值杠杆。但超过 800 亿美元的市值，说明了市场对于嘉能可公司的认可，市值杠杆也发挥了作用。总体来看，嘉能可公司在权益杠杆、市值杠杆效应上发挥得比较突出，股比杠杆、周转杠杆则相对稳健。图 8－5 为嘉能可核心资本及杠杆运用效果情况。

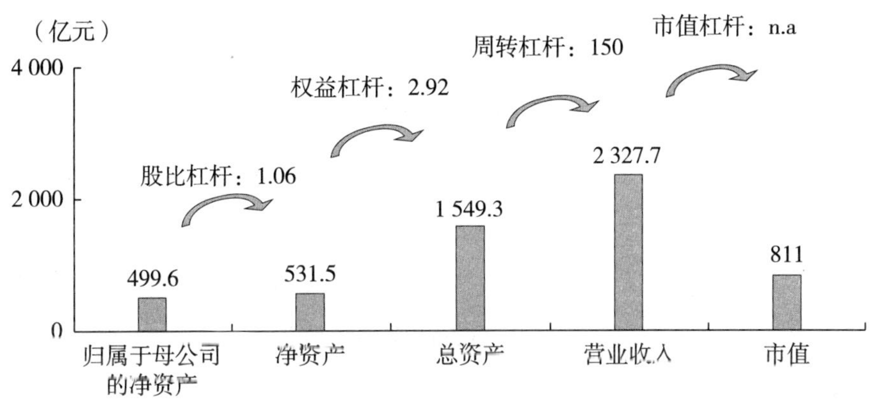

图 8－5　嘉能可核心资本及杠杆运用效果

（五）资本运作

嘉能可公司的首次对外并购是 1987 年对美国的 Mt. Holly 铝冶炼厂 27% 的股权收购；1988 年，通过收购秘鲁锌铅矿 66.7% 的股权，嘉能可公司首次控股矿业资产。

此后，嘉能可不断通过收购、新建等行为进行工业资产投资，包括：1990

年收购英国 Xstrata 矿业公司 40% 的股权；1995 年收购哥伦比亚 Prodeco 煤炭；1997 年收购前苏联最大的锌生产商 Kazzinc 金属公司多数股权；2007 年以部分铝和氧化铝资产出资助力形成俄铝联合公司（UC Rusal）；2008 年旗下加丹加（Katanga）矿业合并主要竞争对手矿产商 Nikanor，嘉能可占合并后公司 8.5% 的股权；同年购买 Kazzinc 金属公司在 Vasilkovskoye 金矿 40% 的权益；2009 年经政府审批开发非洲西部汽油项目。

2001 年 9 月，嘉能可曾计划将其南非和澳洲煤炭资产合并于澳洲证交所上市，但由于“9·11”事件的发生，该计划未能成行。而 Xstrata 则以 25 亿美元的债务和股票融资方式，收购了这些煤炭资产，与自身的铬铁和锌资产合并，并于 2002 年在伦敦上市。

2009 年 3 月，由于金融危机肆虐，斯特拉塔公司出现资金紧张，进行了 57 亿美元的供股融资，作为 20 亿美元的出资等价物，嘉能可将 Prodeco 煤矿注入斯特拉塔，但保留之后 12 个月对 Prodeco 煤矿的回购期权。2010 年嘉能可以 24 亿美元回购 Prodeco 煤矿。

2011 年，嘉能可完成对澳大利亚上市镍矿公司 Minara 的私有化；2014 年，嘉能可又对新加坡上市公司 Chemoil Energy 实施私有化。

融资方面，2004 年嘉能可首次公开发行债券 9.5 亿美元，2009～2010 年首次发行 23 亿美元可转债。2011 年，嘉能可公司在伦敦证券交易所和香港证券交易所两地上市，融资达 110 亿美元，创造当年全球规模最大的 IPO，也是伦敦证券交易所史上规模第一的上市公司。

2013 年 5 月，嘉能可国际和斯特拉塔完成全股份平等合并，交易规模达到 620 亿美元，成为 2007 年以来欧洲已公布的规模最大的并购交易。新公司更名为嘉能可斯特拉塔公司，市值超过 800 亿美元，超越英美资源集团，成为继必和必拓、力拓和淡水河谷三大矿业巨头之后的全球第四大多元化矿业公司。

（六）资本市场平台架构

2011 年，嘉能可公司在香港和伦敦资本市场同步上市，目前公司旗下控股及参股的上市公司还包括世纪铝业（美国上市）44.0% 的股权，Katanga 矿业公司（加拿大上市）74.4% 的股权，俄铝联合公司（香港上市）8.8% 的股权。

公司旗下还拥有诸多非上市公司股权，有镍矿商 Minara 资源公司 100% 的股权，Kazzinc 公司 50.7% 的股份，赞比亚第二大铜/钴生产商 Mopani 铜矿公司 73.1% 的股份，Mutanda 矿 40.0% 的股份，哥伦比亚 Prodeco 煤炭 100% 的股份，以及 E&P 石油勘探与开发项目 25% 的股权，钜能化油（Chemoil Energy）100% 的股权。表 8－1 为嘉能可旗下上市公司基本情况，图 8－6 为嘉能可斯特拉塔上市平台架构。

表 8－1　嘉能可旗下上市公司基本情况　（单位：亿美元）

代码	上市公司	交易所	业务	2013 年收入	2013 年利润	市值
RX FP	Recylex SA	泛欧交易所	金属、塑料回收	582.1	－52.6	0.81
KAT CN	Katanga Mining Ltd	多伦多证券交易所	铜、钴生产	8.1	0.38	8.7
CENXUS	Century Aluminum Company	纳斯达克	铝生产	4.0	－0.1	21.9
486 HK	United Company Rusal Ltd	香港证券交易所	铝和氧化铝生产	97.6	－32.2	77.6

资料来源：彭博通讯社，市值截至 2014 年 8 月 28 日

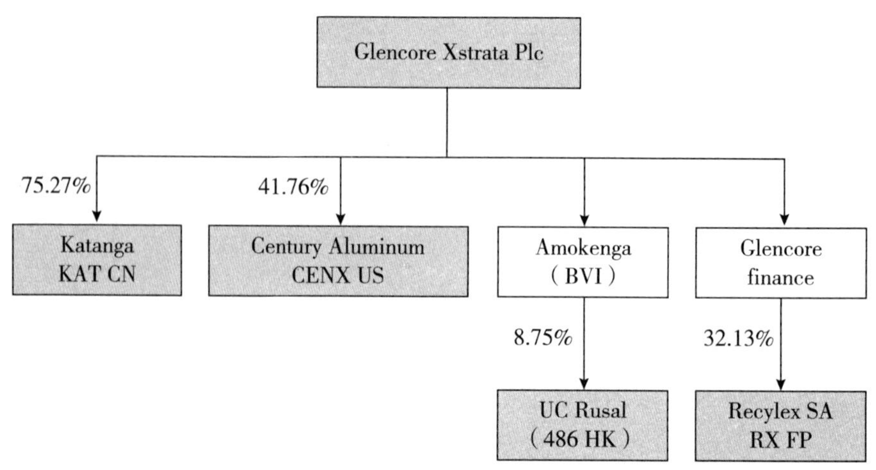

图 8－6 嘉能可斯特拉塔上市平台架构

（七）资本市场平台分析

嘉能可公司在 2011 年上市时，将母公司嘉能可国际作为上市平台，实现香港和伦敦两地同步上市，以单平台的形式将公司资产与资本市场进行全面对接。不仅如此，两年后，嘉能可与旗下最大的上市公司 Xstrata 完成合并，进一步强化了这种单平台的上市架构。结合此前嘉能可对独立上市的 Minara 和 Chemoil 公司的私有化，目前不仅传统的贸易业务多数在母公司旗下，大量金属矿产、煤炭、石油开采等项目资产也没有独立上市。

嘉能可公司采取单平台上市架构，最直接因素来自其业务特征。嘉能可具有较大的业务跨度，不仅在业务领域上横跨金属矿产品、能源产品和农产品三大行业；同时，在每一业务领域，嘉能可也沿产业链进行了大量的资产布局，其旗下拥有大量的矿山、加工、物流、仓储等生产性资产和基础设施。从表面上看，嘉能可的业务领域十分广泛、业务布局也十分分散，但仔细观察就能发现，嘉能可的业务布局并非漫无目的，也不是蜻蜓点水般的简单占有产业链的某一环节，而是紧紧围绕公司的核心能力，即在全球范围内发现交易机会，利用其业务网络和交易能力抓住这些交易机会，并通过低买高卖赚取利润。可以说，嘉能可所有的业务布局都是为提升其交易能力服务的。例如，嘉能可在金属资源的上游领域即矿山资产上进行了大量的布局，原因在于金属矿产资源的上游供应被少数行业寡头所控制，通过布局矿山资产，嘉能可能够最大限度地提升自身在金属矿产资源方面的供应能力，防止在价格和货源供应方面受制于人，削弱其交易获利的能力。因此，尽管金属、能源和农产品在产业上并不存在直接关联，但在嘉能可的商业模式下都可以转换为对于商品在交易环节利润上的挖掘。在这种被称为“协同套利”的商业模式下，各业务领域的运作方法并无显著差异，只存在交易标的的不同。不同的业务可以在交易信息、渠道、客户仓储物流等基础设施方面充分共享，从而提高公司的整体议价能力和协同效应。相应的，这种以交易能力为核心的高度协同对应到组织结构和管控方式上，也必然是相对集权的选择。例如，嘉能可采用事业部制的组织形式，而并没有将三大业务板块独立设置子集团、赋予更高的经营权限，多少反映了其在业务上的这种特点。当然，只保留一个旗舰上市平台的好处还有很多，例如，单平台上市资产体量大，能够带来更大的融资规模，更多具有流动性的股权也能在并购中成为支付利器，这一点，对于通过并购发展壮大的嘉能可来说也很有吸引力。两年后，在对 Xstrata 的换股合并案例中，这一优势便得到了最好的体现。

二、孵化注资：华润集团

（一）基本情况

华润集团是国务院国资委管理的国有重点骨干企业之一，业务领域涵盖零售、地产、啤酒、纺织、电力、建材、微电子、农业深加工等，是实施多元商业经营的大型国有控股企业集团。华润集团下设7大战略业务单元、16家一级利润中心，实体企业1 664家，在职员工44万人。在2014年《财富》世界500强企业榜单中，华润集团位列第134位。

华润的历史可以追溯到1938年的“联合行”，它是我党在海外最早设立的一家企业，当时的主要任务是为革命筹款，1948年更名为华润公司。20世纪50年代起，华润成为中国进出口贸易公司在港澳及东南亚的总代理。改革开放后，华润开始向市场化主体转型，1983年，华润将所管理的下属机构重组转型为以股权为纽带的公司，在此基础上成立了华润（集团）有限公司。此后华润的业务由总代理贸易转向自营，并开展一系列实业化投资。

1992年，华润将一部分优质资产注入永达利实现控股并更名为华润创业，实现借壳上市，成为首次尝试涉足国际资本市场的在港中资企业。此后，华润又陆续组织多家公司在港上市，进入了利用国际市场筹集资金，通过收购兼并加速企业发展的时期。20世纪90年代末，华润在企业发展模式、组织架构、公司治理结构方面进行了一系列重大改革，彻底摆脱了传统贸易公司的特征，转向多元化控股企业的运营模式。2001年，华润确定了“集团多元化，利润中心专业化”的发展方向，通过清晰主业、加强战略管理、优化资源配置、提高市场化运行机制，华润进入增长的快车道。图8－7为华润集团的发展历程概况。

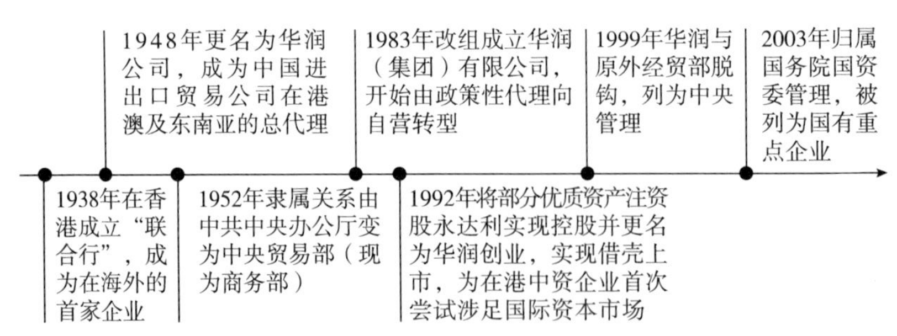

图8－7　华润集团的发展历程

资料来源：华润（集团）有限公司《红色华润》编委会，《红色华润》，中华书局，2012年

（二）业务与组织结构

在“集团多元化，利润中心专业化”的理念下，目前，华润集团形成了消费品、电力、地产、水泥、医药、金融、燃气7大战略业务单元，共有16家一级利润中心。华润创业（0291. HK）、华润电力（0836. HK）、华润置地（1109. HK）、华润水泥（1313. HK）、华润医药、华润金融控股、华润燃气（1193. HK）分别是各战略业务单元的法人实体，其中除华润医药、华润金融以外的5家公司均以完成板块业务在香港独立上市。

华润集团在其涉及的领域内都具有举足轻重的行业地位。例如，消费业务专注于零售、啤酒、食品及饮品四大业务，华润零售、华润雪花啤酒经营规模全国第一；怡宝水、万家超市、万象城、ESPIRIT服装等，在国内都有非常好的品牌基础和市场占有率。华润电力涉及火电、煤炭、风电、水电、分布式能源并策略性投资核电，是中国业绩增长最快、运营成本最低、经营效率最好的独立发电企业。华润置地是中国内地最具实力的综合地产开发商之一，华润燃气经营规模全国居首，华润医药、华润水泥等在其领域内都有一定影响力。图8－8为华润集团的业务及组织结构情况。

（三）财务情况

2013年，华润集团实现营业收入4 055. 5亿元，利润总额368亿元，归属母公司股东的净利润为129. 4亿元。公司从2010～2013年连续四年归属母公司股东的净利润在110亿元以上，保持着良好经营态势。[①] 如图8－9所示。

消费板块是华润的营业收入贡献龙头板块，以港股上市公司华润创业

① 资料来源：联合资信《华润股份有限公司跟踪评级报告》。

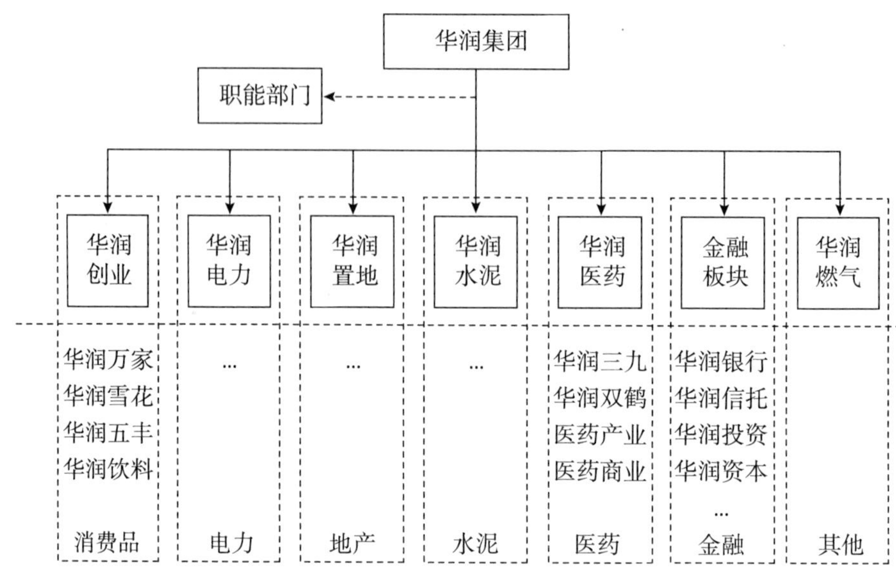

图 8-8　华润集团的业务及组织结构

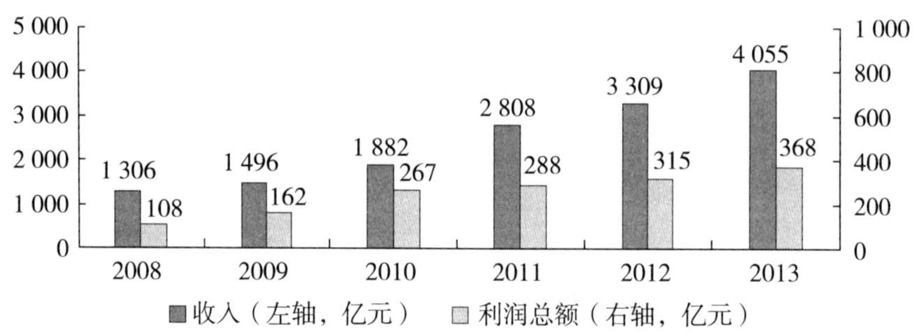

图 8-9　华润集团近年来收入和利润状况

（0291. HK）为旗舰，2013 年为集团贡献营业收入 952 亿港元，占集团营业收入的近 1/4，实现归属母公司股东净利润 10 亿元，占集团净利润的 3%。电力板块旗舰是华润电力（0836. HK），2013 年电力板块实现营业收入 696 亿元，占集团总收入的 18%，为集团贡献了 110. 2 亿的净利润，占比 29%。地产板块旗舰华润置地（1109. HK），2013 年实现营业收入 714 亿港元，占比 19%；

实现归属母公司股东净利润147亿港元，占比39%，成为集团利润贡献最大的业务。水泥、医药、燃气在集团的收入占比分别为7%、23%、5%，其他板块（含金融板块）贡献收入的6%。图8－10为2013年华润集团的收入结构情况。

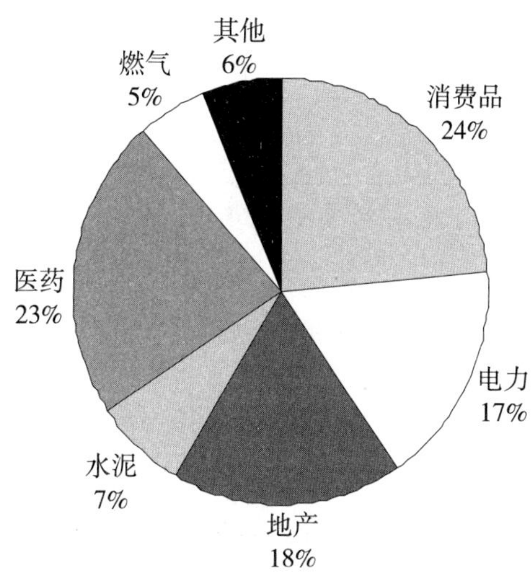

图8－10　2013年华润集团的收入结构

（四）资本魔方

截至2013年年末，集团总资产8 490亿元，净资产2 492亿元，资产负债率70.6%，其中归属母公司的所有者权益1 220亿元，少数股东权益1 271.6亿元。

从四大杠杠的使用情况看，股比杠杆为2.04，权益杠杆为3.41，周转杠杆为0.48。由于华润集团母公司未上市，无法计算总体市值杠杆。总体来看，华润在股比杠杆、权益杠杆效应上发挥得比较突出，周转杠杆则相对稳健。华润集团核心资本及杠杆运用效果如图8－11所示。

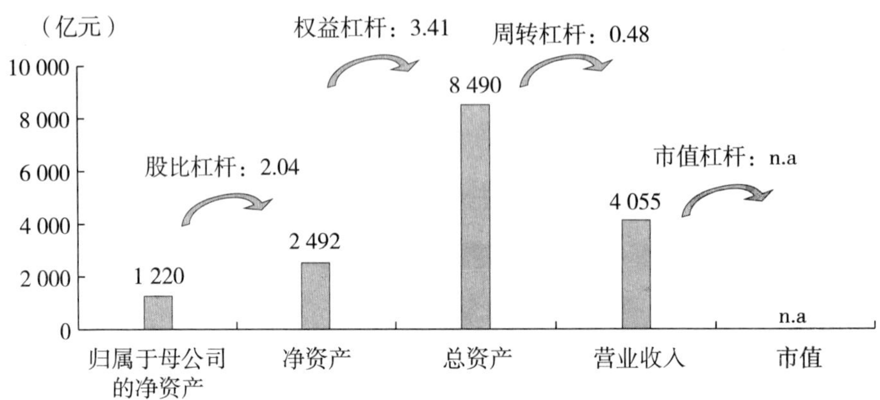

图 8－11　华润集团核心资本及杠杆运用效果

（五）资本运作

从 1992 年华润创业借壳上市开始，华润在香港资本市场进行了一系列的资本运作，大致可以分为三个阶段：1992～2000 年的创业期；2001～2005 年的第一次再造华润时期；2006 至今的第二次再造华润时期。在这三个阶段的资本运作过程中，一方面，华润充分利用公司强大的产业与资金优势，开展持续性并购、实施产业整合；另一方面，华润借助资本市场，坚持以价值为导向的市场化操作，通过上市、私有化、孵化重组、资产重组等资本运作行为，华润旗下的各上市平台业务规模和资产质量不断提升、战略定位更加清晰，成为成功借助资本市场快速发展的代表。华润集团资本运作所经历的三个阶段如图 8－12 所示，表 8－2 为华润集团近年来主要资本运作案例。

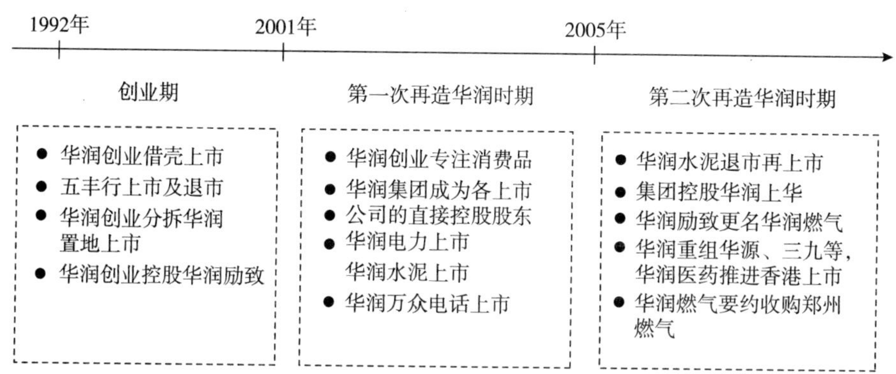

图8－12　华润集团三个阶段的资本运作

表8－2　华润集团近年来主要资本运作案例

资本运作	相关案例
IPO	• 五丰行（1995） • 华润置地（1996） • 华润电力（2003） • 华润万众电话（2004） • 华润水泥（2009）
配售再融资	• 华润创业（1992，1993，1996，1999） • 华润置地（2006，2007，2009） • 华润电力（2007） • 华润燃气（2010）
供股再融资	• 华润电力（2009） • 华润微电子（2009）
注资	• 华润创业（1999，2001，2002，2009） • 华润电力（2004～2009） • 华润置地（2005～2011） • 华润燃气（2008～2011）
借壳上市	• 华润创业（1992） • 华润微电子（2000） • 华润燃气（2006）

（续表）

资本运作	相关案例
私有化	• 五丰行（2000） • 华润水泥（2006） • 华润微电子（2011） • 郑州华润燃气（2012）
资产剥离	• 华润创业（2009）

（六）资本市场平台架构

华润集团直接控股的上市公司有5家，分别是华润创业（0291. HK）、华润电力（0836. HK）、华润置地（1109. HK）、华润水泥（1313. HK）、华润燃气（1193. HK）；间接控股的上市公司也有5家，分别为华润三九（000999. SZ）、华润双鹤（600062. SH）、东阿阿胶（000423. SZ）、华润万东（600055. SH）、华润锦华（000810. SZ）。公司总体资产证券化率达到90. 1%，应该说已经实现了整体上市。华润集团旗下上市公司基本情况见表8－3，其上市平台架构如图8－13所示。

表8－3　华润集团旗下上市公司基本情况　（单位：亿元）

代码	上市公司	业务	2013年收入	2013年净利润	市值
0291. HK	华润创业	零售、啤酒、食品及饮品业务，投资控股及物业投资	1 151	15. 0	459
0836. HK	华润电力	投资、开发、经营和管理发电厂及煤矿项目	542	86. 6	855
1109. HK	华润置地	发展及销售已发展物业、物业投资及管理、酒店经营及提供建筑等服务	561	115. 5	792
1313. HK	华润水泥	水泥、混凝土及相关产品生产及销售及服务	231	26. 2	298

（续表）

代码	上市公司	业务	2013 年收入	2013 年净利润	市值
1193. HK	华润燃气	销售及分销气体燃料及相关产品，燃气接驳	175	17. 0	452
000999. SZ	华润三九	药品的开发、生产、销售；相关技术开发、转让、服务；生产所需机械设备和原材料进口业务；中药材种植等	78	12. 1	200
600062. SH	华润双鹤	加工、制造大容量注射剂、精神药品、软胶囊剂、中药提取、制药机械设备等	68	8. 7	106
000423. SZ	东阿阿胶	许可证范围内胶剂、口服液中药饮片合煎膏颗；许可证范围内保健食品方便食品生产、销售	40	12. 2	247
600055. SZ	华润万东	医疗器械设备	0	0. 0	0
000810. SZ	华润锦华	纺纱、织布、纺织品制造及销售	11	0. 2	26

资料来源：Wind 资讯，市值统计截至2014 年8 月15 日收盘

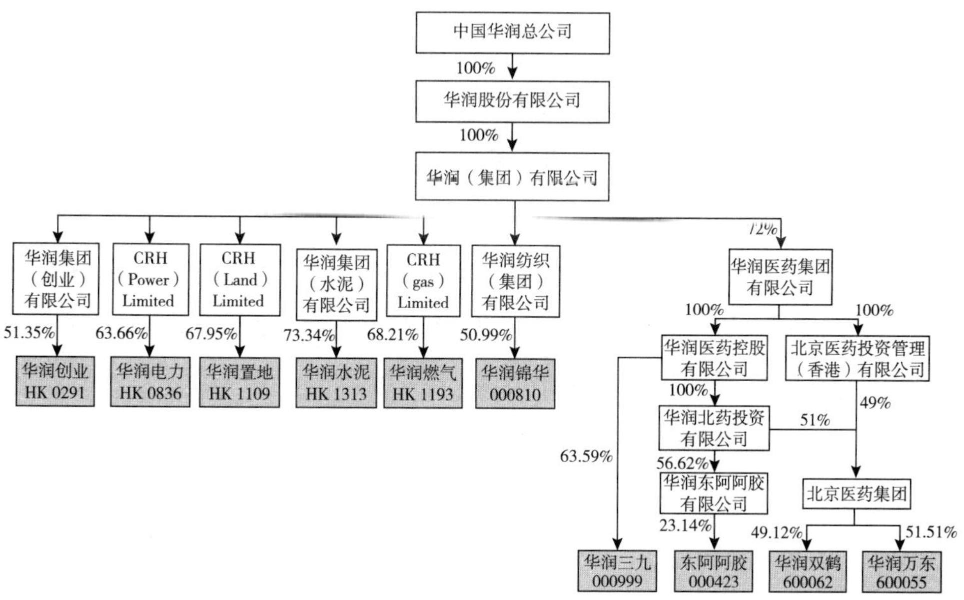

图8－13　华润集团上市平台架构

（七）资本市场平台分析

华润集团是十分典型的分平台上市架构，母公司华润集团有限公司是非上市公司，但旗下绝大多数子集团已经独立上市。华润医药集团尽管本身没有上市，但其下辖的业务资产大多已完成与资本市场的对接。目前，整个华润集团仅有少部分金融业务资产未上市，总体资产证券化水平非常高。

无关多元的业务组合、市场化的运作方式，华润集团在资本市场平台结构的选择上毫无悬念。华润集团业务多元化、业务之间的关联度非常低，消费品、医药是非周期性行业，水泥、房地产是传统周期性行业，两类业务在贡献上难分主次。在组织结构上，华润采取子集团制，且各子集团都是独立性很高的“利润中心”，作为具体业务的专业化运作和管理机构，在经营管理上具有很高的权限。华润集团母公司将职责定位于整体把握集团的战略和价值最大化，根据利润中心需要提供进行服务与支持。在管控模式上上，在“财务＋战略型”模式中采取相对分权的管理，对子公司在具体的经营管理方面不进行过多干预，而是将财务管控作为资源配置与考核的核心手段，将资产收益率、占有资本回报率等财务指标作为主要考核指标。在母子公司的互动方式上，“孵化注资”是华润集团的一个成熟模式。华润母公司凭借集团的整体优势和产业培育能力，获取具有发展前景的早期项目，等项目孵化成熟以后，再注资进入上市公司。通过这样的“孵化注资”，母公司实现了投资回报和现金回流，上市公司实现了股东价值提升，产业资本与金融资本得到了很好的结合。

从外部环境看，华润集团根植于市场化程度较高的香港资本市场，各项市场规则、市场秩序和各种运作手段都比较成熟。多年来，华润集团坚持市场化和股东利益至上的运作理念也获得了市场的认可，培养了良好的资本市场形象；另一方面，华润在上市公司治理、投资者关系管理等方面也积累了丰富经验，使其能够在分平台架构下有效地协调控股股东与中小股东、出资人与代理人之间的利益冲突，扬长避短，这些也都是分平台上市架构顺畅运行的基础条件。

三、众星捧月：通用电气

（一）基本情况

通用电气公司的前身是由托马斯·爱迪生于 1878 年创立的爱迪生电灯公司。1892 年，爱迪生电灯公司和汤姆森–休斯敦电气公司合并，成立了通用电气公司（GE）。公司总部位于美国纽约，是世界最大的提供技术和服务业务的跨国公司，世界上最大的电器和电子设备制造公司，在公司的多元化业务发展方面较为出色，涉及从电器到航空、从医疗器械到工程塑料、从工业自动化到金融、从发电设备到电视节目等十多个行业，除了生产消费电器、工业电器设备外，还是一个巨大的军火承包商，它的产值占美国电工行业全部产值的 1/4 左右。GE 目前在全世界 130 多个国家开展业务，在全球拥有员工 305 000 名。

2013 年，GE 公司实现营业收入 1 429.4 亿美元，利润 130.6 亿美元。在 2014 年《财富》世界 500 强企业榜单中，GE 公司排名第 24 位，在多元化金融企业分类里排名第　。图 8 – 14 为 GE 公司发展历程概述。

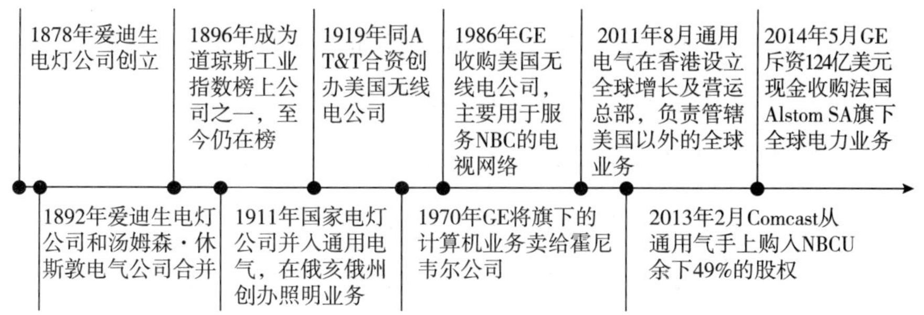

图 8 – 13　GE 公司的发展历程

资料来源：GE 公司年报、公司官网主页信息及互联网信息

（二）业务与组织结构

GE公司主营业务涵盖金融、航空、医疗、发电及水处理、石油与天然气、能源管理、照明、金融、运输及娱乐等。在组织结构上，GE采用集权与分权相结合的“超级事业部+事业部”结构。例如，GE资本下设GE航空金融服务、GE商业金融等事业部，GE技术设施下设GE航空、GE企业解决方案等事业部，GE公司的业务及组织结构如图8－15所示。

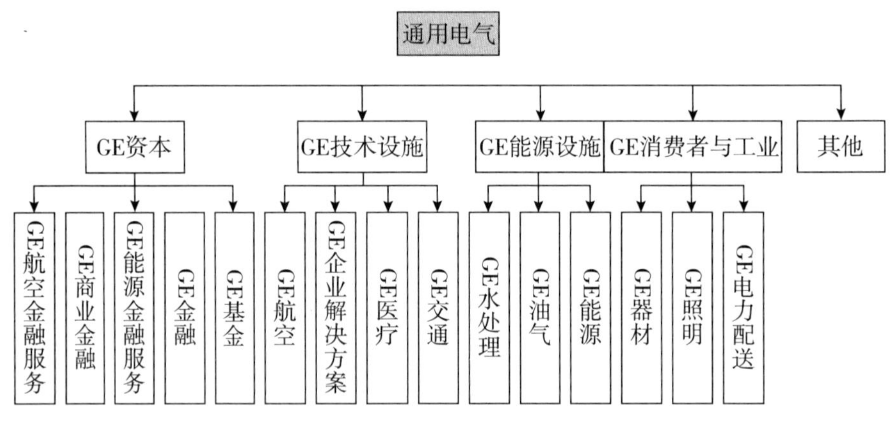

图8－15　GE公司的业务及组织结构

GE历史上经历过多次业务调整与组织上的变革。[①] 创立初期的GE采用的是直线职能制，20世纪50年代初，公司开始向“事业部制”转变，每个事业部各自独立经营，单独核算。60年代末，通用电气公司遭遇威斯汀豪斯电气公司的激烈竞争，公司财政处于盈亏边缘。最高领导波契（Boych）为应对市场竞争，在事业部内设立“战略事业单位”。这种“战略事业单位”是独立的组织部门，可以在事业部内有选择地对某些产品进行单独管理，以便事业部将人力物力能够

① 张立文，“美国通用电气公司组织结构及其变革研究”，《商场现代化》，2010年3月刊，第14～15页。

机动有效地集中分配使用。到70年代中期，美国经济又出现停滞。当时担任通用电气公司董事长的琼（Jones）担心到80年代可能会出现比较长期的经济不景气，于是从1978年开始“执行部制”，也就是“超事业部制”。这种体制就是在各个事业部的上层再建立一些“超事业部”，来统辖和协调各事业部的活动，在高度分权的事业部制基础上，重新加强集权化管控。80年代初，杰克·韦尔奇接任美国通用电气公司总裁，当时该公司有40多万员工，其中有经理头衔的就达2.5万人，高层经理500多人，副总裁就有130人，管理层次有12层。杰克·韦尔奇开始大刀阔斧地改革通用电气的组织结构，砍掉大量中间管理层次，裁减管理层职位，最终通用电气管理层次变成4~5层。21世纪初，伊梅尔特接任GE后，延续了这一战略，继续对业务进行重组管理，先后出售保险、消防车、新材料等业务，同时大力发展能源、医疗保健、基础设施、运输等业务，形成目前的业务与组织架构。

（三）财务情况

2013年，GE公司实现营业收入1 429.4亿美元，利润130.6亿美元。分业务看，2013年的营业收入中，30%来自GE资本业务，17%来自电力及水利业务，15%由航空业务贡献，12%由医疗设备业务贡献，11%来自石油天然气业务。[①] 图8-16为GE公司2008~2013年收入和利润情况，2013年收入来源结构见图8-17。

（四）资本魔方

截至2013年年末，GE总资产为6 566亿美元，净资产1 368亿美元，资产

① 资料来源：Wind资讯。

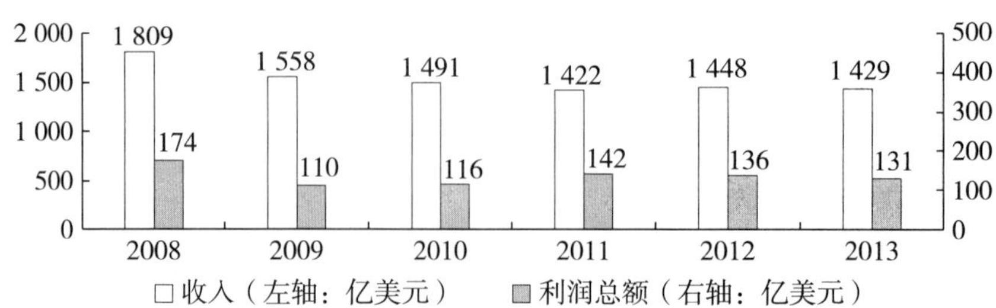

图 8－16　2008～2013 年 GE 公司收入和利润情况

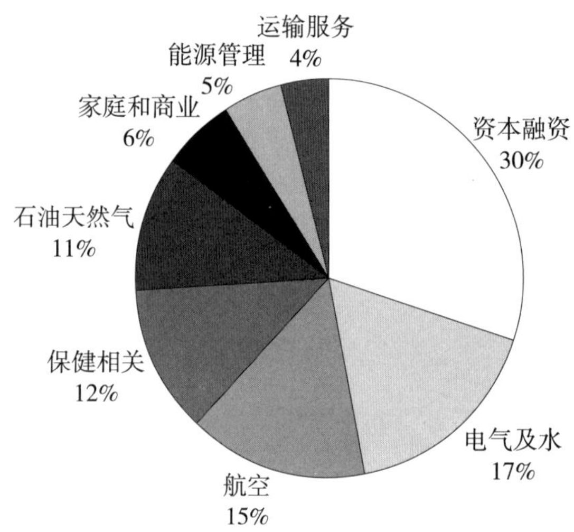

图 8－17　2013 年 GE 公司的收入结构

负债率为 79. 17%。其中归属于母公司的股东权益为 1 306 亿美元，少数股东权益 62 亿美元。截至 2014 年 8 月 27 日收盘，通用电器市值达到 2 609. 8 亿美元。

从四大杠杆的使用情况看，股比杠杆为 1. 05，权益杠杆为 4. 80，周转杠杆为 0. 22，市值杠杆为 20. 1。总体来看，GE 在权益杠杆、市值杠杆效应上发挥比较突出，股比杠杆则相对稳健。图 8－18 为 GE 公司核心资本及杠杆适用效果情况。

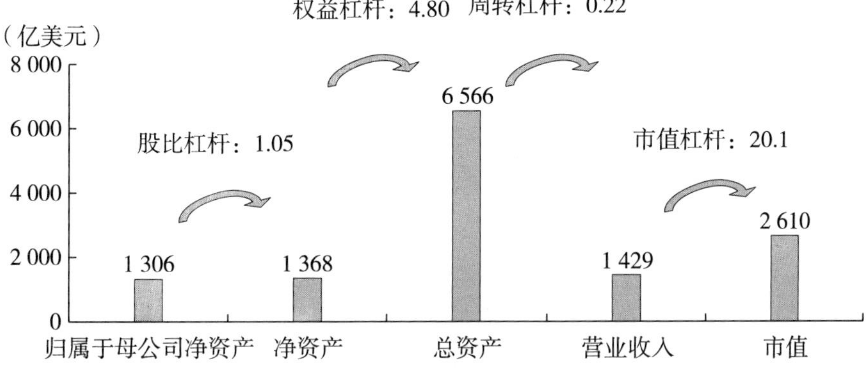

图 8－18　GE 公司核心资本及杠杆运用效果

（五）资本运作

1899 年，通用电气公司在美国纽约证券交易所上市。

1911 年，美国国家电灯公司并入通用电气。

1919 年，与 AT&T 合资创办美国无线电公司。

1986 年，GE 收购美国无线电公司，主要用于服务于 NBC 的电视网络。

2001 年，GE 以 53 亿美元收购 Heller Financial 公司，发展商业借贷业务。

2003 年，GE 收购法国威望迪公司在美国的娱乐资产。次年将该资产与 NBC 合并，成立美国国家广播环球公司。涉及金额达 420 亿美元，GE 拥有 80% 的股份。

2004 年，GE 完成增发，再融资 38 亿美元。

2004 年，收购威望迪公司，并与 NBC 合并。

2005 年，GE 以 47 亿美元收购房地产投资信托公司 Arden Realty。

2007 年，GE 公司以 81. 3 亿美元收购雅培部分诊断试剂业务，以拓展其医疗信息技术行业业务。

2008 年，GE 增发再融资 120 亿美元。

2013 年 2 月，GE 将旗下 NBC Universal（NBCU）49% 股权以 167 亿美元出售给美国最大的有线电视公司 Comcast，同时以 14 亿美元将洛克菲勒中心 30 号地产出售给 Comcase，共获得 10 亿美元税前收益。

2014 年 1 月，GE 的医疗保健子公司 GE healthcare 收购科学及实验室设备制造商赛默飞世尔科技公司旗下年营收 2.5 亿美元的细胞培养，基因调节和磁珠业务，以加强其药物、疫苗和诊断方面的发现及生产技术。

2014 年 4 月，美国通用电气公司提出以 123.5 亿欧元的价格，对法国阿尔斯通公司的能源业务提出要约收购。能源业务是阿尔斯通的核心盈利业务，其标的资产范围包括热能发电厂、可再生能源和电网业务，涉及 6.5 万名员工，占阿尔斯通集团业务量 70% 以上。该收购已经通过阿尔斯通董事会，如果最终收购完成，将成为 GE 历史上规模最大的一次工业收购。

（六）资本市场平台分析

通用电气是道琼斯工业指数榜自 1896 年设立以来唯一至今仍在榜上的公司。从一家生产电灯泡的小企业伴随资本市场成长为全球领先的多元公司，通用电气旗下多元化的业务资产都涵盖在上市公司资产范围内，虽然市场近期有传闻 GE 计划拆分信用卡业务、航空金融等业务上市，但是目前看 GE 母公司下仍没有其他上市公司。

从业务领域来看，GE 横跨能源、航空、医疗、交通运输、金融、家电、环保等众多行业，产业跨度极大，许多业务之间甚至毫无关联。在组织结构上，GE 的事业部制具有更多的分权色彩，一切看上去似乎都指向分平台上市架构。但事实上，GE 却是不折不扣的单平台结构，支撑这一结果的正是 GE 旗下的明星企业、众星捧月的 GE 资本。首先从在 GE 公司内的地位看，2009 ~ 2013 年间，

GE 资本的年度收入和利润占比均达到 30% 左右，是 GE 最大的收入和利润来源；在总资产指标上，GE 资本也占到 GE 总资产的 80% 以上。GE 资本在 GE 公司内的核心作用还远不只如此，GE 公司目前已经形成了以 GE 资本为中心的高度产融结合的多元化公司。GE 资本是通用电气公司内部资本市场的载体，除发挥内部资金融通和调配的作用，还承担着“收购机器”的角色，通过对外发行商业票据来维持集团现金流，通用电气公司几乎所有的投资、并购资金来源都来自这一平台。GE 资本还对购买其涡轮发电机、飞机发动机、风车、机车和其他产品的客户提供低成本融资，使竞争对手望洋兴叹。GE 公司则反过来对 GE 资本提供可靠的盈利和有形资产支持，从而使公司保持 AAA 信用评级，两者之间形成良性的互动关系。

在管控方式上，GE 采取的是一种高层集权下的分权管理体制。尽管在组织结构的形式上，事业部制有分权色彩，但是各超级事业部与事业部并没有对应相关实体，GE 总部在战略与财务管控上是高度集中的，尤其是以 GE 资本主导的财务管控手段。GE 资本对 GE 公司及其各业务部门进行融资的支持、资金的调配甚至盈利的管理，这是 GE 多年来积累下的卓有成效的管理方式，并在其发展过程中被不断巩固。在单平台架构下，GE 公司的财务协同可以在全局“一盘棋”的调度下继续稳定地发挥作用；而在分平台架构下，受制于上市公司资产与财务的独立性的要求，GE 的管控手段将受到制约，这种以 GE 资本为核心的财务整体协同无疑会遭到削弱。

四、一盘很大的棋：中航工业

（一）基本情况

新中国的航空工业从 1951 年起步，根据不同历史时期的发展特点及国防建设的需要，航空工业体制经历了多次调整，航空工业的改革不断深化。1982年，中华人民共和国航空工业部成立。1993年，国家撤销中华人民共和国航空航天工业部，成立航空工业总公司；1999年，总公司重组分立为中国航空工业第一、第二集团公司；2008年11月，由中国航空工业第一、二集团再次合并成立中国航空工业集团公司（简称“中航工业”），合并后的集团资产总额达4 000多亿元，下辖200余家成员单位、控股20多家上市公司，员工约40万人。

中航工业集团系列发展航空装备、运输机、发动机、直升机、机载设备与系统的研究与生产业务，并将航空技术融入非航空业务，大力发展汽车、摩托车及其发动机、零配件等业务领域，并提供融资租赁、交通运输、工程、房地产开发等多元服务业务。2013年，中航工业集团全年实现营业收入3 494亿元，利润140亿元，发展态势良好。在2014年最新出炉的世界500强名单中，中国航空工业集团公司位列第178位。中国航空工业集团的历史沿革如图8－19所示。

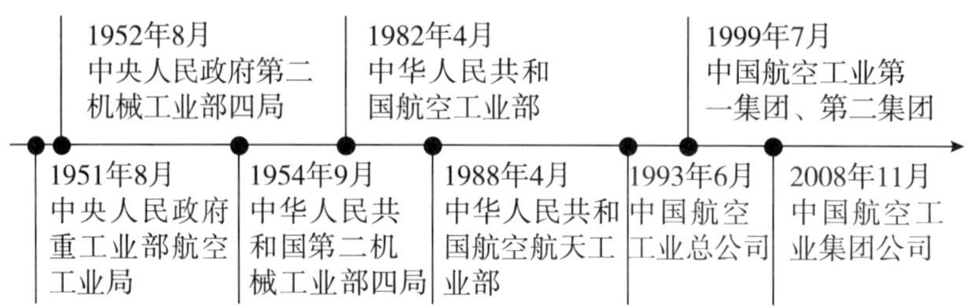

图8－19　中国航空工业集团的历史沿革

（二）业务与组织结构

中航工业是我国航空工业的旗舰企业，主要经营航空业务、非航空业务及服务业三大业务。其中，航空业务由军用航空业务和民用航空业务组成，军用航空业务包括歼击机、轰炸机、运输机、教练机等飞行器，涡桨、涡轴、涡扇、涡喷等系列发动机和空空、空地导弹等产品的设计、研制、生产和销售等业务，民用航空业务包括民用航空器及发动机、机载设备与系统的设计、研制、生产与销售，以及零部件转包生产和航空器维修等；非航空业务包括燃气轮机、汽车和摩托车及发动机、制冷设备、电子产品等机电产品的设计、研制、实验、生产、销售等业务；服务业包括金融、租赁、通用航空服务、交通运输、医疗服务、工程勘察设计、工程承包建设、房地产开发等业务。

经过多年的专业化整合，公司形成了航空装备、运输机、发动机、直升机、机载设备与系统、通用飞机、航空研究、飞行试验、贸易物流、资产管理、工程规划建设、汽车等产业板块。在整合路径上，中航工业采取"并联式"整合，主要围绕上市公司，合并同类资产，平行打造多个专业平台。例如，以西飞国际为平台，整合西安、沈阳和成都的民机制造力量，形成飞机资产运作平台；以力源液压为平台，整合燃气轮机资产等重机资产，打造重机资产运作平台；西安航空发动机集团借壳 ST 吉生化，作为航空发动机控制业务资产运作的核心平台；哈飞航空作为直升机研制资产的核心平台；洪都航空作为通用飞机研制的核心平台；中航光电公开上市作为光电连接器业务资产运作的核心平台，等等。此外，在创新事业发展上，中航工业还先后成立了航空发动机事业部、航空电子研究院、航空电源中心，空气动力研究院、雷达与电子设备研究院、中国航空工业发展研究中心、新乡航空工业（集团）公司、航宇救生装备有限公司等，积极探索新的领域和谋求专业化发展。

组织结构上，公司实施垂直的三级母子公司体制，[①] 集团公司作为决策中心，主抓战略管控；直属单位是利润中心，主要以上市子公司为主体；下级成员

① 李平、仇方迎、吴献东，《大国之翼：中国航空工业战略转型与资本化运作》，中信出版社，2013 年，第 215 ~216 页。

企业是制造中心，任务是做好业务经营活动。

中航工业集团的业务与组织结构如图 8－20 所示。

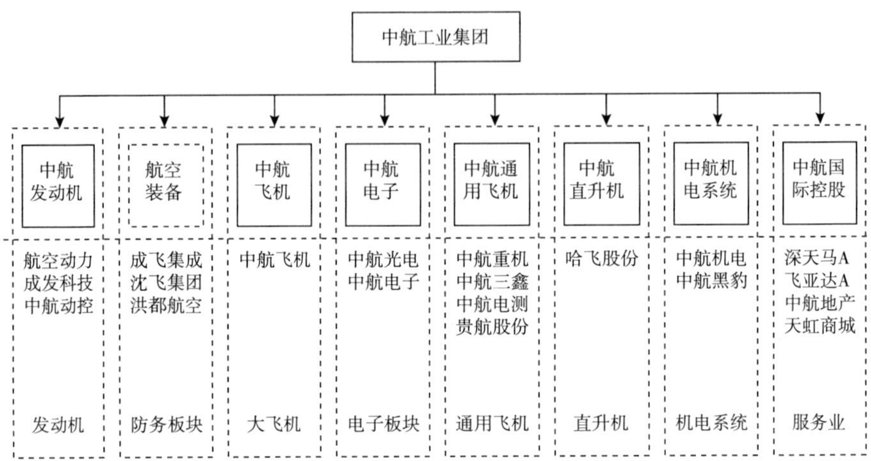

图 8－20　中航工业集团的业务及组织结构

注：该图根据中航工业集团官网、Wind 资讯和互联网信息整理所得。

（三）财务情况

2013 年，中航工业集团实现营业收入 3 494 亿元，利润总额 140 亿元，净利润 92.9 亿元，净利润率 2.7%。其中，航空产品收入 749.6 亿元，占比 21.9%；非航空产品收入 1 021.5 亿元，占比 29.8%；现代服务业收入 1 653 亿元，占比 48.3%。[①] 2008～2013 年中航工业集团收入和利润情况见图 8－21，2013 年中航工业收入结构见图 8－22。

（四）资本魔方

截至 2013 年 12 月 31 日，中航工业集团合并总资产达 6 850.1 亿元，净资产

① 资料来源：中国航空工业集团公司 2013 年年度报告，中国债券信息网。

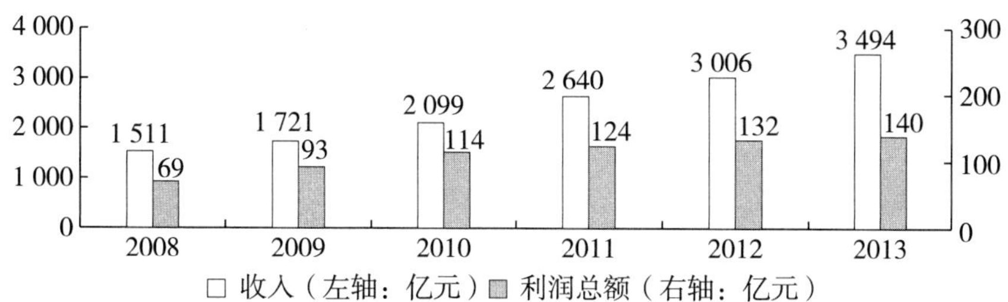

图 8－21　2008～2013 年中航工业集团收入和利润情况

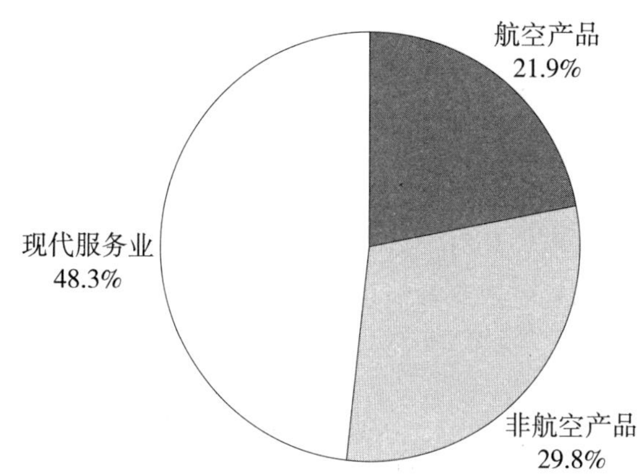

图 8－22　2013 年中航工业各项业务收入结构

达 2 298. 2 亿元，资产负债率为 66. 5%。其中，归属于母公司所有者权益为 1 454. 5亿元，少数股东权益 843. 8 亿元。

以资本魔方理论四大杠杠分析，股比杠杆为 1. 58，权益杠杆为 2. 98，周转杠杆为 0. 51。由于中航工业集团母公司未上市，暂无法计算市值杠杆。总体来看，中航工业的股比杠杆、权益杠杆发挥比较突出，周转杠杆则相对稳健。图 8－23为中航工业核心资本运用效果情况。

（五）资本运作

组建之初，中航工业就拥有多家分布在香港、上海和深圳各证券市场的上市

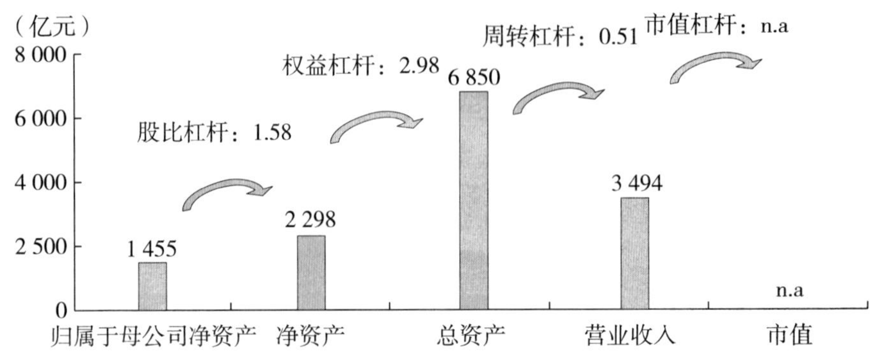

图 8－23　中航工业核心资本运用效果

公司，因此在利用资本市场进行资源整合时具有先天的优势。中航工业集团先后启动了一系列重大资产重组，将旗下优质资产在合适的时机，分门别类地注入各板块的上市公司，目标是先把业务板块做整体上市，再谋求集团公司在资本市场的进一步动作。

1993 年 6 月，航空港工业第一只股票深圳飞亚达（000026. SZ）在深圳证券交易所首次公开发行股票上市，开始了航空工业的股份制改造和上市步伐。

1994 年 9 月，深南光（000043. SZ）在深圳证券交易所上市，现已改名为"中航地产"。1995 年 3 月，生产销售液晶显示器及其模板的深天马（000050. SZ）在深圳证券交易所上市。

1996 年 11 月，原航空零部件企业 501 厂经过军民分线股份制改制成立力源液压股份公司（600765. SH），并在上海证券交易所上市，由此开启了航空工业"体制内"企业的股份制改造的新篇章。2007 年和 2009 年，集团先后注入散热器、航空锻造和燃气轮机等重机资产，更名"中航重机"。

1997 年 6 月，株洲南方摩托（000738. SZ）、西飞国际（000768. SZ）成功上市。1997 年 9 月，航空工业第一只 H 股深圳中航实业（161. HK）在香港联交所上市。

2000 年，洪都航空（600316. SH）、哈飞股份（600038. SH）上市；2001 年，昌河股份（600372. SH）、成发科技（600391. SH）上市。

2003 年，中航科工（2357. HK）在香港上市。东安公司收购黑豹股份（600760. SH），成为第一大股东。2004 年，中航精机（002013. SZ）上市；2007 年，中航三鑫（002163. SZ）、中航光电（002179. SZ）、成飞集成（002190. SZ）先后上市。

2008 年 2 月，集团将西飞集团的飞机资产注入西飞；2009 年 11 月，中航飞机将西飞、陕飞等 4 家从事飞机和起落架业务的公司注入西飞国际（000768. SZ），完成飞机业务板块的整合，更名“中航飞机”。

2008 年 6 月，中航工业集团对 * ST 昌河实施重大资产重组，将上航电器、兰航机电 100% 股权置换进入上市公司，此后在 2011 年又将 6 家企业装入昌河航空并更名“中航电子”（600372. SH）。

2008 年 10 月，启动 ST 宇航重组，用航空动力控制业务置换其摩托车业务，并更名“中航动控”（000738. SZ）。

2008 年 11 月，西安航空借壳 ST 吉生化（SH600893）上市，并更名“航空动力”（600893. SH）。2009 年 12 月，航空动力融资 20 亿元。2010 年 7 月，航空动力再次启动重组，注入湖南株洲航空发动机公司和贵州黎阳航空发动机公司。2014 年 5 月，中航工业又将旗下主要发动机制造、维修资产（黎明、南方、黎阳、晋航、吉发、贵动、三叶）全部注入上市公司。

2009 年 2 月，东安黑豹启动重组，成功将金城特种车业务注入，更名“中航黑豹”（600760. SH），打造特种车专业整合平台。

2010 年 9 月，中航精机启动重大资产重组，中航机电将其所属 6 家企业注入，完成工业机电业务上市；2013 年 12 月中航工业将旗下 18 家企业的股权委托给中航精机进行管理，更名为“中航机电”（002013. SZ）。

2010 年 11 月，中航国际将 70% 的资产和业务注入上市公司，实现中航国际控股（0161. HK）整体上市。

2010 年 12 月，洪都航空定增融资 25. 4 亿元，其中 5. 75 亿元用于收购集团 L15 教练机资产。

2011 年 2 月，中航国际北京公司收购德国洪堡（KHD HUMBOL WEDAG INTERNATIONAL AG）公司 20% 的股权，成为该公司第一大股东。洪堡品牌是世界建材成套行业三大品牌之一，在全球建材成套设备供应和工程项目市场占 20% 左右份额。

2011 年 10 月，中航国际子公司中航国际投资有限公司（股票简称：AVIC）在新交所主板上市，正式挂牌交易。中航国投主要从事船舶的研发、制造管理、营销和服务，通过借壳完成上市。

2013 年，哈飞股份（600038）发行股份收购昌河航空、昌飞零部件、惠阳公司等直升机通航与运营业务资产，打造直升机平台。

2014 年，成飞集成（002190. SZ）拟推出重大资产重组方案，向中航工业、华融公司及洪都集团三家资产注入方购买沈飞集团 100% 股权、成飞集团 100% 股权及洪都科技 100% 股权，资产预估值达到 158. 5 亿元，该方案正在推进当中。

（六）资本市场平台架构

中航工业集团公司旗下现有境内外上市公司 26 家，其中 A 股 20 家，港股 4 家，新加坡 1 家，德国 1 家，总体资产证券化率为 54. 6%，当前各上市公司基本情况如表 8 –4 所示。

表 8 -4　中航工业旗下各上市公司基本情况　（单位：亿元）

代码	上市公司	主营业务	2013 年收入	2013 年净利润	市值
600038. SH	哈飞股份	主营直升机、航空产品及零部件相关业务	108	2. 5	176
2357. HK	中航科工	研究、开发、生产和销售航空产品	222	7. 1	207
600316. SH	洪都航空	基础教练机、通用飞机相关业务	29	0. 9	131
600372. SH	中航电子	各类航空机载电子设备	60	6. 5	397
600391. SH	成发科技	航空发动机零部件，主要是叶片、机闸等	18	0. 4	54
600760. SH	中航黑豹	微型汽、柴油载重汽车及其配件制造	32	0. 4	31
000738. SZ	中航动控	航空航天动力控制系统、行走机械动力控制	26	2. 1	161
000768. SZ	中航飞机	大中型军用飞机	173	3. 7	331
600765. SH	中航重机	航空零部件，主要有发动机铸锻件、液压件	64	1. 4	137
600893. SH	航空动力	大型航空发动机，主要是涡扇、涡喷发动机	79	3. 3	494
002013. SZ	中航机电	机载机电系统及设备，汽车座椅调节器	67	4. 2	124
600523. SH	贵航股份	汽车、摩托车零部件	27	1. 4	49
002190. SZ	成飞集成	汽车模具，锂电池	8	0. 4	210
002179. SZ	中航光电	光电元器件及电子信息产品	26	2. 6	103
002163. SZ	中航三鑫	玻璃幕墙	39	-5. 4	34
000043. SZ	中航地产	房地产开发	62	5. 0	38
000026. SZ	飞亚达	经营各种指针式石英表及其机芯、零部件	31	1. 3	35
000050. SZ	天马股份	液晶显示器及相关材料、设备、产品	45	2. 9	144
002419. SZ	天虹商场	商贸零售	160	6. 1	87

（续表）

代码	上市公司	主营业务	2013 年收入	2013 年净利润	市值
300114. SZ	中航电测	应变计、传感器及其他电子元器件	7	0. 6	34
600705. SH	中航资本	实业投资、股权投资和投资咨询	19	18. 7	351
0161. HK	中航国际控股	电子高科技、零售与高端消费品、地产与酒店、贸易物流、资源投资与开发业务	334	8. 0	34
0232. HK	中国航空工业国际	针织及纺织品、针织面料及服装	0	3. 1	12
0260. HK	中国环投股份	压缩天然气与液化石油气加气站	10. 1	－0. 2	8. 8
KWG. GR	德国洪堡	建材成套设备供应和工程	20. 4	0. 06	18. 9
O2I. SI	中航国投	船舶的研发、制造管理、营销和服务	6. 0	0. 02	1. 3

注：市值统计截至 2014 年 8 月 22 日收盘。

中航工业集团上市平台架构如图 8 －24 所示。

（七）资本市场平台分析

中航工业旗下军用航空、民用航空与汽车、摩托车、机电产品等非航空业务都具有强周期特点，金融、交通运输、工程等服务性业务也具有明显的周期性。同时，非航空业务与服务业务的发展借助于航空技术积累与产业优势，多元业务又贡献 70% 以上的利润以支持航空业务长期、巨额的资本投入，因此三者形成了较好的交叉灌溉、协同发展。在组织结构与管控模式上，中航工业是典型的垂直型子集团制，并且围绕旗下各上市子公司将子集团相关业务不断注入，形成超过 20 多家专业化的上市公司承担利润中心功能，各上市公司股权也存在一定的嵌套结构。母公司则是决策中心，按照业务特点对下属子集团采取战略或财务管控，如对于航空

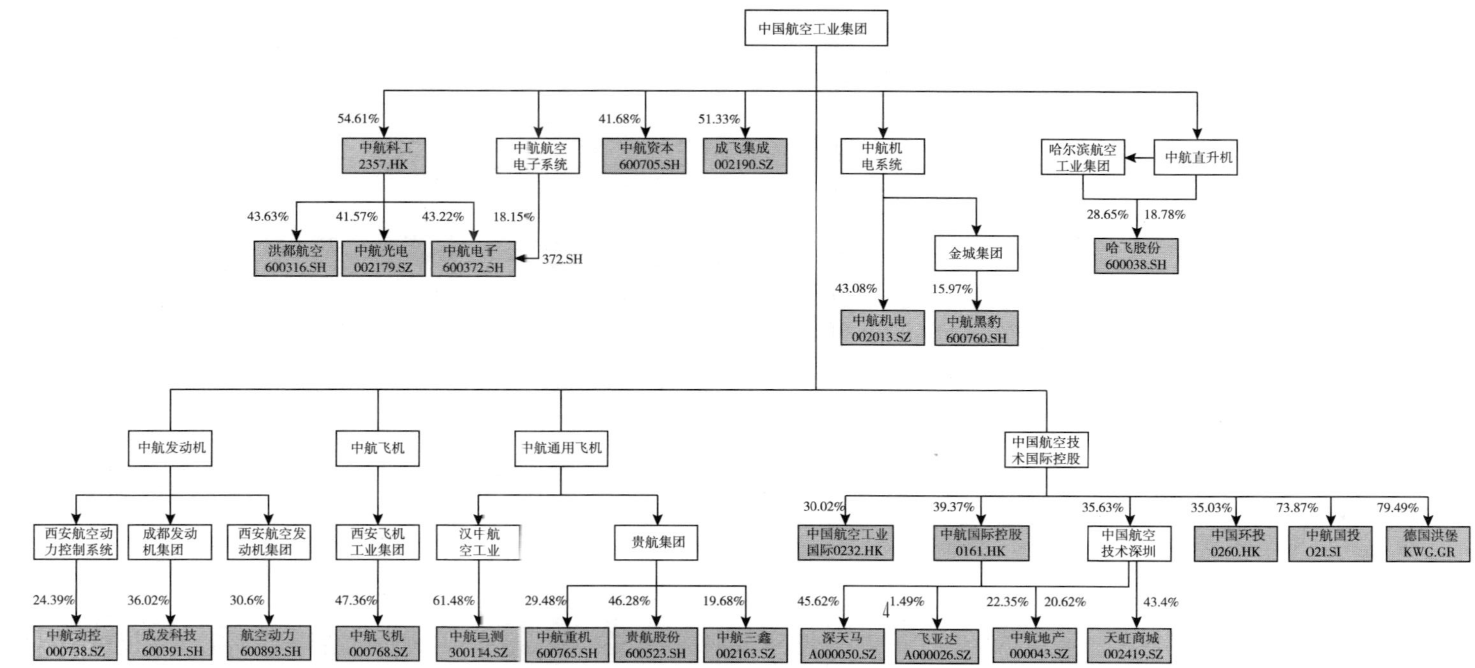

图8–24　中航工业集团上市平台架构

注：该图根据中航工业集团官网、Wind资讯和互联网信息整理所得。

企业进行战略管控，对完全市场化的非航空子企业则实施财务管控。同时，集团还通过投资与孵化项目与下属公司进行互动。因此，从中航工业内部因素来看，业务特点上单平台适应性更好，组织与管控上并没有绝对的适应性优劣。

航空工业是一个全球化市场，无论是在军机还是民机方面，我国与世界航空工业先进水平都存在相当的差距，美国波音公司、欧洲空客公司、加拿大庞巴迪公司、巴西航空工业公司都在行业内占据一席之地。作为我国航空工业的一面旗帜，中航工业需要与这些强大的竞争对手进行全球化的市场竞争，现阶段看还明显处于战略赶超时期。航空工业在各国都属于高管制行业，需要公司具有相当高的生产实力与主体资质。作为关系国家安全的军工企业，相关政府机构、国有资产监管部门也势必对其有更高的监管要求。这些产业与监管环境因素都倾向于支持中航工业集团在母公司层面取得一个上市地位，最好是核心业务资产能够以单一旗舰平台上市。

近年来，中航工业非常重视资本化运作，积极利用资本市场开展资产整合与融资工作。但是现实中，受制于资产结构复杂，企业办社会职能，非经营性资产、不良资产比例较大，整体股份制改造非常困难，涉及的资产重组、剥离及相关机构、人员安排困难巨大。同时，历史原因导致旗下上市公司数量也较多，占母公司的财务数据比例过高，如果母公司直接上市面临着“双重上市”的政策障碍，因此必须对下属主要上市子公司进行吸收合并、私有化、收购等操作，其成本非常高。并且，各上市子公司的经营情况良莠不齐，部分存在退市风险的公司迫切需要开展重组与救壳工作。因此，尽管一直有意推动母公司上市，但是在实施路径上，中航工业选择了在明确旗下上市公司的功能定位的基础上先行开展横向的资产归类重组，包括将飞机业务资产注入西飞国际、将航空机载电子设备置换入 * ST 昌河、航空动力控制业务内部借壳 ST 宇航、航空发动机业务外部借壳 ST 吉生化等一系列运作，打造了直升机、发动机、机电、航空电子业务的专业化上市平台，推动业务板块的“小”整体上市。

目前，集团总体的资产证券化率在50%～60%之间，按照中航工业的思路，未来将继续按步骤完成旗下业务与资本市场的整体对接，推动资产证券化率达到80%以上，届时将呈现出分平台的架构。对于整体上市的第二步，在完成各业务板块的整体上市后，集团要强化战略和财务管控职能，疏通母子公司互动关系，在未来条件成熟时推动母公司上市，完成“大”整体上市。作为26家境内外上市公司的最终股东，无论是从企业战略实施、上市公司治理，还是从项目决策、执行所面临的监管协调成本来说，中航工业要维护超过20家公司的上市地位，未来处理相关事务的投入可想而知。对于母公司上市的方式，要视集团未来的发展定位而定，可能是控股母公司直接申请IPO，或是将公司整体注入中航投资，形成控股母公司与利润单位双层上市的分平台架构，亦有可能或是通过大吸并、大整合、私有化等系列动作将母公司打造成核心业务资产的旗舰上市平台，从而转向单平台架构。无论怎么样，从小到大这两步整体上市，都是中航工业在资本市场下出的一盘很大的棋。

五、进退自如：复星集团

（一）基本情况

复星于1992年在上海成立，是中国最大的民营投资集团之一。

复星创始人郭广昌及其创业伙伴在1992年成立广信科技，起步于市场调研，并于1994年成立复星集团。1992～1998年，公司经历了内涵式发展阶段，进军医药、地产两大行业。此后1999～2007年的8年间，公司进入并购扩张期，所投产业迅速扩展到医药、地产、零售、钢铁、金融、矿业等六个领域，参、控股上市公司数量、企业规模、营业收入都明显增长。2007年7月，复星母公司复星国际（00656. HK）在香港联交所主板上市。完成整体上市后的复星坚持扎根中国，投资于中国成长根本动力，将“中国动力嫁接全球资源”的投资模式融入价值投资理念，并逐步加大国际投资力度。2013年，复星实现营业收入513.3亿元，实现净利润55.2亿元。在2014年中国500强名单中，位列第119位。复星集团的发展历程如图8－25所示。

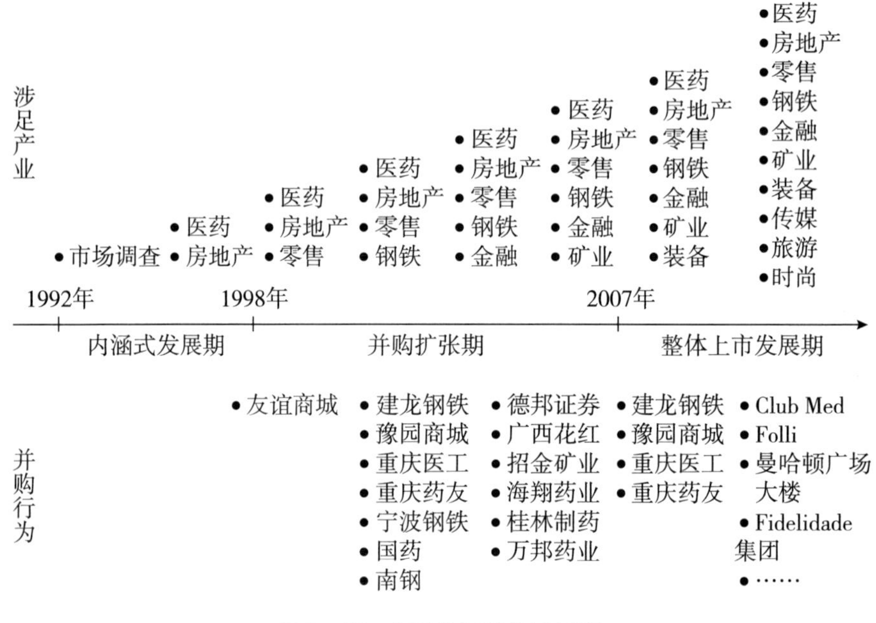

图8－25　复星集团的发展历程

（二）业务与组织结构

目前，复星集团已经形成“保险、产业运营、投资、资本管理”四大业务引擎。复星将保险业务作为对接长期优质资本的渠道，旗下保险业务主要有永安财险、复星保德信人寿、鼎睿再保险及葡萄牙最大的保险公司Fidelidade集团。产业运营在集团收入和利润占比中贡献最大，主要涉及医药、房地产、钢铁、矿业等领域，旗下控股企业复星医药、复地、南钢股份、海南矿业为相应业务的平台公司。投资是复星的核心能力，复星始终坚持投资于受惠于中国成长动力的项目机会，主要参与战略联营投资、私募股权投资与二级市场投资，具有成熟的运作经验和强大的执行能力。此外，复星还通过资本管理业务进行第三方资金的募集、管理并收取相应的管理费和投资收益分成。目前复星有保德信中国机会基金、凯雷复星、星浩资本等多支资管渠道，资金募集与投资效果优异。复星集团业务板块及主要企业如图 8－26 所示。

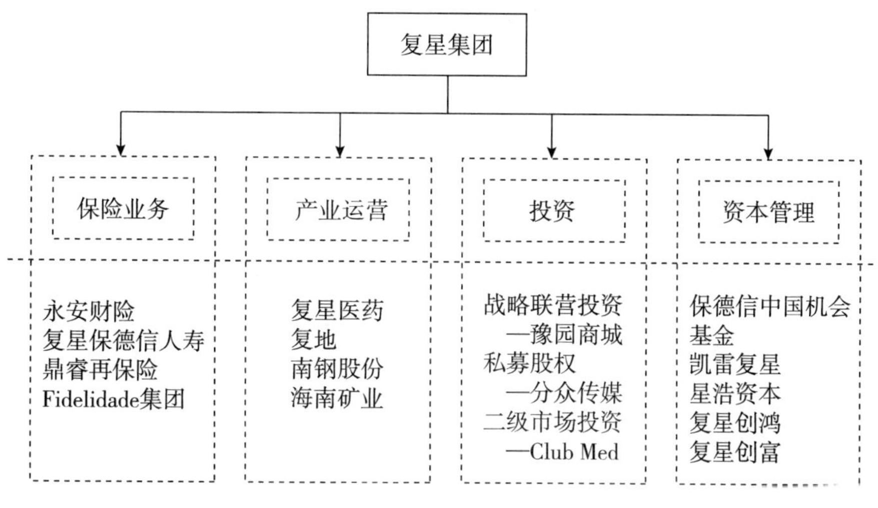

图 8－26　复星集团业务板块及主要企业

（三）财务情况

2013 年，复星集团实现营业收入 513. 3 亿元，实现净利润 55. 2 亿元，净利润率达到 10. 8%。产业运营部门的收入达到 503. 6 亿元，占比超过 98% 以上，其中钢铁板块贡献 51. 8%，房地产贡献 22. 3%，医药板块贡献 19. 5%，矿业贡献 4. 9%。产业部门实现净利润达到 38. 4 亿元，贡献也超过 60%。此外，保险业务贡献利润约 8.5%，投资业务利润贡献达 29%。[①] 在总体经济增速下滑的大背景下，公司依然保持了较好的增长势头。图 8－27 为 2008～2013 年复星集团收入和净利润情况，2013 年各项业务收入与利润占比如图 8－28 所示。

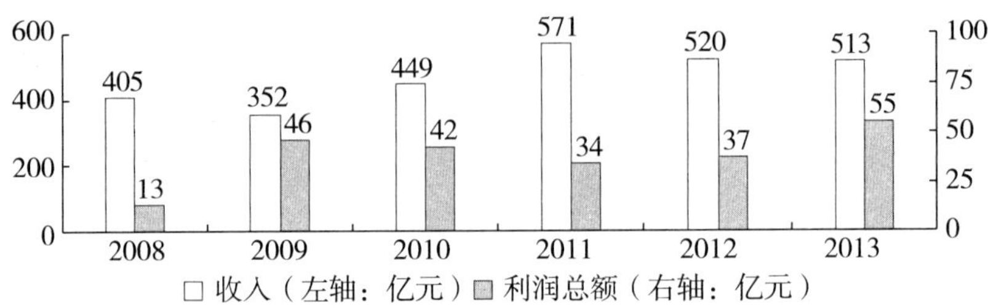

图 8－27　2008～2013 年复星集团收入和净利润情况

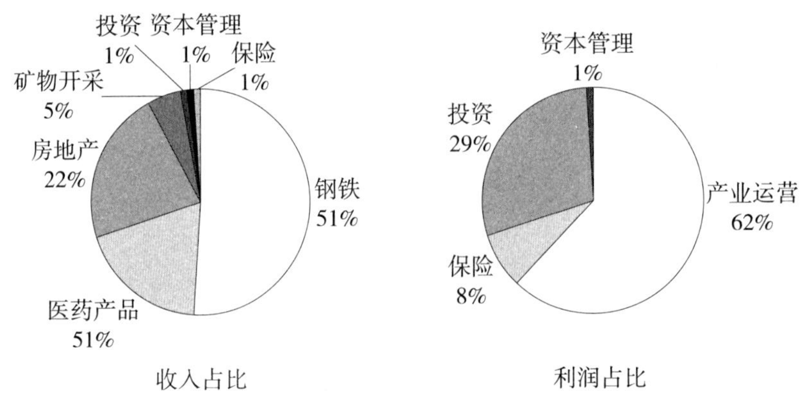

图 8－28　2013 年复星集团各项业务收入（左）与利润（右）占比

（四）资本魔方

截至 2013 年 12 月 31 日，复星集团合并总资产为 1 831.2 亿元，净资产为 613 亿元，资产负债率为 66.5%。其中，归属于母公司所有者权益为 396.3 亿

① 资料来源：复星集团 2013 年年报，Wind 资讯。

元，少数股东权益 216.7 亿元。截至 2014 年 8 月 27 日收盘，复星国际（0656. HK）市值为 513.1 亿元。

以资本魔方理论四大杠杠分析，股比杠杆为 1.55，权益杠杆为 2.99，周转杠杆为 0.28，市值杠杆为 9.3。总体来看，复星的股比杠杆、权益杠杆发挥比较突出，周转杠杆则相对稳健（见图 8－29）。

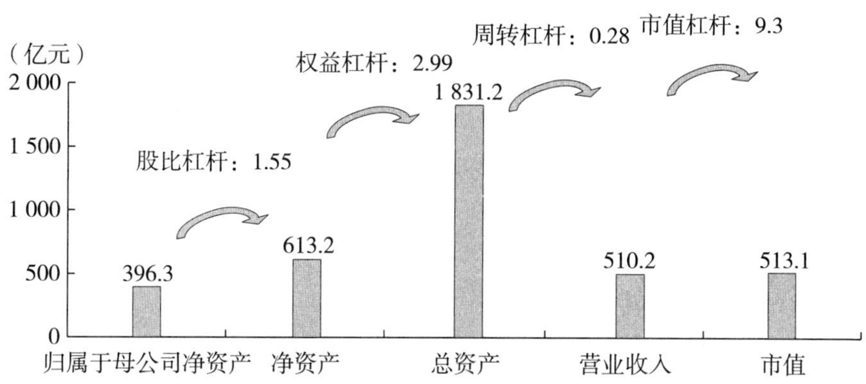

图 8－29　复星集团核心资本运用效果

（五）核心资本运作

1992 年 11 月，广信科技咨询公司成立，主营业务市场调查和咨询。1994 年，广信更名复星。

1998 年，复星实业改制上市，募集资金 3.5 亿元。2004 年，公司更名为“复星医药”（600196. SH）。

1999～2007 年，复星进入并购扩张期：2000 年 10 月，复星投资友谊复星；2002 年 6 月，收购豫园商城；2002 年 8 月，投资建龙钢铁；2003 年 1 月，联合建龙钢铁投资宁波钢铁；2003 年 1 月，联合国药集团投资成立国药控股；2003 年 3 月，成立南钢联；2003 年 5 月，成立德邦证券；2004 年 4 月，投资招金矿业。复星集团利用其多元化发展的理念与资本经营的手段，短期内便获得了快速的发展。

2004 年，复地在香港联交所上市。

2007 年 7 月，复星国际（0656. HK）以 9. 23 港元上限招股，公开发售 12. 5 亿股，占公司扩股后的 20%，净集资额约 111 亿港元，在香港实现整体上市。

同期，复星并没有放慢并购扩张的步伐。在资源领域，复星投资近 9 亿元，合资拥有了 2. 2 亿吨储量的中国第一大富铁矿——海南矿业；投资 2. 7 亿元与全球第二大焦煤公司——山西焦煤集团，合资拥有了主焦煤、配煤资源 8. 1 亿吨储量的五麟焦煤。战略投资了网络游戏前 3 名的“巨人网络”、炊具及小家电行业前 2 名的“爱仕达”、透平机械第一名的“陕鼓动力”、第七大财险公司“永安保险”、最大的林木林化企业之一“五指山”、前三大的钛白粉生产企业“佰利联”以及“宾化集团”等。

2010 年年初，复星考虑将海南矿业分拆上市。2010 年 8 月，海南矿业联合有限公司整体变更为海南矿业股份有限公司。2012 年，海南矿业递交 IPO 招股书，但正遇 A 股 IPO 暂停期。目前，海南矿业的上市程序仍在进行中。

2011 年 5 月，由于复地作为上市公司的融资功能得不到发挥，而且公司负债率居高不下，复星国际以 22 亿港元将其私有化。

2010 年，复星集团出资 2500 万欧元通过公开市场投资的方式持有地中海俱乐部 7. 1% 股权，并在此后增持到 9. 96%。地中海俱乐部是全球最大的度假村酒店集团，目前已经在国内开发多家度假村。2011 年 5 月，复星以 8 458. 8 万欧元入股投资希腊 Folli Follie 集团，持有后者 9. 5% 的股权。此后，复星加大了国际投资的步伐。

2013 年 4 月，复星投资 ST. JOHN，成为该品牌第二大股东。同年，复星医药出资约 2 250 万美元认购美国 Saladax Biomedical，Inc. 的增发优先股，成为其单一最大股东；联合复星—保德信中国机会基金共同出资 2. 2 亿美元完成收购以色列医疗激光设备厂商 Alma Lasers 95.20% 的股权。2013 年 12 月，复星以 7.25 亿美元收购纽约标志性建筑第一大通曼哈顿广场。

2014 年，复星继续大举进行海外并购。先后投资了葡萄牙保险、德国 BHF、日本地产资产管理、食之秘、美国 Studio8 公司、西班牙 Osborne、德国 TOMTAILOR、香港恒利证券、美国 Ironshore 保险公司等项目。其中，2014 年 5 月，复星国际正式以 10.38 亿欧元完成收购葡萄牙最大保险集团旗下 Fidelidade、Multicare 及 Cares 各 80% 的股本。这是迄今为止中国企业收购境外保险公司的第一个项目。

（六）资本市场平台架构

复星集团旗下有多家上市公司，最核心的是母公司上市平台复兴国际（0656. HK）；旗下产业运营部门中，有医药业务上市平台复兴医药（600196. SH）、国药控股（1099. HK）；钢铁业务上市平台南钢股份（600282. SH），此前上市的复地集团于 2011 年私有化。投资业务中，以黄金开采加工为主的招金矿业（1818. HK）；以金银饰品商贸零售为主的豫园商城（600655. SH）；以及通过收购或增资入股获得的 Club Med、Folli Follie 等少数股份。当前各上市公司基本情况如表 8 – 5 所示。

表 8 – 5　复星集团旗下上市公司基本情况　（单位：亿元）

代码	上市公司	业务	2013 年收入	2013 年利润	市值
0656. HK	复兴国际	药品、钢铁产品、矿产；房地产开发；投资；资本管理	510	55.2	511
600196. SH	复星医药	生物化学产品，试剂，生物试剂服务	100	24.0	434
1099. HK	国药控股	分销药物、医疗器械及医药制品；经营医药连锁店；生产及销售医药制品	1 669	22.5	564

（续表）

代码	上市公司	业务	2013 年收入	2013 年利润	市值
600282. SH	*ST 南钢	钢铁冶炼及压延加工	268	-6. 2	83
1818. HK	招金矿业	开采、加工、冶炼黄金；以及销售黄金、白银和铜产品	63	7. 3	117
600655. SH	豫园商城	金银饰品、铂金饰品、钻石饰品、珠宝玉器、工艺美术品、百货、金属材料、家具的批发和零售	225	10. 3	114

注：市值统计截至 2014 年 8 月 26 日收盘。

复星集团上市平台架构如图 8－30 所示。

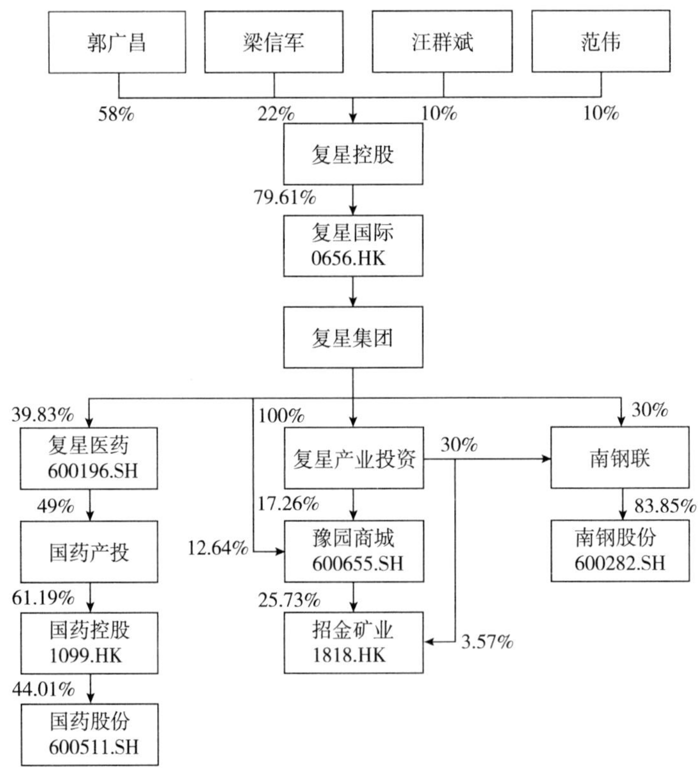

图 8－30　复星集团上市平台架构

（七）资本市场平台分析

复星是一家投资集团。从涉猎产业来看，复星投资于医药、地产、金属、矿产、零售、金融、时尚、传媒等诸多领域，其中既有周期性产业，也有非周期性产业，各产业之间关联度较低。但目前复星致力于打造“以保险为核心的综合金融能力”和“以产业深度为基础的投资能力”的全球一流投资集团，形成“保险、产业运营、投资、资本管理”四大业务引擎，其中保险是复星对接长期优质资金的渠道，资本管理是撬动外部融资的渠道，产业运营是主导性、长期性、控股性投资与运营，投资是以获利退出为目的的中短期、参股性财务投资，以此角度来看四项业务是紧密相关的。因此，分析投资集团的组织与管控特点，应该与产业集团有所区分。对比产业控股集团华润，复星只有在医药、地产、钢铁、矿业四个领域与华润相近，总部采取战略或财务管控，在各业务领域有专业化的子集团负责具体运营，共同主导产业发展，以获取产业经营性利润为目的，这样的利润贡献具有长期性、稳定性。对于以财务投资为目的的参股性投资，复星在投资后根据投资金额参与公司治理、表达股东意见，根本上是以实现投资价值增值为目的，因此并没有相应的子集团、事业部等专业组织对接管理。

不论是在主导性的产业运营方面，还是财务性投资方面，复星都非常重视与资本市场的对接互动。对于控股型产业，上市有助于获得融资渠道、实施产业整合等目的；对于财务性投资，公司上市流通，便于投资介入或获利退出。2007 年，复星国际在市场高点成功上市，募集上百亿资金。母公司上市后复星在资本市场呈现双层上市模式，这是一种分平台架构。医药、地产、钢铁等主要核心的产业资产都已经独立上市，子公司负责产业经营的具体事务，控股母公司通过上市获得股权性资金筹措渠道。2011 年，由于复地的港股上市功能难以发挥，负债率居高不下，复星对其私有化。同期，复星推动海南矿业的分拆上市。复星在资本市场有进有退、进退自如，这种灵活性使其能够充分发挥资本市场的功能，利用资本市场开展资本运作。复星拥有一支稳定和杰出的创业团队，创始人郭广昌、梁信军、汪群斌、范伟在团队中各司其职，发挥专业特长。复星坚持团队文化，在重大决策时从来不举手表决，而是通过充分沟通形成共识。这样具有开放性、融合性的团队文化恰恰使复星能够非常好地适应上市公司的治理要求，尊重股东意见的充分表达与协调。

对于产业运营部门来讲，复星集团母公司是战略与财务管控中心，但作为一家投资集团，复星还有能力开展参股性投资、私募股权、二级市场投资，通过专业化投资实现价值增值，支持产业公司发展，而产业公司的分红又为母公司提供投资现金流，形成母子公司良性的互动。此外，复星所投项目有很多能够与现有产业形成协同，可以将优质项目转交产业公司投资，或在孵化成熟后进行注资。还有部分优质项目，复星在介入后发觉产业发展的巨大价值，会进一步将参股投资转为控股投资，按照长期发展的要求调整管理思路，发挥产业控股母公司的功能。这些都使复星能够灵活应对资本市场单平台、分平台与双层上市等架构，同时都表现出了良好的适应性环境的变化。

六、结语

我们关于大企业资本成长和大企业资本市场平台的讨论到这里应该说算是告一段落了。在不多的篇幅中，我们试图去探讨企业集团与资本及资本市场之间的关系，并根据有限的见解，去尝试构建一套逻辑即资本魔方与企业集团的成长逻辑，以及一套体系即企业集团顶层设计与资本市场平台选择的分析体系。如果用简洁的语句来概括本书的内容，我们认为应该包括以下这些："补充核心资本是企业集团发展面临的永恒的主题"、"企业集团的上市平台架构应结合内部结构和外部环境进行预先筹划和顶层设计，总的原则是相机抉择"、"企业集团的上市平台架构没有绝对优劣，只有是否适应"、"运行成本最小化和资本充实最大化是适应性基础上对企业集团上市平台架构选择的两个最优化判别原则"。

尽管我们花了很大精力对企业集团上市顶层设计问题可能面临的内外部条件进行提炼和抽象总结，建立分析框架，并对企业集团的业务特征、组织结构和管控方式三大内部结构和经济与产业环境、资本市场环境和外部监管环境三大外部环境逐一进行了详尽的分析。但在最后的案例探讨中我们看到，在某一特定阶段，决定企业集团进行资本市场平台选择的往往只是其中的一两个因素。我们看到了业务无关多元的华润集团在分平台架构下，利用"孵化注资"进行母子公司的资本互动；我们也看到了同样业务无关多元的 GE 公司，依托"众星捧月"的 GE 资本，借助单平台架构实现财务协同与战略管控；我们看到了"形散神不散"的嘉能可围绕其核心交易能力构建的旗舰平台；我们也看到了，面对巨大历史和现实成本的中航工业，暂时搁置单平台架构，依托现有上市平台分类打造、分步推进，下"一盘很大的棋"；更有依托产业与资本相互融合的复星集团，在资本市场的"进退自如"中实践着资本帝国的梦想。不过，这些现象也恰恰说明我们构建的分析框架具有一定的现实包容性，只是企业在不同的阶段出于不同目标、不同具体环境、不同主要任务，而在具体的决策操作中给予不同考虑因素的权重不同罢了。事实上，这一分析框架的构建正是在吸收这些现实案例的基础上进行综合的结果。因此，我们也希望本书起到"授人以渔"的效果，在引起人们关注企业集团上市顶层设计及资本市场平台选择问题的同时，能够引发人们对此问题进行系统性思考。

企业集团和资本市场，两个同样复杂多变的研究对象，注定了任何关于两者之间关系的研究都很难得出一成不变的结论。对于此类问题，最好的方法无疑是相机抉择。企业自身在不断成长和成熟，企业面对的环境也始终在变化，这些都决定了企业集团的上市顶层设计问题是一个持续性的问题，企业集团需要时刻保持关注、随时准备做出适应性调整。大浪淘沙，无数的大企业曾经兴起又衰落；巨轮远航，崭新的后来者又将随之涌现。对于无论是准备进入还是已经进入资本市场的大企业来说，与资本市场的故事都将是一段没有终点的旅程。

本书能够与读者见面，首先要感谢的是我们所供职的单位——中国五矿集团公司。作者在这家优秀的中央企业工作多年，亲历了公司从小变大、艰难转型、逐步从单一外贸企业迈向有竞争力的金属矿业企业集团，并在世界500强的排名中逐年递升。没有这家优秀企业所提供的宝贵管理平台和丰富实践机会，没有周中枢董事长和很多同事在工作中宝贵的思想传递，我们也不可能有条件进行系统的思考和积累。终当有一天感觉可以尝试把长期思考加以提炼，通过图书的形式与读者分享的时候，更让我们体会到，是工作给予了我们宝贵的精神财富，是思考给予了我们人生的乐趣。

在这里我们还要感谢中国五矿总经理助理宗庆生先生，早在2007年他就以富于创造性的见解，指导我们围绕“资本魔方”这一概念不断深入思考，逐步建立起与企业成长之间的理论联系。2008年在有关企业整体上市的研讨时，他为本书上市顶层设计主题提供了最初的设想。我们还要感谢中国五矿徐忠芬女士、俞波先生、周巍女士、张树强先生等，正是与他们的工作讨论，为本书提供了诸多思想火花。我们还要感谢国务院国资委邓志雄先生、谢军先生、陶瑞芝先生、谢小兵先生，中国证监会欧阳泽华先生、蔡建春先生、蓝翔先生、曹勇先生，上海证券交易所史多丽女士、周文伟先生，深圳证券交易所陆肖马先生、李鸣钟先生、颜志元先生，国务院法制办叶建勋先生，中信证券王伶女士等等。正是他们的热情鼓励使得我们更有勇气把相关思考诉诸文字。我们还要衷心感谢中信出版社季红副总编辑强烈的责任感与热情鼓励，还有谭惠芳老师等编辑们的辛苦劳动，使本书得以尽快与读者见面。我们更要感谢的是家人，正是他们在生活中的坚定支持和默默付出，才使得我们能够边工作，边思考，边写作。

本书是半年时间笔耕不辍、抱书而眠的结果，其间，更是离不开团队成员的支持。尤其是中国五矿资本运营部刘国月先生，他为本书繁杂的资料准备和撰写付出了巨大艰辛，书中也蕴藏了他的聪明睿智。此外，施丹、刘立军、文峰、章晓钟、林益欣、何志强、田达、李连群、林杉杉、王建、石晓朦、杨一、任思潼等同事们，也为本书的出版付出了努力，在此一并感谢。限于作者的学术修养和文字功底，加之写作时间比较仓促，书中难免有不成熟乃至值得商榷的地方，不当之处乃属作者文责，与作者供职的单位和给予热情鼓励的领导、同事与朋友们无关。

真诚地希望读者能够提出宝贵意见。

参考文献

1. Schumpter, Theory of Economic Development, Cambridege: Havard University Press, 1934.

2. Penrose, E., The Theory of the Growth of the Film, New York, John Wiley, 1959.

3. Noel M. Tichy and Straford Sherman. Control Your Destiny or Someone Else Will [M]. NewYork: Harper Business, 1993.

4. R. Vermon, International Investment and International Trade in the Product Cycle, QJE, 1996 (80).

5. Kaufmann, Daniel, Aart Kraay, and Pablo Zoido – Lobaton, "Governance Matters", "World Bank Policy Research Working Papers: Washington", 1999.

6. Shleifer A., Vishny R. W., The Takeover Wave of the 1980s [J]. *Science*, 1990, 249 (17).

7. Villalonga B., Diversification Discount or Premium? New Evidence from BITS Establishment – level Data [R], Working Paper, University of California, 2000.

8. Campa J. M., Kedia S., Explaining the Diversification Discount [J]. *The Journal of Finance*, 2002 (57).

9. Djankov, Simeon, Rafael La Porta, Florencio Lopez – de – Silanes, and Andrei Shleifer, "The Regulation of Entry" [J], *Quarterly Journal of Economics*, 2002.

10. Mc Peak C., Tooley N., Do Corporate Social Responsibility Leaders Perform Better Financially? [J], *Journal of Global Business Issues*, 2008, 2 (2).

11. 钱颖一，企业理论，《经济社会体制比较》，1994 年 7 月。

12. 徐传谌、张东明，新制度经济学派的主要企业理论述评，《江汉论坛》，2004 年 7 月。

13. 顾宁，美国铁路与经济现代化，《世界历史》，2008 年第 12 期。

14. 高宇，日本财阀企业的发展及其影响，《日本学刊》，2012 年第 4 期。

15. 王国华，国际竞争力“解放”中国企业，《中国经济快讯周刊》，2002 年第 29 期。

16. 杨栋梁，日本近代产业革命的特点，《南开学报（哲学社会科学版）》，2008 年第 1 期。

17. 林榕杰，中国近代的证券交易所，《中国社会史研究》，2011 年第 1 期。

18. 祁斌，资本市场与中国经济社会发展，《中国流通经济》，2012 年第 9 期。

19. 韩太祥，企业成长理论综述，《经济学动态》，2002 年第 5 期。

20. 王世宏，企业增长模式判断方法及运用，《财会通讯》，2008 年第 2 期。

21. 厉以宁，在调查混合所有制中发现的几个误解，北京日报，2014 年 3 月 10 日，17 版。

22. 黄奇帆，国企改革的核心是市场化资本补充机制，《国企》，2013 年第 10 期。

23. 杨棉之，多元化公司内部资本市场配置效率：国外相关研究述评与启示，《会计研究》，2007 年 11 月。

24. 郑迎迎，内部资本市场及其对企业价值的影响：理论综述，《经济评论》，2007 年第 2 期。

25. 李维安、武立东，企业集团的公司治理：规模起点、治理边界及子公司治理，《南开管理评论》，1999 年第 4 期。

26. 吴炯，企业治理权的配置：内外部治理的成本收益假说，《南开管理评论》，2004 年第 7 期。

27. 刘汉民，路径依赖理论及其应用研究：一个文献综述，《浙江工商大学学报》，2010 年第 3 期。

28. 龚本刚、程幼明，长鞭效应的成因及解决途径，《上海管理科学》，2002 年第 3 期。

29. 沈宏亮，企业专业化规模化与我国产业组织合理化，《东北财经大学学报》，2003 年第 5 期。

30. 安索夫，多元化战略，《哈佛商业评论》，1951 年第 6 期。

31. 扬帆出海　缔造新中信，《经济导刊》，2014 年第 11 期。

32. 陈芳，基于企业生命周期的融资战略选择，《中国管理信息化》，2011 年第 13 期。

33. 张维迎，所有制、治理结构与委托—代理关系，《经济研究》，1996 年第 9 期。

34. 吴敬琏，控股股东行为与公司治理，《中国审计》，2001 年第 8 期。

35. 于潇，美日公司治理模式差异形成的历史根源及其对我国的启示，吉林大学人文社会科学研究项目，2003 年。

36. 曹廷求，论资本市场的公司治理机制，《学术界》，2003 年第 100 期。

37. 杨卫华，管资产和管人、管事相结合：国有资产管理体制的利弊，厦门大学提供的 2003 年国有资产监管体制与公共财政制度改革国际会议论文集，2003 年。

38. 王水林、徐立新等，中国投资环境的国际比较，《经济社会体制比较》，2003 年第 3 期。

39. 彭琳，中信赴港整体上市计划惨遭吐槽，新浪专栏文章，2014 年 4 月 23 日。

40. 财政部企业司，淡马锡模式的国企改革核心解决的是体制机制问题，《国企》，2014 年 3 月。

41. 王炜，多元经营中的组织结构选择，《市场周刊》，2003 年 6 月。

42. 范博宏、周冠年，上海家化与格力内讧：母子公司如何权衡集权或分权，《新财富》，2014 年 4 月。

43. 陈志军，母子公司管控模式选择，《经济管理》，2007 年第 3 期。

44. 张立文，美国通用电气公司组织结构及其变革研究，《商场现代化》，2010 年 3 月刊。

45. 张爱军，从分拆上市到整体上市：中国资本市场的制度创新，首都师范大学硕士论文，2007 年 3 月。

46. 郭旺，企业集团内部资本市场研究，中南大学博士论文，2004 年。

47. 马耀鹏，制度与路径依赖，华中师范大学博士论文，2009 年。

48. 钟倩倩，媒体报道、上市公司社会责任与企业盈余的关系研究，西南财经大学硕士论文，2013 年。

49. 谢明磊，母子公司管控研究：环境与战略的调节作用，山东大学博士论文，2012 年。

50. 任伟林，国有企业集团母子公司管控模式研究，武汉理工大学博士论文，2012 年。

51. 毛丽荣，多元化经营企业组织结构设计问题研究，首都经济贸易大学硕士论文，2009 年。

52. 刘文静，基于企业生命周期理论的企业组织结构选择研究，中国海洋大学硕士论文，2006 年。

53. 威廉 · 戈兹曼，K · 罗文霍斯特，《价值起源》，万卷出版公司，2010 年 8 月。

54. 约翰 · 米克勒斯维特，阿 · 伍尔得里奇，《公司的力量》，时代传媒股份有限公司，2012 年 8 月。

55. 罗纳德 · 科斯，《企业、市场与法律》，格致出版社，2009 年。

56. 小阿尔弗雷德 · 钱德勒，《大企业和国民财富》，北京大学出版社，2004 年 7 月。

57. 小阿尔弗雷德 · 钱德勒，《看得见的手——美国企业的管理革命》，商务印书馆，1987 年 9 月。

58. 刘富钊，《中外经济发展中的企业转型战略》，西南师范大学出版社，2005 年 5 月。

59. 吴晓波，《跌荡一百年——中国企业 1870 ~ 1977》，中信出版社，2009 年 1 月。

60. 吴晓波，《激荡三十年》，中信出版社，2007 年 1 月。

61. 王忠禹，《国企改革攻坚纪实》，企业管理出版社，2010 年 1 月。

62. 斯坦利·布德尔，《变化中的资本主义：美国商业发展史》，中信出版社，2013 年 4 月。

63. 浜野洁，《日本经济史》，南京大学出版社，2010 年 8 月。

64. 吴晓波，《大败局》，浙江人民出版社，2001 年 1 月。

65. 刘德斌，《中国：和平崛起的东方龙》，长春出版社，2010 年。

66. 国务院新闻办，《中国的和平发展道路》白皮书，2005 年。

67. 魏亚平等，《财务报告分析》，厦门大学出版社，2012 年。

68. 赫尔南多·德·索托，《资本的秘密》，华夏出版社，2012 年。

69. 张文魁等，《2011 中国大企业集团年度发展报告（紫皮书）》，中国发展出版社，2012 年。

70. 刘彪文，《企业成长论》，线装书局，2010 年。

71. 亚当·斯密著，莫里译，《国富论》，中国华侨出版社，2013 年。

72. 约瑟夫·阿洛伊斯·熊彼特著，邹建平译，《经济发展理论》，中国画报出版社，2012 年。

73. 伊迪丝·彭罗斯，《企业成长理论》，上海三联书店、上海人民出版社，2007 年。

74. 刘斌，《三维突破：解构中国企业集团成长》，中国人民大学出版社，2012 年。

75. 张新民，《财务报表分析》，对外经济贸易大学出版社，2002 年。

76. 崔凯，《与资本共舞》，中国机械工业出版社，2012 年。

77. 戈登，《伟大的博弈：华尔街金融帝国的崛起》，中信出版社，2011 年 1 月。

78. 祁斌，《资本市场：中国经济的锋刃》，中信出版社，2010 年。

79. 第一财经传媒有限公司，《财富与梦想，中国股市 1990 ~ 2010》，上海译文出版社，2010 年。

80. 中共中央，《中共中央关于全面深化改革若干重大问题的决定》，2013 年。

81. 查尔斯·金德尔伯格，《西欧金融史》，中国金融出版社，2010 年 1 月。

82. 盛毅，《中国企业集团发展的理论与实践》，人民出版社，2010 年。

83. 于左，《企业集团的性质、资源分配行为与公共政策》，中国社会科学出版社，2009 年。

84. 姜学霞等，《股票的历史》，人民邮电出版社，2012 年。

85. 施光耀等，《资本的奇迹：中国证券市场 20 年回顾与展望》，经济科学出版社，2010 年。

86. 李艳荣，《内部资本市场视角的企业集团治理研究》，经济科学出版社，2008 年。

87. 刘和旺，《诺斯的制度与经济绩效理论研究》，中国经济出版社，2010 年。

88. 道格拉斯·C·诺斯著，杭行译，《制度、制度变迁与经济绩效》，上海三联书店，2009 年。

89. 严洪，《上市公司整体上市与分拆上市财务战略研究》，中国金融出版社，2013 年。

90. 赵宇华，《公司整体上市：理论与实证研究》，经济管理出版社，2008 年。

91. 汪建康，《企业集团子公司主导行为与公司治理评价》，经济科学出版社，2010 年。

92. 凌文、杨琳，《央企控股上市公司九大热点问题研究》，中国财政经济出版社，2011 年。

93. 小阿尔弗雷德·钱德勒，《企业规模经济与范围经济：工业资本主义的原动力》，中国社会科学出版社，1999 年。

94. 韩忠雪，《中国上市公司多元化折价：代理问题与治理优化》，经济科学出版社，2013 年。

95. 黄汉江，《中国上市公司多元化经营实证研究》，上海财经大学出版社，2009 年。

96. 邹志勇，《企业集团协同能力研究》，齐鲁书社，2009 年。

97. 顾保国，《企业集团协同经济研究》，经济管理出版社，2010 年。

98. 吴军，《浪潮之巅》，电子工业出版社，2012 年。

99. 约瑟夫·泰恩特，《复杂社会的崩溃》，海南出版社，2010 年。

100. 杰克韦尔奇、约翰·拜恩，《杰克·韦尔奇自传》，中信出版社，2013 年。

101. 彼得·德鲁克，《管理的实践》，机械工业出版社，2012 年。

102. 宋柄方，《驾驭集团：企业集团的形成、组织与战略》，经济管理出版社，1999 年。

103. 赵增耀，《企业集团治理》，机械工业出版社，2002 年。

104. 任浩等，《企业集团组织设计》，学林出版社，2006 年。

105. 王凤彬等，《企业组织与管理制度》，机械工业出版社，2012 年。

106. 李维安等，《中国公司治理：转型与完善之路》，机械工业出版社，2012 年。

107. 段磊、张宏波，《企业集团管控：理论、实践及案例》，中国发展出版社，2012 年。

108. 王吉鹏，《集团管控方略》，企业管理出版社，2009 年。

109. 周国来等，《集团公司管控模式设计》，经济科学出版社，2004 年。

110. 王义芳，《超越重组》，中国经济出版社，2012 年。

111. 陈国庆等，《集团公司管控》，经济科学出版社，2011 年。

112. 谢明亮，《协调与合作视角下的企业集团治理研究》，经济科学出版社，2007 年。

113. 中国证监会，《中国上市公司治理发展报告》，中国金融出版社，2010 年。

114. 申尊焕，《中国上市公司大股东治理的理论和实证研究》，中国经济出版社，2009 年。

115. 杨桦，《众信之道》，中国财政经济出版社，2012 年。

116. 张综益，《中国资本市场与上市公司治理分析》，北京大学出版社，2012 年。

117. 中国证监会，《中国资本市场二十年》，中信出版社，2012 年。

118. 王玉，《跨国公司业务组合与竞争战略》，上海财经大学出版社，2010 年。

119. 刘玉平，《国有资产管理》，中国人民大学出版社，2012 年。

120. 汪龙光、徐清照，《受益终生的 101 条管理定律》，中国经济出版社，2009 年。

121. 拉斯·特维德，《逃不开的经济周期》，中信出版社，2012 年。

122. 张连城，《中国经济增长路径与经济周期研究》，中国经济出版社，2013 年。

123. 李嘉华，《经济周期谁也逃不开：中国企业怎么办》，人民邮电出版社，2013 年。

124. W·钱·金、勒妮·莫博涅，《蓝海战略》，商务印书馆，2010 年。

125. 郭汉尧，《蓝海战略：超越竞争的不二法门》，中国铁道出版社，2013 年。

126. 汤玥哲，《策略精论（基础篇）》，中信出版社，2013 年。

127. 汤玥哲，《策略精论（进阶篇）》，中信出版社，2013 年。

128. 杜朝晖，《产业组织理论》，中国人民大学出版社，2010 年。

129. 石奇，《产业经济学》，中国人民大学出版社，2008 年。

130. 吴刚梁，《国资迷局》，中国人民大学出版社，2010 年。

131. 周宇，《现代企业集团财务战略研究》，西南财经大学出版社，2009 年。

132. 陈志军，《母子公司管理控制研究》，经济科学出版社，2006 年。

133. 王凤彬、赵民杰，《企业集团管控体系：理论、实务、案例》，经济管理出版社，2012 年。

134. 中国集团公司促进会，《母子公司关系研究》，中国财政经济出版社，2004 年。

135. 华润（集团）有限公司《红色华润》编委会，《红色华润》，中华书局，2010 年。

136. 李平、仇方迎、吴献东，《大国之翼：中国航空工业战略转型与资本化运作》，中信出版社，2013 年。